NICOLAI TRIVETI
ANNALIUM CONTINUATIO;
UT ET
ADAMI MURIMUTHENSIS
CHRONICON,
Cum ejusdem Continuatione:

QUIBUS ACCEDUNT

JOANNIS BOSTONI
SPECULUM COENOBITARUM,
ET
EDMUNDI BOLTONI HYPERCRITICA.

Omnia nunc primum edidit è Codicibus Manuscriptis
ANTONIUS HALLIUS, S. T. P.

OXONII,
E THEATRO SHELDONIANO.
M. DCC. XXII.

Imprimatur.

ROB. SHIPPEN,

Vice-Can. *Oxon.*

Aug. 2. 1722.

VIRO ORNATISSIMO

JOANNI BRIDGES,

De *Barton* prope *Kettering* in Agro *Northamptonienſi*,

ARMIGERO,

Continuationem *N. Triveti*, una cum

Adami Murimuthenſis

Hiſtoria ſui temporis,

Grati animi teſtificandi cauſa, mittit

Ant. Hallius.

Lectori Benevolo

S. P. D.

ANTONIUS HALLIUS.

HABES *tandem, Amice Lector,* Nicolai Triveti *Continuationem, dudum à nobis promissam, jam vero ad umbilicum perductam. Est auctor, quisquis demum fuit, striligine satis refertus, dignus tamen qui edatur, utpote illorum temporum, de quibus scripserit, æqualis. In eo edendo unico usi sumus exemplari MS.* Reginensi *scilicet nostro, Codice plane egregio.*

2. Adamus *etiam* Murimuthensis, *qui res sui temporis diligenter persecutus est, videtur esse unus è Continuatoribus* Triveti. *Infelix tamen ideo habendus, quod* Thomas Walsingamius, *plagiarius alibi à nobis castigatus, scrinia ejus strenue compilando, magnam partem gloriæ, nomini* Murimuthensi *debitæ, hactenus obscuravit. Nos* Adamum *& nomini suo, & famæ restituimus. In historia ejus expolienda tres Codices manu exaratos constanter ob oculos habuimus: unum Collegii* Reginensis *quod* Oxonii *est, alterum Collegii* Magdalenensis *in eadem Academia, tertium vero Viri nobilissimi* Georgii Brudenel *Comitis de* Cardigan, *qui*

qui quidem Codex ad Monasterium Ramesiense olim pertinuit, ideoque à nobis nonnunquam Ramesiensis indigitatur, sæpius vero Cardiganensis. Comes supra laudatus, ut est optime erga litteras animatus, pro summa sua humanitate me sui Codicis participem esse voluit. quo nomine & amatores historiæ Anglicanæ & meipsum etiam, si id adjici patitur, plurimum sibi devinxit.

3. Eodem fere scribendi genere, quo usus est ipse Murimuthensis, utitur etiam illius Continuator. quæ res in causa mihi videtur fuisse, quod viri doctissimi opus Continuatoris ipsi Murimuthensi tribuerint. E Codice Glastoniensi, quem Reginensem appellitamus, quod in eximia istius Collegii Bibliotheca servetur, hanc Continuationem eruimus, & jam primum publici juris fecimus. Vixit Continuator Adami eo tempore, quo rerum in Anglia potiebatur Richardus secundus.

4, Joannes Bostonus, Monachus eruditus, inter alia reliquit Catalogum Scriptorum Ecclesiæ. quem quidem librum, si ad manus meas unquam pervenerit, jam pridem est, quod edere statuissem. Tria sunt, ad minimum, hujus Operis desideratissimi in Anglia exemplaria. utinam exorari possent hujus κειμηλίου possessores, ut id tandem in publicum prodire patiantur. Nos interea aliud ejusdem Auctoris opusculum, cum alterum illud nequeamus, typis exscribendum curavimus. Etsi enim neque scriptoris nomen, neque libelli titulum Codex [1] noster aperte nos doceat, ex peroratione tamen opellæ subnexa & [2] Bostonum esse scriptorem, & [3] titulum esse Speculum Cœnobitarum, colligi posse certissi-

1 Reginensis scilicet. 2 Quidam Monachus de Claustro Sancti Edmundi. p. 192. 3 Ut videant nostri temporis Monachi. ib.

me

me existimo. Joannes Balæus *in Centuriis suis tradit* Speculum Cœnobitarum, *à* Bostono *scriptum, esse in tres libros divisum. id si verum sit, nostrum erit fortasse* Balæani *epitome. Quod si quem moveat* Balæi *auctoritas, cogitet velim* Speculum *etiam nostrum in tres partes commode posse dividi. certe de* [1] *Origine & progressu Monachatus non perfunctorie agit, & nonnulla tradit quantivis pretii de scriptis Monachorum: adeo ut auctorem hunc dignum omnino censeam, qui addatur Bibliothecæ Ecclesiasticæ* Auberti Miræi, *nuper cum magnis accessionibus recusæ à Viro Cl.* Joanne Alberto Fabricio.

5. *Agmen claudit* Edmundi Boltoni, *viri pereruditi*, [2] *Dissertatiuncula de Conscribenda historia* Anglicana; *brevicula quidem illa, sed tamen lectu dignissima. Is est* Boltonus, *qui in libro suo, cui Titulus* Nero Cæsar, *Historiam veterum* Britannorum *sub Imperatoribus* Romanis, *à* Julio Cæsare, *usque ad internecionem exercitus* Boadiceani, *magno cum judicio perscripsit. Historiam etiam* Anglicanam *animo olim agitavit; utinam ad finem feliciter perduxisset. Vale.*

---

1 Id quod de *Bostono* affirmat *J. Balæus.* 2 E Codice *Woodiano* in Museo *Ashmoleano.*

GARFORDIÆ,
in Agro *Bercheriensi*, VIII Calend.
Aug. MDCCXXII.

ADAMUS MUREMUTHENSIS.

Joannes Lelandus *de Scriptoribus*, *p.* 385.

ADAMUS *Muremuthensis*, Canonicus *Paulinæ* Ecclesiæ, quæ Londini celeberrima est, res gestas apud *Anglos* SUO TEMPORE multa diligentia memoriæ commendabat. & si quid erat, de quo dubitabat, id à fidelissimis quibusque didicit. Deinde ut erat candidissimo pectore, quod longo rerum usu in cumulum congesserat, publicum facere voluit. *Historiam* igitur scripsit sexaginta annorum, id est [1] ab anno Dom. 1320. usque ad annum 1380. Sed, ut ingenue fatear, munus suum multo majori fide, quam elegantia ornavit: quanquam illud fuit plane vitium temporis rectius, quam hominis. Quid de hac [2] nostra dicendum ætate, quæ elegantiam in historiis religiosius, quam fidem observat. Vixit *Adamus* sub *Edovardo* tertio & *Richardo* secundo.

Joannes Balæus *de Scriptoribus majoris Britanniæ*, *p.* 488.

[3] ADAMUS *Muremuthensis*, Canonicus *Paulinæ* ecclesiæ, quæ *Londini* celeberrima est, res gestas apud *Anglos* suo tempore factas, multa diligentia memoriæ commendabat. Et, si quid erat, inquit *Lelandus*, de quo dubitabat, id à fidelissimis quibusque viris, ut clarius ac perfectius proponeret, didicit. Deinde, ut erat candidissimo pectore, quod longo rerum usu in cumulum congesserat, publicum facere voluit. Vidit in ecclesiis Cathedralibus deesse Chronica: Subinde etiam vidit pauca fuisse annotata ab anno Domini 1302, usque ad annum 1380. Duplicem igitur historiam super illis annis edidit, cum accessione rerum in Romana curia & in Galliis contingentium. Sed, ut ingenue fatear, munus suum multo majori fide quam elegantia ornavit. quod plane vitium temporis potius quam hominis fuit. Accipe nunc quæ noster congessit *Adamus*, videlicet

1 Scripsit ab anno 1302 ad annum 1337. reliqua sunt Continuatoris. 2 *Polydorum Vergilium* notat; & fortasse etiam *Paulum Æmilium*. 3 Censuram nostram de *Joanne Baleo*, cum in Præfatione ad *Lelandum* de scriptoribus, tum in vita ipsius *Lelandi* stylo *Lelandiano* à nobis conscripta, firmant hæc quæ tradit de *Adamo Murimuthensi*.

ADAMUS MUREMUTHENSIS.

Chronicon 40 Annorum. } *Lib.* 1. *Quoniam ut scribitur per antiquos.*

Chronicon 60 Annorum. *Lib.* 1.

Plura, quam hæc, non novimus esse ab illo conscripta opuscula. Unde primum ejus incipiens ab anno Christi 1302, desinit in ejus anno 1343: & alterum inchoans in anno Domini 1320, in anno 1380 finit; in quo ipse claruit sub *Ricardo* secundo.

Joannes Pitseus *de illustribus* Angliæ *Scriptoribus*, *p.* 531.

ADAMUS *Muremuthensis*, natione *Anglus*, in Ecclesia ad D. *Paulum Londini* Canonicus. Erat Jurisconsultus expertissimus, & in tractandis negotiis dexter & expeditus. Missus aliquando Romam à *Gualtero Cantuariensi* Archiepiscopo cum amplissimo procuratorio causam illius prudenter egit, & negotium sibi commissum optimo fine conclusit. Studiis tamen juris successu temporis postpositis, ad historias legendas & scribendas animum appulit, calamum accommodavit. Viderat ille in antiquis nostræ gentis Annalibus, res à majoribus præclare gestas, & exempla virtutum posteris utilissima. Viderat ætate sua viros rerum gestarum gloria præstantes, quorum facta memorabilia memoriæ tradere sibi gloriosum, multis fructuosum fore existimabat: negligere, perire sinere, incuria sua periculo sempiternæ oblivionis exponere, sibi etiam indecorum putabat. Arrepto itaque calamo ad scribendum se miro fervore contulit. Et ea quæ suo tempore & patrum memoria contigerant, maxima diligentia, fide summa, stylo simplici scripsit, composuitque historiam annorum circiter octoginta, quam duobus voluminibus complexus est. Omnium pene quæ in posteriore opere posuit, testis fuit oculatus; eorum vero quæ in priore, fere omnium auritus. Ita tamen, quod probe notat *Lelandus*, ut non nisi à viris fidelissimis inquireret rerum veritatem, aut acciperet testimonium. Cumque illa, quæ ad rem suam faciebant, collegisset, disposuisset, & consilio cum multis collato diligenter examinasset, omnia publica fecit, ut & tunc viventes, & posteros laborum suorum faceret participes, & ætates secuturæ exempla virtutum haberent in prædecessoribus suis, quæ contemplari possent ad jucunditatem, imitari ad utilitatem, transmittere etiam ad suam posteritatem. Non desunt qui notant hunc auctorem circa festum S. *Michaëlis* Archangeli cœpisse historias scribere, & ideo in annorum computatione semper annum ab illo festo inchoasse. Historiam incepit ab anno Domini 1302, cujus priorem partem usque ad annum

1343

1343 produxit, atque ibi suum primum librum terminavit. Posteriorem partem inde inchoavit, ubi priorem finivit, quam usque ad annum 1380 prosecutus est, atque ibi secundo libro, totique historiæ, forsan etiam & vitæ, finem imposuit. Videtur autem prior illa pars esse [1] Continuatio historiæ *Ranulphi Cestrensis*. Cui titulum istum præfixit

Chronicon Annorum quadraginta & unius } *Lib. unum, Quoniam, ut scribitur per antiquos.*
Chronicon Annorum triginta novem } *Librum unum.*

Vixit anno partus Virginei 1380, dum in *Anglia* Reipublicæ clavum ægre teneret *Richardus* secundus.

JOANNES BOSTONUS.

Joannes Balæus *de Scriptoribus majoris Britanniæ*, p. 541.

BOSTONUS *Buriensis*, in magno illo *Sudovolgiorum* comitatus Cœnobio, ad *Eadmundi* Fanum Monachus, omnes ingenii nervos & industriam ad id intendebat, ut rem literariam promoveret. Magnis enim laboribus hic Angliam circuivit universam, & magna sedulitate ac diligentia omnes omnium regni monasteriorum bibliothecas invisit. Librorum collegit titulos, & authorum eorum nomina: quæ omnia alphabetico disposuit ordine, & quasi unam omnium bibliothecam fecit. Ipsorum etiam ætates & vitas, cum operum initiis curiose adjunxit, & in quibus essent ea opera invenienda Cœnobiis, Calendarii vice per numeros demonstravit. Addidit eidem quoque labori, ex *Burcardo Wormaciensi, Hugone de S. Victore, Cassiodoro, Isidoro, Gratiano, Vicentio* & aliis scriptoribus multa, de libris & Authoribus tam Authenticis quam Apocryphis. & id opus vocabat

Catalogum scriptorum Ecclesiæ } *Lib.* 1. [2] *Omnis divina scriptura in duobus.*
Speculum Cœnobitarum } *Lib.* 3. *Primus institutor Monachorum.*
De Rebus sui Cœnobii. Lib. 1.

Atque alia nonnulla edidit. In primo opere, solenniorum *Angliæ* bibliothecarum libros & authores prodit: in secundo, prima ostendit Monachorum initia ac progressus. Et claruit anno nati servatoris 1410, *Henrico* quarto regnante.

---

1 Mihi potius videtur esse Continuatio Annalium *Nicolai Triveti*. 2 Codex *Bostoni Twisdenianus* sic legit: *Omnis summa Scripturarum in duobus Testamentis continetur.* id quod me docuit V. C. *Joannes Bridges*, antiquitatum atque historiarum spectator elegantissimus.

Joannes

JOANNES BOSTONUS.

Joannes Pitseus *de illustribus Angliæ Scriptoribus*, p. 593.

BOSTONUS *Buriensis*, i. e. ad sanctum *Edmundum* in *Suffolcia* Monachus, *Anglus*, Ordinis Benedicti. Vir pius, litteratus, & bonarum litterarum fautor ac promotor singularis. Hic multo labore Angliam pene Universam peragravit, omnes bibliothecas incredibili diligentia invisit, libros pervolvit, singulorum titulos, & auctorum nomina mira sedulitate notavit, ordine alphabetico omnia disposuit, & ex omnibus quasi bibliothecam unam composuit, de cujusque auctoris vita breviter aliquid scripsit, tempus quo quisque floruit adnotavit, initium cujusque operis adjunxit, in qua bibliotheca quilibet liber inveniretur signavit, non omittens cujusque voluminis sedem, & sub quo numero quilibet poneretur, omnia tam accurate, imo tam curiose, usque ad minutiora quæque, ut hominis industriam satis mirari non possim. Deinde ex variis auctoribus suam, non quidem ex se, sed ex aliis plerumque probatis auctoribus, profert sententiam, dat censuram. Scribit etiam de rebus monasticis, & de initio, progressu, successu religiosorum ordinum. Vir breviter de republica litteraria, de suo ordine, de natalicio solo, de conservatis plurimis antiquitatis monimentis optime meritus. Nunc catalogum aliquorum operum, quæ scripsit, hic subjiciamus.

Catalogum Scriptorum Ecclesiæ	*Lib.* 1. *Omnis divina scriptura in duobus.*
Speculum Cœnobitarum	*Lib.* 3. *Primus institutor Monachorum.*

De rebus sui Cœnobii, *Librum unum*. & alia quædam. Claruit anno reconciliationis humanæ 1410, dum in *Anglia* rerum potiretur *Henricus* quartus. *

---

* Multa alia de hisce Scriptoribus Testimonia addere potuissem; sed hæc in præsentiarum sufficiant.

NICOLAI TRIVETI
ANNALIUM
CONTINUATIO.

Expliciunt Chronica Nicolai Trivet, *& incipit Continuatio ejusdem per annos Domini eodem modo distincta.*

ISTE EDWARDUS superius nominatus, qui fuerat post conquaestum primus, duxerat duas uxores, primo videlicet *Alianoram* sororem Regis *Hispaniae*, vivente patre suo illustri HENRICO Rege *Angliae*, de qua quidem genuit tres filios: *Joannem* primogenitum suum, *Alphonsum*, & *Edwardum*, qui post ejus decessum regnavit in *Anglia*; & quinque filias, *Alianoram* scilicet, quam dominus *Willielmus* Comes *de Bares* cepit in uxorem, *Joannamque de Acres* quae ducta est *Gilberto de Clare* Comiti *Gloecestriae* in uxorem, quae post decessum Comitis quendam Bachilarium, nomine dominum *Radulphum de Monhermer*, accepit in maritum; *Margaretam* quoque, quae desponsata fuit domino *Joanni*, duci *Brabantiae*; *Mariamque* quae habitum sanctimonialium accepit apud *Ambresbury*, & *Elizabeth* quam Comes *Holandiae* accepit in uxorem. Quo mortuo dominus *Umfridus de Boun*, Comes *Herfordiae*, ipsam duxit in uxorem. Secundo duxit in uxorem *Margaretam*, sororem *Philippi* Regis *Franciae*, de qua genuit duos filios, *Thomam* dictum *de Brotheleston*, & *Edmundum*, & unam filiam nomine *Margaretam*. Post decessum vero EDWARDI Regis *Angliae* illustris successit EDWARDUS filius ejus, cum esset viginti trium annorum, X septimanarum, & trium dierum. Praedictus vero illustris Rex *Angliae*

Edwardi R. uxores

& liberi.

Edwardus F. Edwardi succedit.

Angliæ EDWARDUS anno præterito, videlicet anno DOMINI M.CCC.VI, coegit quendam Bachilarium, nomine *Petrum de Gavistone*, pro nimia familiaritate inter dominum *Edwardum* principem *Walliæ* & ipsum habita, regnum *Angliæ* penitus abjurare, præsentibus domino *Edwardo* principe *Walliæ*, pro quo illud fiebat, Comite etiam *Lincolniæ*, Comite *Herfordiæ*, *Radulpho Monthermer* tunc Comite *Gloecestriæ*, domino *Antonio de* [1] *Beeke* patriarcha *Jerosolymitano*, & ceteris pluribus de Curia. Quos quidem prænominatos jubebat dominus Rex pater, in fidelitate sibi debita, sacramentum domini *Petri* antedicti post ejus obitum firmiter observari fieri. Et sic dominus *Petrus*, a Curia Regis recedens, *Angliam* exivit. Anno vero obitus Regis EDWARDI, scilicet anno domini M.CCC.VII, obiit domina *Joanna de Acres*, Comitissa *Gloecestriæ*, filia EDWARDI inclyti Regis *Angliæ*. Eodem anno, mortuo illustri Rege *Angliæ* EDWARDO patre, EDWARDUS Rex filius ejus prædictum *Petrum de Gavestone*, qui vivente patre ut prædictum est regnum abjuraverat, obtenta a sacramento præstito absolutione Papali, penitus reconciliavit. Missis in continenti post eum nuntiis sollemnibus, & viris *Angliæ* nobilibus, & in adventu suo dedit ei quandam insulam in partibus *Scotiæ* [2] quæ dicitur insula de *Man*, & Comitatum *Cornubiæ*.

Petr. de Gavestone exilium.

Eodem anno, tertio Idus Octobris, tenebatur primum Parliamentum domini Regis apud *Northamptonam*; in quo inter cetera de tribus specialiter tractabatur: Videlicet de moneta EDWARDI Patris sui, quæ admodum tenebatur in regno vilis post ejus decessum, de sepultura Regis defuncti, & de auxilio sibi faciendo. In quo quidem Parliamento fuerat ordinatum, Regia mediante voluntate, quod dicta moneta in regno solito suo curreret tempore sub pœna vitæ & membrorum, Corpus quoque Regium sexto Kalend. Novembris honorifice, ut tantum decuit Regem, sepeliretur. Et quinta

Parliamentum.

1 Beke MS. 2 Quod MS.

decima

decima Clericorum, Civium, & Burgensium terræ, ac etiam laicorum vicesima dicto Regi concederetur in subsidium. hæc tria prædicta Idibus Octobris brevi hora fuerunt concessa & disposita. Item VI Kal. Novembris sepultus fuit dominus EDWARDUS, Rex Angliæ, apud Westmonasterium, domino *Antonio de Beek* Patriarcha *Jerosolymitano* exequias celebrante; Ministrantibus eidem, in Altaris officio, Episcopo Wintoniensi, Episcopo Eliensi, Regio ut vulgo dicebatur præcepto. Tertio vero die sequente tractatum fuit de Maritagio Comitis *Cornubiæ* & sororis *Gilberti de Clare*, Comitis *Gloecestriæ*, desponsataque fuit dicti Comitis *Gloecestriæ* soror, & filia *Gilberti de Clare* quondam Comitis *Gloecestriæ* & dominæ *Joannæ de Acres*, filiæ Regis *Angliæ*, Comiti *Cornubiensi* die omnium Sanctorum. Eodem anno XII Kal. Maii obiit Venerabilis pater *Thomas de Bruton*, *Exoniensis* Episcopus. Item eodem anno auditum est grande tonitruum, & fulgur visum die Circumcisionis circa horam vespertinam, quæ longo noctis sequentis tempore duraverunt. Eodem anno, die Mercurii proxima post Epiphaniam DOMINI, capti fuerunt omnes Templarii per totam *Angliam* regio præcepto uno die, propter plurima inhonesta & enormia, fideique Catholicæ inimica super eisdem prius per universum orbem captis reperta & probata, & in diversis castellis terræ incarcerantur.

Edwardi R. Sepultura.

Templarii incarcerantur.

Circa hos dies EDWARDUS Rex *Angliæ* misit se in mare versus *Franciam*, ad contrahendum matrimonium cum *Isabella*, filia Regis *Franciæ*. Et veniens *Boloniam* fecit homagium domino suo, Regi *Franciæ*, pro terris *Vasconiæ* & *Pontini*, IX videlicet Kalendarum Februarii. Item Rex idem EDWARDUS desponsavit dictam dominam *Isabellam*, filiam Regis *Franciæ*, VIII Kalendarum Februarii, die videlicet conversionis Sancti *Pauli* apud *Boloniam* super mare. Quibus quidem nuptiis celebrandis interfuerunt quatuor Reges; videlicet, *Philippus* Rex *Franciæ*, Rex *Navariæ* filius Regis *Franciæ*, Rex *Alemanniæ*, & Rex [1] *Siciliæ*,

Edwardi R. Nuptiæ.

1 *Cicilia* MS.

Regina *Franciæ Maria*, mater *Margaretæ* Reginæ *Angliæ*, Regina *Angliæ* domina *Margareta* illustris EDWARDI Regis sponsa, Regina *Navarriæ* cum copiosa dictorum regnorum multitudine. Eodem anno VI Kal. Martii, die videlicet Sancti *Matthiæ* Apostoli coronantur Dominus EDWARDUS Rex *Angliæ*, & Domina *Isabella* Regina apud *Westmonasterium* ab Episcopo *Wintoniensi*, commissione Archiepiscopi speciali Cantuariensis, in finibus transmarinis per biennium, exceptis septem septimanis, exulantis, propter iram domini Regis EDWARDI nuper defuncti, quam certis de causis, ut prædicitur, incurrebat. Cui quidem Coronationi interfuerunt dominus *Carolus* & dominus *Ludovicus de Claro Monte*, fratres Regis *Franciæ*, Dux quoque *Brabantiæ*, Comes *de Fens*, & ceteri magnates utriusque regni *Franciæ* & *Angliæ*, & *Domicella de Aicois*, miræ pulchritudinis juvencula. Eodem anno dominus Rex reddidit *Gilberto de Clare* terram suam, redemptione facta pro tempore minoris ætatis.

Et coronatio.

ANNO gratiæ M.CCC.VIII. orta est magna discordia inter regem *Angliæ* & Baroniam suam pro domino *Petro de Gavestone*, cui idem Rex prius dedit Comitatum *Cornubiæ* contra voluntatem magnatum terræ. Idem namque *Petrus*, de imo ad summum jam subito sublimatus, factus est de Bachilario Comes *Cornubiæ*, & Dominus de *Man*, miro modo & inaudito cœpit superbire; & pro præmissis proceres terræ contemnebat infestis verbis & minis pomposis, eos vilipendebat, propter quæ tota *Anglia* sæpius fere fuerat eversa & destructa. In quo quidem afflictu fortes & immobiles & stabiles perseveraverunt Comes *Lincolniæ*, Comes *Gloucestriæ*, Comes *Herfordiæ*, Comes *de Warwicke*, Comes *de Arundell*, Comes *de Penbrok*, Comes *de Warenne*, multique Baronum & magnatum terræ. Qui convenientes apud novum Templum Londoniis, die Sabbati proxima ante festum Sancti *Dunstani*, ordinaverunt quod prædictus *Petrus de Gavestone* abjuraret regnum, & in crastino nativitatis Sancti *Joannis* Baptistæ proximo futuro, sine ulteriori dilatione, exiret sine aliquo reditu

P. de Gavestone iterum missus in exilium.

reditu posteriori. Cui quidem Ordinationi licet invitus, videns sibi & regno periculum Rex undique imminere, præbuit assensum; & eisdem inde literas suas confecit patentes sub tenore sequenti:

EDWARDUS Dei gratia Rex *Angliæ*, Dominus *Hiberniæ*, & Dux *Aquitaniæ* omnibus & singulis præsentes litteras inspecturis salutem in DOMINO sempiternam. notum vobis facimus per præsentes, quod à modo usque ad diem dominus *Petrus de Gavestone* regnum nostrum est abjuratus & exiturus, videlicet in crastino Nativitatis Sancti *Joannis* Baptistæ proximo sequenti, Nos in quantum Nobis est nihil faciemus, nec aliquid fieri permittemus, per quod exilium dicti domini *Petri* in aliquo poterit impediri vel protelari, quin secundum formam a Prælatis Comitibus & Baronibus regni nostri ordinatam, & per nos libero consensu confirmatam plenarie perficiatur. In cujus rei testimonium has litteras Nostras fieri fecimus patentes. Data apud *Westmonasterium* XVIII die Maii Anno regni Nostri primo.

Istæ litteræ probatæ fuerunt & lectæ in audientia & in præsentia omnium Magnatum *Angliæ*, die & anno supradictis. Eodem etiam tempore Archiepiscopus *Cantuariensis* cum aliis co-episcopis, & Ecclesiæ Sanctæ Prælatis, in prædictum Dominum *Petrum*, si ultra præfixum diem in *Anglia* commoraretur, & in omnes illos & singulos qui ex tunc vel ante ipsum consuluerint, coadjuvaverint, sustentaverint, receptaverint, seu etiam aliquo favore consensu vel procuratione eidem adhæserint, vel ei quicquam fecerint per quod ipsius passagium poterit impediri, excommunicationis sententiam terribiliter fulminarunt; superaddentes, quod si ipsum *Petrum* aliquo tempore in *Angliam* redire contigerit, cum omnibus suis coadjutoribus, consultoribus, & fautoribus quibuscunque, sibi in aliquo articulo superius notato adhærentibus, sententiam excommunicationis incurrat eandem. videns igitur *Petrus* seipsum in *Anglia* diutius pacifice commorare non posse, tum propter sententiam contra ipsum latam, tum propter timorem Baronum ipsum constanter persequentium, *Bristollam* tandem se transtulit,

lit, & ibidem navem aſcendens in [1] *Hiberniam* transfretavit.

Archiepiſcopus Cant. ab exilio revocatur.

Eodem anno mortuo, ut prædictum eſt, illuſtri Rege EDWARDO, Dominus *Clemens* Papa ſollemnes nuncios EDWARDO filio ſuo Regi *Angliæ* tranſmiſit, quærens ab eo utrum paternam cauſam contra Archiepiſcopum *Cantuarienſem* ſuper certis articulis jam prolatam, & in curia Romana adhuc pendentem, ducere velit in executionem. Cui Rex tale præbuit reſponſum, quod penes illum Archiepiſcopum nullum ſcivit neque voluit criminis ponere titulum, ſed tanquam ſanctum Patrem bonum & legitimum paſtorem ipſum diligebat, quem potius in ſuo ovili proprium viſitando gregem maluit videre, quam in partibus tranſmarinis exilio diutius ſubjacere. Quod cum domino Papæ fuerat notificatum, dictum Archiepiſcopum coram ſe citari fecit peremptorie, diſpenſans cum eo miſericorditer, reſtitutis ſibi medio tempore perceptis per Magiſtrum *Willielmum Teſta*, Procuratorem in *Anglia* generalem. Quo videlicet Archiepiſcopo pedibus domini Papæ provoluto, prout moris eſt, quidam Cardinalium, de ordine videlicet Prædicatorum, ei laudabat plus ſolito Fratres honorare. Cui fertur dediſſe tale reſponſum: per Sanctum *Thomam* ego diligam unumquemque, ſicut ipſe meruerit; ad quod dictum paululum, ut dicebatur, ſubridens dominus Papa dixit aſtantibus: Ecce magnam conſtantiam viri; ſicque, ut prædicitur, diſpenſavit cum eo. Quo peracto dicebat Archiepiſcopus, gratias agens domino Papæ, Benedictus Deus & Pater Domini noſtri JESU CHRISTI, pater miſericordiarum, & Dominus totius conſolationis, qui conſolatur nos in omni tribulatione noſtra; & benedictus ejus Vicarius, qui ita miſericorditer egit nobiſcum. ſicque oſculatis domini Papæ pedibus, & accepta benedictione, receſſit à Curia *Angliam* petiturus. Qui cito poſt Calendas Aprilis, die Dominica videlicet in paſſione, apud *Doveriam* applicuit, & cum magno gaudio à Clero & populo, ſicut tantum de-

1 Hyberniam MS.

cuit

enit Patrem, honorifice susceptus, in pace vivens & requie.

Eodem anno XVII Kal. Octobris facta est eclipsis solis circa horam vespertinam. Eodem anno in vigilia Apostolorum *Simonis* & *Judæ* auditum est grande tonitruum, & fulgur visum cum grandine, circa horam ignitegii. Tertio Idus Decembris obiit dominus *Walterus de Haselschawe*, *Bathoniensis* & *Wellensis* Episcopus, & sepultus est apud *Welles* die Dominica sequente, videlicet VIII Kal. Januarii cum sedisset annis sex. Post cujus decessum nonis Februarii, videlicet die *S. Agathæ*, electus est in Episcopum ejusdem Diocesis Dominus *Joannes de Droklesford* apud *Bathoniam*, subthesaurarius domini Regis. Eclipsis solis.

ANNO gratiæ M.CCC.IX, quarto nonas Septembris die Martis, videlicet in crastino Sancti *Ægidii* Abbatis, sero paulo ante horam ignitegii, visum est horribile fulgur & inauditum, quod quidem fulgur duravit mirabiliter fere per totam noctem sequentem, cum magnis crebrisque tonitrui ictibus circa mediam noctem insequentibus; ita quod sepes plures, & arbores in plerisque locis æstu fulguris viriditatem penitus amiserunt & decorem; Eadem hora ecclesia de *Middletoun* in Comitatu *Dorsetiæ*, *Sarum* Diocesis, cum clocherio & campanis; ornamenta quoque ejusdem ecclesiæ, libri & munimenta monachorum dicti loci eodem fulgure, conventu ad matutinas astante, penitus combusta sunt & destructa. Pridie nonas ejusdem ortus est ventus validissimus, quo arbores innumerabiles prostrantur & fructus. Et campanile de *Modeford* & *Gevelton* ad terram similiter ceciderunt. Eodem anno XVI Kal. Februarii tanta fuit inundatio aquarum undique post ingentissimum gelu, quod fuit eodem tempore, qualis non fuit visa multis annis antea, prout veteres homines retulerunt. Ita quod in ecclesia Cathedrali *Sarum* aqua illa Regum pedes, qui ad [1] ostium chori occidentale astant, attingebat; unde per duos dies non cantabatur missa in eadem. Eodem

Tonitru inauditum.

Ventus validissimus.

1 Hostium MS.

Solis Eclipsis. dem tempore pridie Kal. Februarii visa est solis eclipsis circa horam nonam, quæ fere duravit per duas [1] leucas. Eodem anno Idibus Maii dominus *Joannes de Drokelesford*, *Bathoniensis* & *Wellensis* episcopus, apud *Lambbuthe* fuit confirmatus: Et eodem anno V Idus Novembris apud *Cantuariam* fuit consecratus.

ANNO gratiæ M. CCC. X. pridie nonas Maii, die videlicet Sancti *Joannis ante Portam Latinam*, dominus *Henricus de Laci*, Comes *Lincolniæ*, duxit in uxorem *Joannam*, filiam domini *Willielmi Martin* & *Alianoræ* uxoris ejus. Eodem anno nonis Junii combusti sunt in Civitate *Parisiensi*, judicio domini Regis *Philippi Franciæ*, LIV Templarii. Eodem anno tanta erat parcitas frumenti, tantaque caristia avenarum in æstate, quod summa frumenti pro XII solidis, summa avenarum pro IV solidis VIII denariis vendebatur. Hoc etiam anno dominus Rex fecit [2] summonere totum servitium suum usque *Scotiam*, quod forent apud *Berewyk* super *Twede*, in festo Nativitatis Sanctæ *Mariæ* Virginis, sine ulteriori dilatione. Eodem anno dominus *Hugo le Spencer*, Justiciarius forestæ citra *Trentam*, cœpit videre forestas in Comitatibus *Dorsetæ*, *Somersetæ* & *Wilteschiræ* constitutas, inquisitiones super earundem malefactoribus accipiendo, prout Assisa Forestæ exigit. Et apud *Upton-Burnel*, die Sancti *Edmundi* Regis, tenuit inquisitiones de Foresta de *Selewode*. Eodem anno Dominus *Henricus de Lacy*, Comes *Lincolniæ*, diem clausit extremum, qui fuerat custos *Angliæ* constitutus, Rege in *Scotia* commorante. Dominus *de Drokenesford* [3] installatur apud *Bathoniam*.

(Margin: Templarii LIV combusti. — Inquisitiones de Forestis.)

ANNO gratiæ M.CCC.XI. Kal. Octobris, sub Papa *Clemente* V, celebratum fuit magnum Concilium apud *Viennam*, in quo ordo Templariorum penitus extitit damnatus: & ante illud concilium per universum orbem generaliter fuit divulgatum, quod omnes & singuli Religiosi exempti ad jus transirent commune; unde solus ordo *Cisterciensis* dominum Papam ante Concilii

(Margin: Concilium *Viennense*.)

1 *Forte*, horas. 2 Somonere MS. 3 Instillatur MS.

celebra-

celebrationem adiit pro exemptione sua pristina in pace obtinenda. Quod donando obtinuit. Item in isto Concilio petita fuit decima sex annalis in subsidium *Terræ Sanctæ* ac etiam concessa, successivisque annis soluta. Rex *Angliæ* rediit de *Scotia Londonias*, parliamentum suum tenturus, in quo ordinatum fuit perpetuum exilium *Petri de* [1] *Gavestone*.

Parliamentum *London*.

ANNO gratiæ M.CCC.XII. in festo sanctorum *Gervasii* & *Prothasii* martyrum, decollatus est *Petrus de Gavestone*, Comes *Cornubiæ*, à duabus leucis de *Warwyk*, in loco qui dicitur *la Blakelowe*, ut regis & regni sui proditor, existentibus ibidem infra scriptis Comitibus; *Lancastriæ* videlicet, *Herefordiæ*, & *Warwyk* cum aliis quam plurimis ejusdem regni magnatibus. Ob cujus decollationem, contra Regis voluntatem factam, multa incommoda longe post dicto regno emerserunt, discordiaque magna inter Regem & Baroniam suam fuit exorta. Eodem anno frater *Arnaldus*, tituli sanctæ *Priscæ* virginis Presbyter Cardinalis, Ordinis *Cisterciensis*, domini Papæ legatus venit *Londonium*, circa festum decollationis Sancti *Joannis* Baptistæ septem Episcopis cum turba cleri & populi non modica sibi occurrentibus, & traxit moram in *Anglia* per annum integrum & amplius, amplam à Clero percipiens procurationem. Eodem anno die lunæ in festo Sancti *Bricii* Episcopi Domina *Isabella*, illustris Regina Angliæ, filium suum peperit primogenitum, *Edwardum* nomine, apud *Windelesore*.[2] Eodem die Jovis in crastino [3] Sanctæ *Luciæ* Eclipsis Lunæ incepit in crepusculo noctis, & duravit per spatium trium horarum & amplius, per æstimationem quorundam aspicientium, quæ inde sic fiebat. In initio usque Aquilonem visa est quasi carnei coloris usque ad ejus totalem exinanitionem, aere interim claro & subtili existente, & in fine similiter versus Aquilonem dealbari cœpit quousque ad statum pristinum. Eodem anno natus est *Joannes de Clare*, filius comitis *Glocestriæ*, apud *Kerdiff* in crastino Paschæ Kal. Aprilis, ac etiam die

Petrus Gavestonus decollatur.

Edwardus F. Edwardi nascitur.

Eclipsis Lunæ.

1 *Polydorus Vergilius Petrum nostrum Ganestonum* appellat. 2 *L.* eodem *anno*, die—. 3 Sancti *Luciæ MS*, ac si legendum esset, Sancti *Lucæ*. Sed ratio motus lunaris obstat.

 decimo

decimo sequente ab Episcopo *Landavensi* baptizatus. Cujus compater principalis fuit Dominus *Joannes de Drokenesford*, Episcopus *Bathoniensis*. interfuerunt pariter Regis *Angliæ* Fratres, Domini videlicet *Thomas* & *Edmundus*, septem quoque Abbates & alii magnatum quam plurimi.

ANNO gratiæ M.CCC.XIII, Quinto Idus Maii, in crastino *Gordiani* & *Epimachi* Martyrum, obiit venerabilis pater magister *Robertus de Winchelsea*, Archiepiscopus *Cantuariensis*, cum sedisset annis novemdecim, qui strenue suo tempore ecclesiam rexit sibi commissam: post cujus decessum X Kal. Junii electus est magister *Cobham* in Archiepiscopum *Cantuariensem* futurum, sacræ Theologiæ professor peritissimus, & per *Romanam* Curiam demum quassatus. Eisdem die & anno dominus Rex & Regina *Angliæ* miserunt se in mare versus *Parisios* cum multis terræ nobilibus Domino *Joanne de Drokenesford*, *Bathoniensi* & *Wellensi* Episcopo, per commissionem regiam ejusdem regni Custode interim existente, qui interfuerunt [1] *Parisius* Coronationi Domini *Philippi* filii Regis *Franciæ* in Regem *Navariæ* ibidem creati, die Pentecostes. Circa idem tempus porrectum fuit decretum electionis *Cantuariensis* Magistro *Thomæ de Cobeham*, tunc [2] *Parisius* in Theologia Regenti, per monachos *Cantuariensis* ecclesiæ, ad hoc specialiter missos, caritatis intuitu eum rogantes, ut electioni de se rite & canonice facto consentiret. Qui licet multum renitens, seque indignum & inhabilem tanto ac tali honore protestans, tandem precibus eorum devictus spiritualibus qualem decuit humiliter præbuit assensum. Sed interim quo ignorabatur præsagio dominus *Walterus Renald*, Præsul *Wigorum*, *Cantuariensem* Archiepiscopatum per summum pontificem subito adeptus est. Eodem Anno pax reformata est & concordia, ut sæpe fiebat antea & postea, inter dominum Regem *Angliæ* & illum famosum & nobilem Comitem *Lancastriæ*, ceterosque complices suos Comites & Barones, quos prius idem Rex

Rob. de Winchelsea A. Cant. obiit.

Walterus Renaldus Arc. Cant.

1 L. *Parisiis*. MS. semper fere *Parisius*. quæ quidem Lectio frequens etiam in aliis Codicibus, sed minime probanda. 2 *Parisiis*.

odio

odio habuerat ob mortem domini *Petri de Gaveſtone* prædicti. Eodemque anno Rex *Anglorum* paucorum fretus conſilio, tranſivit mare fere latenter circa feſtum beati *Andreæ*, & rediit *Londonium* tertio die ante Nativitatem DOMINI, in quo quidem tranſitu terra Templariorum conceſſa fuit Hoſpitulariis ſub colore quodam, per Ordinationem domini Papæ, Regum *Francorum* & *Anglorum* aſſenſu, Regi *Navariæ* in ſubſidium *Terræ Sanctæ* poſtea aſſignanda. Eodem anno dictus *Walterus Renald*, quondam Epiſcopus [1] *Wigorum*, inthronizatus fuit in ſedem *Cantuarienſem*, auctoritate ut prædicitur *Romana*, in quinquageſima, videlicet XIII. Kal. Martij. Cui quidem inthronizationi Dominus Rex & Regina; Epiſcopi quoque *Wintonienſis* & *Bathonienſis*, *Norwicenſis* & *Wigornienſis*, nomine Magiſter *de Maydeneſtone*, per ceſſionem dicti Archiepiſcopi conſecratus, qui & pallium Archiepiſcopi memorati ſecum tulit de Curia *Romana*; item Comites videlicet de *Gloceſtria*, *Herefordiæ* & *Penbrokiæ* cum aliis Regni magnatibus unanimiter interfuerunt. Eodem anno circa nativitatem beati *Joannis Baptiſtæ* crevit diſcordia magna inter Burgenſes *Briſtolliæ*, ob quam Rex miſit Juſtitiarios ſuos ibidem, procuratione ut dicebatur Domini *Bartholomæi de Bateleſmere*, committens eiſdem poteſtatem audiendi & terminandi litem & diſcordiam quamcunque, quovis modo inter ipſos initam. Quibus, ut moris eſt, in communi Curia *Briſtolliæ* aſſidentibus ſubitanea & alterna ipſorum ibidem occiſio, proh dolor! eſt ſubſecuta.

ANNO gratiæ, M. CCC. XIV. V Idus Aprilis obiit *Clemens* Papa, cum ſediſſet annis IX, qui nuſquam ſuo tempore *Romanam* viſitavit Eccleſiam. Iſte *Clemens*, anno Pontificatus ſui tertio, *Terræ Sanctæ* ſtatui miſerabili affectu condolens paterno, cernenſque illum maledictionis perpetuæ Alumnum Babylonicum contra fonte baptiſmatis renatos ſub ſuæ perſecutionis rabie ineffabiliter debacchari, *Tripolitanam* & *Aconienſem* civitates, aliaque loca ſollemnia in ſuis incolis in

Clemens V Papa moritur.

[1] Pro *Wigorniensium*. *Wygorum* & *Wygorniensis* MS.

 deſpectum

Magna Indulgentia.

deſpectum Crucifixi funditus deſtruendo, Regi *Franciæ Philippo* nec non *Armeniæ & Cypri* Regibus id jugiter poſtulantibus, pie tandem in auxilium paſſagii generalis poſt quinquennium ſecuturum, Deo duce faciendum indulgentiam conceſſit quinquennalem ſub articulis qui ſequuntur. Imprimis quod Hoſpitalarii Sancti *Joannis Jeroſolymitani,* ac etiam Magiſter militiæ Templi, antequam caperetur, cum certo numero equitum & peditum armatorum una cum ſecularibus prudentibus viris, Statum Terræ prædictæ non ignorantibus, ingreſſum *Terræ Sanctæ* pariter & egreſſum viriliter cuſtodirent, ne per aliquos crucis CHRISTI inimicos *Saracenis* ſeu Paganis merces vel victualia per prædictum terminum poſſent adduci vel afferri, pontes & vias ad generale paſſagium facilius expediendum pro viribus reparando. Item quod Archiepiſcopi omnes & ſinguli in ſuis provinciis exponerent hujuſmodi indulgentiam ceteris ſuæ provinciæ coepiſcopis omnibus, ita quod quilibet eorum injungeret Curatis ſuis omnibus & ſingulis, quod diebus ſollemnibus in pronunciatione verbi Dei & etiam in confeſſionibus, moverent Parochianos ſuos ad dictæ *Terræ Sanctæ* ſubſidium, eiſdem dictam indulgentiam diſtincte & aperte proponendo. Quod ut libentius facerent omnibus talia exhortantibus, contritis tamen & confeſſis diebus exhortationis ſuæ ſingulis, unum annum de injunctis ſibi poenitentiis miſericorditer relaxavit. Item omnibus vere poenitentibus & confeſſis viris & mulieribus, cujuſcumque fuerint conditionis, in perſonis propriis transfretare non intendentibus, qui tantum de bonis ſuis in ſubſidium *Terræ Sanctæ* contulerint, quantum per unum annum ibidem forent expenſuri plenum, aliiſque inſuper qui medietatem tanti eidem exhibuerint, conceſſit veniam omnium peccatorum. Illos vero qui vel majus vel minus contulerint, juxta ſubſidii quantitatem, & devotionis affectum, remiſſionis participes eſſe voluit antedictæ. Subvenientibus die Paraſcevæ pro eodem paſſagio XXIV quadrantes, XXIV annorum contulit indulgentiam. Ceteris vero anni diebus Veneris XII denarios vel valorem conferentes XII annos indulſit,

indulsit, reliquis quoque hebdomadæ diebus omnibus sex denarios vel valorem conferentibus VI annorum indulgentiam obtinerent. Qui vero obolum, quadrantem, vel minus dederint, cum plus dare nequiverint, juxta quantitatem subsidii in devotionis affectum, eandem indulgentiam consequerentur. Concessit etiam quod durante hujusmodi quinquennium gratia, ut qui in subsidium Terræ supra dictæ tantum uno die dederint, quantum singulariter diebus darent prædictis, secundum majus vel minus eadem singulariter qua diebus singulis indulgentia gauderent peccatorum. Indulsit etiam quod licet rectores ad regimen ecclesiarum parochianarum assumpti, juxta prædecessorum suorum sanctiones infra annum suscepti regiminis, dum tamen studio non vacarent, ad ordinem Presbyteratus promoveri tenerentur, dum tamen iidem rectores, dicto durante quinquennio, fructus unius anni Ecclesiarum suarum ad subsidium conferrent memoratum, à tempore hujusmodi suscepti regiminis usque ad quinque annorum terminum, [1] qualibet contraria constitutione non obstante, ad Ordinem supra dictum promoveri nec ad ejusdem compulsionem deberi, sed per Diocesanos suos cum eis fore dispensandi, ordine tamen Diaconatus suscepto. Insuper injunxit omnibus Prælatis & singulis, ceterisque aliis in sacerdotio constitutis, quod devotis mentibus contra Paganorum perfidiam [2] specialem in missis suis cum *Secreta* sua & *Postcommunione* dicerent orationem in suo mandato contentam. Et ut personis Ecclesiasticis uberius provideret, Diocesanis suis dispensandi cum eis, qui cum à Canone vel ab homine latam excommunicationis sententiam incurrissent, prius irregularitatis notam seu per dictum quinquennium se immiscendo divinis contraxerint, dummodo de bonis suis ad subsidium passagii memorati tantum contulerint, quantum circa dispensationem suam impetrandam in eundo & redeundo ad Curiam *Romanam* expenderent, nisi forte in Episcopos vel Abbates, seu ceteros Prelatos inferiores, manus temere injecerint vio-

1 Locus hic in mendo cubat. sed mens auctoris minime obscura. 2 Vel, Spiritualem.

lentas,

lentas, plenam dicti mandati auctoritate concessit facultatem. Omnibus & singulis insuper tam Clericis quam laicis, cujuscunque dignitatis præeminentiæ ordinis conditionis aut status exstiterunt, sub interminatione maledictionis æternæ in dicto mandato districtius inhibuit, ne vel quempiam volentem quovis subsidio in dicto passagio eisdem Magistro & fratribus exhiberi, ab hujusmodi voluntate retrahere vel in quodvis aliud etiam pium opus commutare, quo minus hujusmodi largiretur subsidium verbo vel opere præsumerent impedire. Siquis vero contra hujusmodi suam inhibitionem attentare præsumpsisset, *Petri* & *Pauli* indignationem & suam maledictionem incurrent, à qua nullum absolvi voluit, præterquam in mortis articulo, quousque duplum exhibuerit ejusdem subsidii, quod per impedimenti præstationem hujusmodi dictæ Terræ substractum exstiterit se novisset incursurum.

Eodem Anno circa Pentecosten dominus EDWARDUS, Rex *Anglorum*, paucorum fretus consilio, durante semper & in dies crescente inter ipsum Regem & Baronijam suam discordia, ob mortem Domini *Petri de Gavestone* nuper, ut præmittitur, interfecti inita cum suis sequacibus contra Ordinationem & assensum & voluntatem ceterorum terræ *Anglicanæ* nobilium, *Scotiam* cum magno adiit impetu, Quem dominus *Robertus de Brus*, qui se fecit Regem *Scottorum* una cum secta sua *Scotica* die Sancti *Joannis* Baptistæ apud *Strivelin* viriliter & miserabiliter repulit; interfectis miserabiliter ibidem Domino *Gilberto de Clare*, Comite *Glocestriæ*, *Roberto de Clifford*, *Pagano Typetot*, *Willielmo le Mareschall*, *Joanne Comyn*, *Willielmo de Vescey*, *Joanne de Monteforti*, *Nicolao de Hastelegh*, *Willielmo Danycourt*, *Ægidio de Argenteym*, *Edmundo Comyn*, *Joanne Lovel* divite, *Edmundo de Hastynge*, *Milone de Stapleton*, *Simone Ward*, *Roberto de Felton*, *Michaele Poinynge*, *Edmundo Maulea*, Senescallo Angliæ, Baronibus & Bànerettis item *Henrico de Boun*, *Thoma de Ufford*, *Joanne de Elsingfelde*, *Joanne de Harecourt*, *Waltero de Hakelut*, *Philippo de Courtenay*, *Hugone de Scalès*, *Radulpho de Beau-*

Beauchamp, *Joanne de Penbrigge* Militibus, una cum XXXIII aliis ordinis ejusdem. Capti quoque & detenti sunt ibidem per *Scottos* Dominus *Henricus de Boun*, Comes *Herfordiæ*, & Comes *de Anagos*, Dominus *Joannes Giffard*, *Willielmus le Latemer*, *Mauricius de Bekelegh*, *Ingermanus de Umfroynule*, *Marmaducus de Tewge*, *Joannes de Wyletone*, *Robertus de Maulee*, *Henricus Filius Hugonis*, *Thomas de Gray*, *Walterus de Beauchamp*, *Richardus de Charonis*, *Joannes de Wevelmtoun*, *Robertus de Nevil*, *Joannes de Segrave*, *Gilbertus Pecche*, *Joannes de Clavering*, *Antonius de Lusoy*, *Radulphus de Camys*, *Joannes de Evere* & *Andreas de Abrembyn* Barones & Baneretti. Milites insuper subscripti capti & detenti ibidem fuerunt; videlicet Dominus *Thomas de Berkeleghe*, filius *Rogeri Tyrel*, *Anselmus de Mareschal*, *Ægidius de Beauchamp*, *Joannes Cyfrewast*, *Joannes Bluwet*, *Rogerus Corbet*, *Gilbertus de Boun*, *Bartholomæus de Enefeld*, *Thomas de Ferers*, *Radulphus* & *Thomas Butetrort*, *Joannes* & *Nicolaus de Kingestone* fratres, *Willielmus Lovel*, *Henricus de Wiletoun*, *Baldewinus de Frevile*, *Joannes de* [1] *Clivedone*, *Adomarus la Souche*, *Joannes de Merewode*, *Joannes Mause*, *Thomas* & *Odo Lele* [2] *Ercedekene*, *Robertus Beaupel* filius, *Joannes* [3] *Mantravers* filius, *Willielmus* & *Willielmus Giffard* cum aliis XXXIV ordinis Militaris. Et est summa Baronum & Banerettorum una cum Comite *Gloecestriæ* ibidem interfectorum XLII. summa vero Comitum Baronum & Banerettorum ibidem captorum & in custodia *Scottorum* detentorum XXII, Militum quoque LXVIII, Clerici quoque & Scutiferi plures ibidem fuerunt occisi & capti. De quibus & Dominus *Rogerus de Northburge*, Custos Domini Regis *Targiæ* ab eo ibidem ablatæ, una cum Dominis *Rogero de Wikenfelde*, & *Thoma de Switone*, dicti domini *Rogeri* Clericis, pariter detinebantur ibidem. ob quod dominus Rex cito postea fieri fecit sigillum, volens illud *Privatum Sigillum* appellari, ad differentiam *Targiæ* sic ut præmittitur ablatæ. Et est summa

1 *F. Clindon*. 2 *Sic*. 3 *F. Mautravers*.

ma totalis tam Comitum Baronum & Banerettorum, quam Militum interfectorum & captorum seu detentorum ibidem, una cum tribus Clericis praenominatis, CLIV.

Eodem autem anno, longe post miserabilem conflictum praefatum, Dominus *Humfridus de Boun* Comes *Herfordiae*, vinculis *Scottorum* ut praedicitur detentus, solutus fuit ab eisdem & Domino Regi *Angliae* missus permutatione facta pro Comitissa *de Karrok* domini *Roberti de Brus* uxore, quae capta fuit in praelio de *Faukirke*, & in Custodia domini Regis *Angliae*, fere per sex annos, apud *Schireburne*, *Scheftesbury*, & *Berkman* detenta; ceteris in custodia *Scottorum* detentis, donec per redemptiones gravissimas pene omnes liberarentur. Corpus autem nobilis viri Comitis *Gloecestriae* per quendam fratrem Ordinis Minorum precibus à Domino *Roberto de Brus* impetratur, & apud *Teukysbury* tandem est delatum, ac modo debito juxta antecessores suos honorifice tumulatum; qui tamen de suo corpore nullum reliquit heredem, scuto, proh dolor! Comitatus sive Honoris ejusdem, quod retro actis temporibus à nullo viventium visum fuerat, sive auditum, sine spe remeandi miserabiliter prostrato.

Circa haec tempora nobilis vir *Radulphus de Monte Hermeri*, cum ceteris *Angliae* nobilibus in *Scotia* detentus, gratiam in oculis *Scottorum*, ratione cujusdam familiaritatis cum Rege ipsorum quondam in Curia Regis *Angliae* habitae, casu fortuito reperiens, redemptioneque sua gratiose sibi perdonata in *Angliam* rediit, & Targiam Domini Regis, modo quo praemittitur à Custode ejusdem per *Scottos* ablatam, secum [1] reportavit; usu ipsius, ratione praevia, nihilominus ex toto interdicto. Rex cepit vicesimam partem bonorum Laicorum.

Annus pluviosus.

ANNO Gratiae M. CCC. XV. annus extitit valde pluviosus tam in aestate quam in hieme, ita videlicet quod omnia foena & blada in profundis sive bassis ter-

1 Usu ipsius reportavit. T. W. Vid. etiam Hypodigm. Neustr.

ris,

ris, vel pratis, per totum regnum undecunque existentia per valles & mariscos, perdita fuerunt pro majori parte pariter & submersa; ob quod mortalitas hominum ceterorumque animalium, bladi caristia, salis defectus immensus, & parcitas victualium fuit subsecuta, & vendebatur bucellus salis communiter pro II solidis & VI denariis, quod nostris temporibus fuerat inauditum.

Archiepiscopus *Cantuariensis* celebravit concilium suum apud *Lincolniam*, in crastino conversionis Sancti *Pauli*. Rex quoque tenuit Tractatum suum ibidem, & dicebatur vulgo quod tanta fuit ibi bladi parcitas & caristia, quod quarterium frumenti vendebatur pro XL solidis sterlingorum, unde pauperes penitus pro defectu victus moriebantur. Iste annus miserabilis fuit, quasi prodigium & signum magnum in populo, ita ut illud evangelicum quodammodo impleretur quod dicit: *Surget gens contra gentem & regnum contra regnum, & erunt pestilentiæ & fames per loca.* Nam multa bella emerserunt subito per omnes terras; *Franci* enim insurrexerunt contra *Flandrenses*, *Scotti* contra *Anglicos Hibernenses* & *Wallenses*, quorum scilicet *Wallensium Lewelinus Bren* fuit capitalis, qui multas villas combussit, & *Anglicos* interfecit. Contra quem Rex misit milites de fortioribus cameræ suæ & ipsum *Bren* cum duobus filiis suis captum, & in vinculis detentum, ceterisque complicibus expugnatis Regi. *Londonium* destinaverunt. Eodem anno obiit nobilis vir Dominus *Robertus Filius Pagani* apud *Schireburne*, [&] magno sepultus est ibidem cum honore.

Concilium Lincolniense.

Lewelinus Bren.

ANNO gratiæ M.CCC.XVI. episcopus *Avennioniæ*, vir valde discretus & justus, electus est in papam apud *Lugdunum*, post mortem *Clementis* papæ, cum sedes papalis vacasset II annis IV mensibus & V diebus octavo Idus Augusti, & vocatus est *Joannes* XXII, ac etiam in festo Sancti *Michaelis* proximo sequente apud *Avennioniam* coronatus.

Joannes papa XXII.

Isabella Regina peperit filium suum secundo genitum apud *Eltham*, & vocatus est *Joannes* die assumptionis beatæ *Mariæ*. Annus iste præcedenti miserabilior omnibus bonis vacuatus, & ineffabili miseria repletus sic continuatur in pluviis fulminibus & tempestatibus, quod terra præ aquarum nimietate, quantumcunque bene seminata, fructum suum dare non potuit, maxime in imo solo ut in vallibus & mariscis, unde contigit quod toto anno integro tanta fuit hominum undecunque mortalitas, quod in magnis civitatibus, burgis, & villatis, sacerdotes æque tam post horam nonam quam ante, defunctorum sepulturis intenderent, ac etiam præ multitudine in civitate *Londoniensi* & alibi pauperum utriusque sexus decedentium plures homines in una fossata sepelirentur; per quod timebatur subito, conjecturis probabilibus & signis manifestis, sententiam illam in Genesi scriptam accidisse: *Pœnitet me fecisse hominem, & delebo hominem super terram.* Et ut uberius genus humanum vexaretur, boves sic moriebantur, quod vix videretur in profundis maxime terris una Carucata boum fortium processu anni qua terra posset verti; ob quem defectum equis ligonibus & bestiis, pluribus in locis, terram semen suum suscepturam vertere & fodere oportebat.

Bristolienses regi reconc.

Eodem anno *Bristollienses* reddiderunt se circa festum Sancti *Bartholomæi* paci domini Regis & domini *Bartholomæi de Bathelesmere*, qui diu steterunt in errore. Tres tamen Capitalium eorundum *Joannes Tavernere*, filius ejusdem, & *Robertus Martin* ad ecclesiam fugerunt, & terram *Angliæ*, diversos portus eligentes, pro perpetuo non remeaturi, ceteris graviter amerciatis, abjurarunt. Crevit bladi & salis caristia, & ita excrevit, quod quarterium frumenti communiter per totum annum integrum vendebatur pro XX solidis, siliginis & hordei pro XVI solidis, fabarum quoque pro XIII solidis & IV denariis, & avena pro V solidis & IV denariis, bucellus salis pro IV solidis.

Eodem anno ad festum purificationis beatæ Virginis venit Rex apud *Clarendone*, moram faciens ibidem usque in octavas Paschæ sequentis, fossatis ipsam forestam claudendo, aliaque faciendo quæ statum suum minime decuerunt,

decuerunt, ob quod terræ magnates boni & fideles multum ipsum Regem male ductum consilio, prout auderent, vituperabant. *Scotti* tamen, nullam in Rege nostro nec in suis comperientes resistentiam, spiritu furoris & audaciæ animati, interim dictum regnum *Angliæ* versus partes viz. boreales hostiliter invaserunt, terram de *Northumberland*, *Cumberland*, *Westmorland*, suis dominiis mancipando, religiosas domus comburendo, vel aliter inhumano modo destruendo in personas eorundem furorem suæ debacchationis demonstrando, ita quod monachi nigri & canonici aliique religiosi possessiones amplas possidentes, partes *Angliæ* australes, metu mortis ducti, mendicando in despectum ecclesiæ petere cogerentur. Sæculares vero, tam nobiles quam alii, divitiis temporalibus copiose abundantes, cum suis voluntatibus ut in homagiis fidelitatibus & servitiis tenoras suas contingentibus, Regi *Angliæ* ceterisque *Anglicis* ab olim debitis condescendere recusarent sumptis uxoribus & filiis suis tantum, à patria sua expulsi mendicare, proh dolor! compellerentur, illos tamen, quos contra sacramenta sua pacem cum *Scottis* inierunt sumptis ab ipsis fiduciis cum pace demiserunt. Unde contigit, ut maxima borealium multitudo, casum suum miserabilem Regi & consilio suo relatura, *Londonium* accessit, à Rege tamen nec suis solatium, defensionem, sive adjutorium aliquod susceptura, sive habitura. Quibus hic gestis, ac etiam per *Scottos* compertis, fræna malitiæ suæ malis pejora addendo pariter & accumulando, non cohibentes, sed & inde in *Hiberniam* pompose navigantes, & ipsam feliciter intrantes, multa ibi execrabilia egerunt, bona terræ destruendo, villas comburendo, alia multa mala innumerabilia in despectum Regis *Angliæ* pariter & vituperium perpetrantes, quorum capitalis ductor fuit *Robertus de Brus* cum exercitu suo copioso; quibus pro viribus, domini *Richardus de Clare* & *Edmundus le Buterel*, viri valde famosi & armis bellicis strenuissimi, pro Rege *Anglorum*, licet ad id non requisiti, cum suis familiis nobiliter & viriliter restiterunt; quamobrem citius de *Hibernia* versus *Scotiam*

Scoti Angliam vastant.

 am

am sine magna molestia, cum suis remearunt.

Primi fructus Beneficiorum Papæ reservati.

Summus Pontifex reservavit Cameræ suæ primos fructus Beneficiorum omnium in *Anglia* per triennium vacantium, Archiepiscopalibus ecclesiis, ac etiam Abbatiis regularibus, tantummodo exceptis.

Concilium *Clarendoniense*.

Rex *Anglorum* in quadragesima tenuit concilium suum apud *Clarendonam*, magnæ discordiæ fomentum, convocatis *Cantuariensi* Archiepiscopo & *Wintoniensi* Episcopo, licet invitis, & multum ut dicebatur renitentibus, Comitibus *Herfordiæ* & *Penbrok*, Dominis *Hugone le despensere* patre & filio, *Willielmo de monte Acuto*, tunc senescallo hospitii Regii, *Batholomæo de Batelesmere*, *Rogero de Almarico*, *Hugone de Audeleye*, banerettis & Justitiariis suis de utroque banco, cum aliis innumeris; per quod sequentia mala plenius suspicabantur, qui inde post clausum Pascha versus *Londonias* rediens inthronizationis Episcopi *Wintoniensis Joannis de Kendale*, tunc sui Cancellarii, una cum Regina *Angliæ*, multisque aliis regni nobilibus, precibus dicti Episcopi devictus, interfuit. Archiepiscopus *Cantuariensis* celebravit concilium suum in Ecclesia Sancti *Pauli Londoniis* in crastino Sanctæ *Fidis* virginis. Hoc anno ablata est villa de *Berewyk* super *Twede* à domino Rege *Angliæ* per *Scottos*.

Tractatus London.

ANNO gratiæ M.CCC.XVII. Rex tenuit Tractatum *Londoniis*, cito post dictam inthronizationem, super malis, jacturis, & damnis sibi & suis per *Scottos*, Regni sui manifestos inimicos, illatis; Comite *Lancastriæ* nec ad hunc tractatum nec ad illum *Clarendoniæ* vocato, ipso tamen Regis inimico & regni manifesto, Regisque ipsius & regni proditore notorie & palam in hospitio Regis & aulicorum publice nominato. in quo quidem tractatu ordinatus est *Rogerus de Mortuo Mari*, multis illum *Anglicis* comitantibus, ad Custodiam, tuitionem & expulsionem *Hibernorum*, & *Scottorum* in eadem forte commorantium, sive quovis modo latentium, cum optimum videret.

Comitissa *Lancastria* rapta.

Die Lunæ ascensionem dominicam præcedente rapta est Comitissa *Lancastriæ*, nobilis viri & famosi domini

Thomæ

Thomæ Comitis *Lancastriæ* uxor legitima, apud *Caneford* in *Dorsetia*, per quendam Militem de domo & familia *Joannis* Comitis *Warenniæ*, convocatis ad illud deteſtabile factum, & ſæculo poſt futuro obloquendum & admirandum, tam militibus & dominabus Comitatus prædicti, præſagium rei futuræ ibidem faciendæ penitus ante adventum ſuum ignorantibus, quam aliis operis ejuſdem fautoribus ſive promotoribus; & inde ad dictum Comitem apud *Reigate* pompoſe, aſſenſu ut dicebatur Regio & aulicorum, in deſpectum dicti Comitis *Lancaſtriæ* adducta. Et ut tam deteſtabili facto, & ſtultitiæ manifeſtæ, aliquod interludium in opprobrium illam deducentium interſeratur, ut ſic quodammodo opprobrio deſpectus recompenſetur, ecce in itinerando intra ſepes & nemora, inter *Haultone* & *Farnham* exiſtentia, Sacerdotibus cum populo velis & vexillis, ut moris eſt, diebus aſcenſionem Dominicam præcedentibus, erectis Litaniam illam, quæ *minor* appellatur, devote, ut decuit, percantantibus, tali ac tanto ipſius dominæ pompoſi ductores ſacra vexilla eminus intuentes expanſa, ſubito timore & horrore ſunt percuſſi, quod vix in equis ſuis ſedere ſive ſeſe tenere potuerunt, magnopere formidantes quod Comitem illum *Lancaſtriæ*, vel aliquos per ipſum miſſos, dictam dominam ablaturos, deſpectumque ſibi factum vindicaturos, obvios ſibi comminus haberent. Unde contigit, quod, relicta ſola fere domina, unuſquiſque raptorum propter metum inter ſe conceptum fugam iniit, vitæ ſuæ & ſaluti conſulturus. Quibus ſic geſtis, rei veritate & cauſa perſcrutata redierunt ad dominam, pompam, minas, & ſuperbiam in ſpiritu elationis inferentes, de ſalute ſeu proſperitate modico facto intervallo prius funditus deſperati. Cum quibus quidam miſeræ ſtaturæ, claudus, & gibboſus, ſuoque perpetuo maliciis intendens, *Richardus de Sancto Martino* vocatus, pompoſe ut tantum docuit virum incedens, dominam, proh dolor! ſupradictam miſerabiliter deluſam, magno ut ſuſpicabatur adjutorio ſuffultus, in ſuam exegit uxorem, firmiter proteſtans quod ipſam fide media carnaliter cognovit, antequam

Et Ric. de S. Martino nupta.

antequam Comiti supradicto desponsata fuerat, quod etiam plane domina prædicta palam ubique recognovit, ac etiam verum esse fatebatur nullo ducta nec infecta timore; ac sic quæ toto tempore vitæ suæ nobilissima fuit dicta domina, rota fortunæ subito vergente, quod dictu turpe est, meretrix spurcissima per totum orbem acclamatur.

Interim dominus *Richardus* sese in altum vento flante mare conspiciens, nomine uxoris suæ Comitatus *Lincolniæ* & *Sarum* dictæ dominæ hereditatem in curia regia vendicare præsumebat; sed incassum, prout rei gestæ sequentia plenius explanabunt. Sicque finitur primus Concilii ramus apud *Clarendoniam* tenti.

Cardinales duo in *Angliam* missi.

Fama illa per universum orbem velociter expansa & diffusa ad summi pontificis pervenit audientiam, unde misit duos Cardinales, *Joannem* videlicet *Gauselini* & *Lucam de Flisco*, in *Angliam*, gratia pacis inter Regem & Barones suos faciendæ, quem pro præmissis & aliis indecentiis, permissu suo factis, valde exosum habuerunt; qui in adventu eorum amplam à Clero perceperunt procurationem, videlicet de marca secundum taxationem veri valoris IV denarios, cum tamen in nullo rei delicto inveniebantur. Sed:

Quicquid delirant Reges, plectuntur Achivi.

Eodem anno circa autumnum Cardinales miserunt se versus partes Boreales, ut legationem suam facerent, armis, equis, & familia, & thesauro abundanter stipati; quos cum patriotæ, sic venire cognovissent, & à Rege *Anglorum* nihil ob tuitionem patriæ suæ, per *Scottos* ut præmittitur depopulatæ habere potuissent, uno impetu dictos Cardinales, episcopumque de *Durham*, in Curia *Romana* de novo creatum, omnesque suos sequaces à minimo usque ad maximum deprædarunt, ita quod vix Cardinales ad unam civitatum sive villarum confugere tute potuissent; cujus deprædationis auctor principalis fuit dominus *Gilbertus de Middletone* Miles, ob quod factum mortis patiebatur dispendium, amputato capite & super *Newgate*, apud *Londonias*, fixo. Cardinalibus siquidem sic territis affuit nobilis vir Comes *Lancastriæ*,

Ab *Anglis* spoliati.

Lancastriæ, eos in manu forti & valida inde liberans, & usque ad *Eboracum* deducens, ipsosque in pace ibidem dimittens ad castellum suum de *Pomfreyt* remeavit. Post cujus recessum per Regem & suos deprædatio præscripta Comiti eidem malitiose imputabatur.

Exinde crevit indies inter Regem & Comitem *Lancastriæ*, aulicis, quos idem Comes meritis exigentibus exosos habuit, id jugiter procurantibus, orta prius dissentio in tantum, quod Rex ad destructionem Comitis omnibus anhelaret. Unde contigit, quod Rex finxit se versus *Scotiam*, citato servitio integro, *Scottos* debellaturus, iter suum festinanter arripere, missis prius dicto Comiti in dolo, apud *Pomfreyt* in pace commoranti, nunciis solemnibus, Archiepiscopis videlicet *Cantuariensi* & *Dubliniensi*, Episcopis quoque *Wintoniensi*, *Landavensi*, *Saresburiensi* & *Norwicensi*, & *Cicestrensi*, Comitibus quoque *Herfordensi*, & *Penbroke*, cum Baronettis & Clericis super reformatione pacis inter eos faciendæ; qui tamen cum in Comite nihil possent invenire paci contrarium, sed ipsam veram & certam omni malo seu suspicione vacuam jugiter adoptante, in reditu suo Regi reperta referentes, quanquam de pace sperarent, versis faciebus incassum est laboratum, sicque fit quod Rex cum aulicis suis, & exercitu immenso, versus *Eboracum* tendens, tractatum ibi quendam tenebat in præsentia Cardinalium, ubi procuratione, ut dicebatur, Cardinalium facta fuit inter Regem & Comitem, pontes tamen omnes custodia firmissima Rege prius transito vallantem, concordia, sub forma quæ sequitur; videlicet, quod Rex nihil faceret contra Comitem nec suos & è converso, sed in pace starent omnia factis hinc inde fiduciis, ita quod idem Comes bono modo veniret ad Parliamentum Regis, tempore ibidem & loco assignatis celebrandum, facturus & recepturus quod foret justum. Iis gestis, Comes de promisso confisus venit cum paucis apud *Pomfreyt*, dimissa pontium custodia, in pace existens. Cui Rex paulo post, immenso stipatus exercitu, aulicis pompose pariter incedentibus, armatus vexillis præcedentibus versus castrum de *Ponfreyt*, vindictam mente

Concordia inter Regem & Comitem *Lancastria.*

mente contra dictum Comitem conceptam toto nisu expleturus, iter suum arripiens, insultum fecit admirandum, aulicorum ductus consilio satis dolose; de quo cum Comiti constaret, armatus cum suis, licet paucis, fossatam Castri sui ascendens viso Rege suisque armis immenso subito perstrepuit clamore, Nihil mali Deo gratias, & ibi recipiens, sicque inimicorum manu suorum
Iterum rupta. minime prævalente, Regeque cum suis abscedente, rupto fiduciæ vinculo aucta est, pro dolor! dissensio, quæ prius extincta autumabatur.

Inde Rex tendebat versus *Londonium* cogitans & recogitans in dies, seduloque cum aulicis pertractans, quomodo melius de ipso Comite vindicari possit. Interim abductus est quidam miles Comiti *Lancastriæ*, per *Pomfreyt* versus partes boreales viriliter tendens, cum quo alba Carta regio sigillo magno signata, aliæque literæ Regis sigillo privato signatæ credentiam munientes inventæ sunt, ut cum Rege *Scottorum* pro morte dicti Comitis pacificaretur; quem Comes de veritate confessum equis tractum, deinde suspensum, retentis penes se in argumentum fidei Cartis suis & literis, mortis subire fecit supplicium, fixo capite suo super Castrum de *Pomfreyt*. Et hic, ut dicebatur, paulo antea de familia Comitis fuerat specialiter, foveam faciens justo Dei judicio incidit in eam, quia nulla pejor pestis quam familiaris inimicus. Quo à Rege & Aulicis, magnum damnum pariter & opprobrium inde in eventu emergere suspicantibus, comperto, Regales immenso tabefacti non immerito sunt dolore; unde contigit quod hac & aliis populus *Anglicanus*, qui prius Comitem fere spreverunt, certioratus veritatibus, eidem Comiti, contemptis aulicis, adhæsit firmiter, vitam ipsius & salutem jugiter in spiritu postulans humilitatis.

Simon de Monte Acuto moritur. Circa hæc tempora nobilis vir dominus *Simon de Monte Acuto*, Miles, & domini Regis Baro strenuus, qui varia propter Regnum *Angliæ* perpessus fuit pericula, diem clausit extremam, die videlicet sanctorum *Cosmæ* & *Damiani* apud *Denizete*, die Sancti *Bricii* Episcopi sequente in ecclesia de *Bruiton* conventuali honorifice

honorifice Episcopis *Bathoniensi* & *Wellensi*, *Ossoriensi*, cum Abbatibus pluribus, Clero & multis viris nobilibus exequias celebrantibus, traditus fuit, ut tantum decuit virum, sepulturæ. cujus animæ propitietur Deus, Amen.

Eodem anno Comitatus *Gloucestriæ* æque dividebatur inter tres sorores *Gilberti* Comitis ejusdem, nuper in *Scotia* sine exitu corporis sui, ut præmittitur, interfecti. Cujus partem præcipuam recepit & habuit dominus *Hugo Dispensator* filius, nomine *Joannæ* sororis primogenitæ, uxoris legitimæ ; secundam vero dominus *Hugo de Audelegh*, nomine *Margaretæ* secundæ sororis domini *Petri de Gavestone*, quondam Comitis *Cornubiæ* [1] relictæque, uxoris suæ ; tertiamque dominus *Rogerus de Amarico*, nomine *Isabellæ*, tertiæ sororis, dominorum *Joannis de Burgh* filii Comitis *Ultoniæ*, & *Theobaldi de Verdona* relictæ, uxorisque suæ, sibi ex dono Regio velut secundo matrimonialiter copulatæ. sicque dicti Comitatus divisio. Quam ut vulgo dicebatur dominus *Simon de Monte forti*, quondam Comes *Leycestriæ*, die quo apud *Evesham* fuit interfectus, Comite *Glocestriæ* patre Comitis occisi id ultra modum contra fidei suæ sacramentum procurante, modo quo sequitur prædixit affuturam. Hodie, inquit suis, corpora nostra in manu inimicorum nostrorum sunt tradita, CHRISTO causam nostram committentes, animas nostras regi regum commendamus. sed & hoc socii sciatis, quod antequam annus cursum suum compleat quinquagesimum, mors nostra vindicabitur. Quod & tunc autumabatur accidisse, eo quod nunquam fuit hujus scutum retroactis temporibus prostratum. Rex tenuit natale suum apud *Westmonasterium*, existentibus cum ipso Cardinalibus, aliisque terræ nobilibus non minimis.

Com. *Gloucestria* in tres partes dividitur.

Hoc etiam anno dominus Papa septimum librum *Decretalium*, à prædecessore suo compositum, & quasi ab ipso deletum promulgavit, instituit & confirmavit, beneficiorum pluralitatem detestantem, multaque alia ad honorem Ecclesiæ Sanctæ in se continentem. Instituit etiam festum solemnitatis Corporis & sanguinis CHRI-

Lib. septimus Decretalium.

1 Leg. relictæ, uxorisque.

STI, quod ab *Urbano* Papa quarto sumpsit exordium, singulis annis, in proxima feria quinta post festum Sanctæ Trinitatis, cum plenis octavis, ab universali Ecclesia perpetuo celebrari.

Concilium London.

Archiepiscopus *Cantuariensis* celebravit concilium suum in Ecclesia Sancti *Pauli Londoniis*, in crastino festi Sancti *Petri* quod dicitur *in Cathedra*, in quo Magister [1] *Rigandus* domini Papæ in *Anglia* nuncius, super multis & variis exactionibus, vexationibus, & impositionibus Clero *Anglicano* per ipsum & per suos factis, ad modicum tamen seu nullum Cleri profectum, extitit ratiocinatus. Fuit etiam Regis versus *Scotiam* aditus ad petitionem Cleri usque Pentecosten prorogatus; ita tamen quod interim Magnates tam Cleri quam populi, gratia concordiæ inter Regem & Comitem *Lancastriæ* faciendæ, dicto Comiti tempestive mitterentur: per quos discordia inter ipsos habita adnullaretur, cordaque ipsorum sedarentur ad regni quietem non modicam, quod & factum extitit prout sequentia manifestabunt.

Isto anno venerunt in *Angliam* à Curia *Romana Thomas de Cobeham*, *Cantuariensis* electus quondam, per dominum Papam in *Wygorniensi*, & Magister *Adam de Orletone* in *Herfordensi* creati episcopi.

ANNO gratiæ M.CCC.XVIII, circa ascensionem Dominicam missi sunt per Regem Comiti *Lancastriæ* archiepiscopus *Cantuariensis* & alii episcopi Comitesque & Barones, ad hoc electi, ad tractandum cum ipso super diversis Articulis, per Regem instinctu aulicorum sibi transmissis.

Impostor quidam morte mulctatus.

Eodem Anno subito venit quidam homo bene litteratus, ut dicebatur, apud *Oxoniam* ducens secum canem & catum, & ingessit se in Aula Regia, extra mœnia civitatis ejusdem sita; mittens post majorem Civitatis aliosque quam plures tam Clerici quam populi, & fatebatur se coram ipsis esse filium Regis *Angliæ* proxime defuncti legitimum, ac etiam regni ipsius heredem. Quem sic manifeste confessum, cum de temeritate sua & præsumptione publica, minis & blanditiis & terroribus redar-

[1] Vel, *Rigandus*.

guere,

guere, ac etiam revocare, studiose satagissent, spretis tamen suis consiliis, impetuosum animi sui conceptum uberius sequi secum pertractabat, dicens: in publico se etiam metu mortis, seu quovis tormentorum genere, ad aliud flecti nolle, unde contigit, quod cito postea apud *Northamptoniam*, ubi Rex *Anglorum* tractatum regni cum suis habuit, consilio magnatum quorundam ductus super stultitia sua, quam obstinato animo coram Rege ceterisque magnatibus ibidem existentibus pompose confitebatur, ad rationem positus, demum ipsorum judicio mortis subiit supplicium; capite ipsius amputato, cordeque à suo corpore extracto, & pro læsione Regiæ Majestati facta, ad terrorem aliorum, combusto.

Regina *Angliæ* peperit filiam suam primogenitam apud *Wodestoke*, die Sanctæ Trinitatis, in crastino videlicet Sancti *Botulphi* Abbatis, nomine *Alianoram*. Eodem Anno circa [1] gulam Augusti dominus Rex tenuit tractatum suum apud *Northamptone*, cum nobilibus multis regni sui tam magnatum quam populi, in quo tractabatur vehementer de certa & stabili pace inter ipsum Regem & illustrem Comitem *Lancastriæ*, in præsentia Cardinalium ibidem personaliter existentium, facienda, ac etiam modis omnibus observanda. ad quem Regina *Angliæ*, dicti Comitis neptis, personaliter accessit; unde contigit miraculose, contra etiam omnium & singulorum tunc superstitum opinionem, quod die Lunæ proxima ante festum Sancti *Laurentii*, procurante indies & viriliter instante Regina supradicta, firma pax & vera Concordiæ inter dominos Regem & Comitem supradictum, in publico facta fuit & signo amicitiæ hinc & inde vallata, prout rei gestæ sequentia plenius explanabunt. Ex tunc enim orta est terræ *Anglicanæ* diu optata lætitia, & omnino desperata, cessant fames & pestilentiæ, quas gens *Anglorum* ultra modum patiebatur [2] incommoditas, bladi sopitur caristia, affluit salis affluentia, terra suum dedit fructum, inimici Regis prosternuntur, &, ut breviter dicatur, Regnum quasi ad solitum bonitatis deducitur cursum. Fit interim lætitia magna

Tractatus Northampton.

1 Sic MS. Forte *quintam.* 2 Leg. *incommoditates.*

 in

in populo, eo quod Rex & Comes *Lancastriæ* mutuo & crebro utuntur colloquio, odii fomite [1] alterum sopito; Aulici quoque & alii, quorum instinctu id procurabatur, à Comitiva & domo Regis remoti, horrore subito percussi sunt & timore ultra modum verentes in manus Comitis incidere supradicti. Cardinales, per annum & amplius in *Anglia* moram facientes, statim post concordiam initam, dato eis transitus die sub certa pœna, die Lunæ proxima ante festum decollationis Sancti *Joannis* Baptistæ, imposita tamen prius procuratione sua, ac demum per magistrum *Rigandum* domini Papæ in *Anglia* nuncium collecta, apud *Doveriam* mare transierunt.

Parliamentum *Eborac.*

Eodem anno, in quindena Sancti *Michaelis* Rex *Anglorum* tenuit parliamentum suum apud *Eboracum*, ad *Northamptone* prius ordinatum, omnium terræ Magnatum tam Cleri quam populi assensu unanimi, Comite *Lancastriæ* ibidem existente. Et nota, quod toto tempore Regis tunc superstitis parliamentum aliquod, quanquam multa sæpius fuerant recitata, convocata, & adunata, non ante istud exitum sumpsit sive effectum, sed incepta bono modo, ut videbatur, & per paucos dies continuata, subito tamen, regiis id procurantibus seductoribus, ex toto rumpebantur. Rege igitur cum suis proceribus parliamentum suum tenente, dominus *Edwardus le Brus*, domini *Roberti le Brus* germanus, vir bellicosus & in armis strenuissimus, cum multis *Scotiæ* nobilibus, impetuoso exercitu stipatus atque pomposo, terram *Hiberniæ* suo dominio mancipandam perpetuo intravit hostiliter, literas ejusdem terræ incolis magni odii alterni seminarium præmittens, firmiterque proponens se dictæ terræ Regem in breve futurum, & ibidem coronam delaturum; Regemque *Hiberniæ* & Insularum conquæstorem per universum orbem se & suos successive vocaturum, perpetuis temporibus in futurum. Sed altissimo permittente fraus ipsius & præsumptio in seipsum demum est reversa; ita videlicet, quod fideles domini sui Regis *Angliæ* in dicta terra commorantes,

Edw. Brussius Hiberniam occupare tentat.

1 Leg. *altum.*

ipsam

ipſam terram, poſſeſſiones ſuas proprias, jus quoque Domini ſui Regis *Angliæ* viriliter defendere ſatagentes, ipſum *Edwardum* in campo & patria, quæ dicitur *Dondalk*, bellum cum ſuis expectantem, miſerabiliter juſto Dei judicio interfecerunt, una cum Baronettis *Scotiæ* ſubſcriptis: Dominis videlicet *Philippo de Monthebrai*, [1] *Domaldo de Lylle*, *Joanne de Soules*, *Joanne Alano* & *Waltero Stiward*, *Denecanno Cambel*, *Denecanno de Carletone*, *Herberto* & *Radulpho le Mareſchal*, *Hugone de Aumarico*, *Roberto* & *Joanne Savage*, *Roberto* & *Waltero de Lacy*, *Willielmo le Mareſchal*, *Willielmo de Caumbeyn*, *Willielmo de Galeweye*, *Willielmo Spendi*, *Willielmo de Thouresbury*, tunc domini *Edwardi de Brus* prædicti vexillifero, *Thoma de Pellet*, *Willielmo de Carleton*, *Willielmo* filio *Reymundi*, *Willielmo le Mareſchal*, *Waltero de Say*, *Petro de Welleſton*, *Fergus de Ardaunſham*, *Joanne de Kermerdyn*. quinque vero millibus & octogentis aliis, præter milites & nobiles ſupradictos, die Sabbati proxima ante feſtum Sancti *Lucæ* Evangeliſtæ, Primate de *Armach*, pro Rege *Anglorum* & ſuis, Duce & capitali exiſtente. Sicque quodam modo mors Comitis *Glouceſtriæ* nuper apud *Strivelyn*, *Scottorum* pompa pariter & ſeditione interfecti, multorumque *Angliæ* nobilium occiſio pariter ibidem facta in ſignum ruinæ majoris, vicem ultionis divinæ pariter & humanæ, capite ipſius *Edwardi* Ducis ipſorum abſciſſo, Regique *Anglorum* deſtinato, receperunt pariter & recompenſationis. unde contigit, quod *Scotti*, præ timore hujuſmodi eventus, in deſperationem ruerunt ineffabilem. *Robertus de Brus*, Rex *Scottorum*, cum commitantibus, auctoritate Curiæ *Romanæ*, interim ſolemniter & publice in Regno *Angliæ* & *Scotiæ*, omnibuſque terris pariter adjacentibus, extitit excommunicatus, eo quod venit contra fidelitatem Regi *Anglorum* ab antiquo debitam, Regnumque *Scotiæ* generali ſubponitur interdicto.

Interficitur.

Rob. Bruſſius excommunicatur.

Hoc anno fit particularis terræ motus in *Anglia*, die Martis in craſtino Sancti *Bricii*, Epiſcopi & Confeſſoris, inter galli cantum noctis ultimum, & auroram diei ſupradictæ.

Terræ motus.

1 Neſcio an *Donaldo*?

ADAMI
MURIMUTHENSIS
CHRONICON,
SIVE
HISTORIA
SUI TEMPORIS;

Cui ſubjicitur ejuſdem Chronici
CONTINUATIO.

E Codice *Reginenſi* nunc primum edidit
ANTONIUS HALLIUS, S. T. P.

OXONII,

E THEATRO SHELDONIANO,

M.DCC.XXI.

ADAMI MURIMUTHENSIS
HISTORIA
SUI TEMPORIS.

Incipit Continuatio Chronicorum Regum Angliæ, *cum interpositione quorundam casuum contingentium in Curia* Romana *& Regno* Franciæ, *sicut eidem scribenti suis temporibus occurrebant.*

QUONIAM, ut scribitur per antiquos,

Res audita perit, littera scripta manet,

Prologus.

& expedit generationes singulas cogitare & antiquorum facta præcipua [1] memorari; Ego *Adam* [2] *Murymuthensis*, Canonicus *Londoniensis*, [3] advertens factorum memorabilium antiquorum paucos esse Scriptores, quoniam in Ecclesiis Cathedralibus Regularibus seu Collegiatis Chronicas non inveni de gestis summorum Pontificum, Regum, & præcipue *Angliæ* clare scriptas, nisi usque ad annum DOMINI M. CCC. II. & illas in Ecclesia *Exoniensi* duntaxat inveni, & in Ecclesia *Westmonasterii* [4] Chronicatas usque ad annum DOMINI M.CCC.V. Ex quibus assumpsi illud, quod mihi utile videbatur, nolens mortuos diffamare, & ab anno DOMINI M.CCC.V. quo ego tantæ ætatis eram, quod facta præcipua ponderavi, & ea scripsi breviter modo meo ex *Libro Dierum meorum*. Scripsi ulterius

1 Codex Coll. *Magd.* *Oxon.* legit *memorare.* 2 *Murimuth*, Apograph. *Earb.* 3 Animadvertens *Magd.* 4 Chronicas *Id.* *rectius.*

ea, quæ mihi videbantur utilia ad ſcribendum, nec perſonas nimium commendando, nec earum memoriam, ut quidam faciunt, diffamando; ſed facta vera ſcribendo, ut opus uniuſcujuſque ipſi, prout meruit, poſſit ſibi afferre laudis præconium, vel famæ ſuæ, ſi quam meruit, læſionem. Et notandum, quod Chronicæ, quæ ſequuntur, ſemper incipiunt à feſto Sancti *Michaelis*, non habita [1] mutatione Datæ annorum DOMINI, quæ ſecundum conſuetudinem Curiæ *Romanæ* mutatur in feſto Nativitatis DOMINI; ſed ſecundum conſuetudinem *Angliæ* [2] mutatur in Annunciatione Beatæ Virginis, nec habita conſideratione ad tempus, quo mutatur annus Regis. In Chronicis [3] igitur apud *Weſtmonaſterium* inveni quædam, quæ immediate ſequuntur per tres annos, reſiduum vero ex VISU ET AUDITU MEI TEMPORIS ipſe ſcripſi.

ANNO igitur DOMINI M.CCC.III. *Bonifacii* [4] pontificatus Papæ octavi anno [5] IX, regni vero nobilis regis EDVARDI de *Winton*, filii regis *Henrici*, XXXI; quia *Scotti* interfecerunt & male tractarunt cuſtodes & miniſtros, quos ipſe [6] præfecit cuſtodiæ regni & caſtrorum *Scotiæ*, cum exercitu *Scotiam* circa Pentecoſten intravit, & obtenta victoria rediit. Et ſtatim poſtea *Scotti* obſederunt caſtrum de *Strivelyn*, in quo fuerunt ad cuſtodiam XL homines tantum, qui caſtrum cuſtodierunt viriliter quamdiu victualia habuerunt, in tantum quod equos, canes, [7] coria, mures, & ratos comederunt; ſed propter famem, ſalvis vita & membris, caſtrum finaliter reddiderunt. poſtea rex *Angliæ* obſedit caſtellum de *Britin*, & obtinuit poſt XX dies.

Caſtrum de *Strivelyn* capitur.

Hoc anno, circa feſtum Nativitatis facta pace inter reges *Angliæ* & *Franciæ*, reddita eſt *Vaſconia* regi *Angliæ*, quæ extitit contra pactum licitum diutius, ut præſcribitur, occupata [8] in manibus *Francorum*. His

1 Ratione ad mutationes --- quæ --- mutantur *Magd.* 2 Mutantur *Id.* 3 Abeſt à *Magd.* 4 E Cod. *Magd.* 5 VIII. *Magd.* XIII. MS. veram lectionem è *Triveto* & anno ſequenti eruimus. 6 fecit *Magd.* 7 Coria *inter ſe* comederunt *Id.* 8 Abſunt à *Magd.*

temporibus

temporibus rex *Franciæ* multos conflictus habuit cum *Flandrensibus*, sed semper sine victoria remeavit.

Hoc anno moritur *Richardus de Gravesende*, Episcopus *Londoniensis*, & electus est concorditer [1] *R. de Baldok* per capitulum; sed *P. de Dene*, & *J. de Sancto Claro*, per Archiepiscopum [2] *R.* suis canonicatibus prius juste privati, ibidemque ad electionem admissi non fuerant, appellarunt. & sic fuit negotium ad *Romanam* curiam devolutum.

Hoc anno, in vigilia Nativitatis beatæ virginis *Mariæ*, captus est *Bonifacius* papa in *Campania*, civitate [3] *Agnaniæ*, de qua extitit oriundus, procurante rege *Franciæ* per suos nuncios *W. de* [4] *Nogareto* & *W. de Plasiano*, & consentientibus ipsius papæ familiaribus & vicinis, & thesaurus ecclesiæ deprædatus est.

Bonifacius VIII capitur rege Francorum procurante.

ANNO DOMINI M.CCC.IV. *Bonifacius* octavus, anno nono adhuc durante, regni vero dicti regis EDWARDI [5] XXXII, à festo Sancti *Michaelis* inchoando, V [6] Idus Octobris obiit *Romæ Bonifacius* papa octavus, & sepultus fuit *Romæ* in ecclesia Sancti *Petri* ibidem, in curioso sepulchro & nobili, quod superstes fieri fecit ibidem pontificatus sui anno nono; cui successit *Benedictus* papa XI, natione *Lumbardus*, de [7] Civitate *Trinitina*, qui XI Cal. Novembris *Romæ* fuit electus, & die dominica sequenti fuit coronatus, qui prius fuit de ordine Prædicatorum, in quo habuit multos gradus honoris, & postea cardinalis *Hostiensis*, & finaliter pater patrum. Hic papa excommunicavit & excommunicatos denunciavit omnes, qui captioni *Bonifacii* consenserunt; & quosdam nominatim, scilicet *Willielmum* de [8] *Nargareto* & *Scharram de Calumna*, *Petrum* tamen & *Jacobum de Calumna* restituit ad cardinalatus honorem; sed nullos eis titulos assignavit, quos prius *Bonifacius* privavit cardinalatus honore. Item restituit regem *Franciæ* ad privilegia, quæ habuit prius

Obit Bonifacius.

1 *Radulphus.* 2 *Robertum.* 3 L. *Anagnia.* 4 *Longareto*, *Magd.* 5 XXXIII. M. 6 *Idus Octobris desunt Magd.* 7 *Trivisina Magd.* 8 *Longareto Magd.*

à sede

à sede Apostolica, quibus papa *Bonifacius* ipsum sicut filium ingratum privavit; & ipsum regem, non petentem, à sententiis excommunicationum, quibus ex præmissis vel aliis causis ligatus erat, invitum absolvit in hebdomada Pentecostes. Et postea nonis Julii in *Perusio* obiit, & ante altare Prædicatorum est sepultus ibidem.

Hoc Anno Rex EDWARDUS se transtulit in *Scotiam* Castrum de *Strivelyn*, quod custodiebat *Willielmus Olifard*, viriliter obsessurus; postquam per nonaginta dies ipsos in pugnando fortiter obsedisset, ipsi præ inopia & timore in festo Sanctæ *Margaretæ* exiverunt discalceati, & funes in collo habentes, misericordiam postulantes. Quos Rex suscepit ad misericordiam, & ad diversa castra in *Anglia* misit carceribus mancipandos, neminem occidendo; positis deinde custodibus per totam *Scotiam*, rediit in *Angliam* irremeaturus, sicut inferius apparebit.

Castrum de *Sterlin* capitur.

ANNO DOMINI M. CCC. V, *Benedicti* papæ XI primo, Regni vero dicti Regis EDWARDI [1] XXXIII tenuit Rex EDWARDUS Natale apud *Lincolniam* nobile & sollemne. Et ordinavit justitiarios de *Traylebastone* post per totam *Angliam* ad castigandum malefactores, per quos fuerunt multi puniti & Regis ærarium valde ditatum.

Hoc anno quinto die mensis Junii Cardinales, qui à morte Benedicti [2] *Perusii* inclusi fuerunt, quia de seipsis vel aliquo Italico non poterant concordare, elegerunt in papam *Bertrandum de Gotto*, Archiepiscopum *Burdegalensem*, in Vigilia Pentecostes, qui prius fuit Episcopus [3] *Convenarum*, postea Episcopus *Burdegalensis* factus per Papam ad procurationem fratris sui Germani, *Albanensis* Episcopi Cardinalis.

Clemens Papa eligitur.

Hoc anno fuit distractus, suspensus & decapitatus *Willielmus Walleys* apud *London*, qui prius contra *Anglicos* in *Scotia*, & partibus finitimis, multa facinora perpetravit.

G. *Wallis* securi percussus.

1 XXXII. *Magd.* 2 Parisius *Id.* 3 *Comenge*, sive *Cominges*, in *Vasconia*.

Hoc

Hoc anno Papa fecit *Antonium de Bek* Episcopum [1] Duloniæ Patriarcham *Jerosolymitanum*, & Archiepiscopum *Eborum Willielmum de Grenefeld* confirmavit, & etiam [2] *Radulphum de Baldok* Episcopum *Londoniensem* similiter; & consecratos in *Angliam* redire permisit.

Hoc Anno circa festum Purificationis *Robertus le Brus*, volens regnare in *Scotia*, fecit unam convocationem majorum *Scotiæ* in Ecclesia Fratrum Minorum apud *Dumfres*, ubi in eadem Ecclesia interfecit *J. Comyn*, quia sibi noluit consentire, malum processum turpi principio inchoando, quod exitus postea comprobavit. Postea vero ad festum Pentecostes Rex EDWARDUS fecit *Edwardum*, dictum de [3] *Carnarvan*, militem apud *Westmonasterium*, & alios fere centum: ubi dedit suo filio prædicto ducatum [4] *Cornubiæ* & vovit ad Signum quod mortem dicti *Joannis Comyn* vindicaret, & quod *Scotiam* de manibus *Roberti le Brus* recuperaret; & idem votum quasi omnes unanimiter voverunt cum ipso, ad quod facientes in anno proximo se pararunt.

R. Brussius R. Scotia occupat.

Hoc anno fuit *Robertus*, Archiepiscopus *Cantuariensis*, ad *Romanam* Curiam personaliter evocatus, & à temporalium & spiritualium administratione suspensus, procurante domino Rege prædicto. Item hoc anno fecit idem Dominus Rex quendam *Petrum de* [5] *Ganastone* abjurare Regnum *Angliæ*, quia dedit malum consilium filio suo qui ipsum *Petrum* inordinata affectione dilexit.

Archiep. Cant. suspensus.

ANNO DOMINI M.CCC.VI, Regni vero dicti EDWARDI XXXIV & ultimo, à festo Sancti *Michaelis* incipiendo, Dominus Rex *Angliæ* cum suis accessit ad Marchiam *Scotiæ*, ibi morabatur per totam hiemem apud [6] *Lanrecost*, ubi in festo translationis sancti *Thomæ* martyris ab hac luce migravit, ætatis suæ LXIX. Regni vero sui XXXV.

Edwardus Rex moritur.

---

1 *L. Dunelmia* cum *Magd.* 2 Sic recte. *Id.* Cod. noster vero *Robertum* habet. 3 *Carnarivan* MS. 4 *Aquitania* Magd. 5 *Gauston* Id. Vulgo *Gaveston.* 6 *Lanrescost* MS. Obiit autem Rex invictissimus non apud *Lanercost*, sed apud *Burgum super Sabulonem.*

Hic

Ejusdem Elogium.

Hic EDWARDUS fuit strenuus in armis per totam tam suam, in omni statu, sicut in superioribus Chronicis colligitur evidenter, adeo quod totam *Angliam* de manu *Symonis de monte Forti* Comitum & Baronum eidem *Symoni* adhærentium, qui etiam Regem *Henricum* patrem suum & seipsum tenuit in carcere, adquisivit, sicut superius continetur. Item totam *Walliam* de manu *Lewelini* & *David* fratris ejus, Item *Aquitaniam* de manu Regis *Franciæ*. Item *Scotiam* sibi sæpius subjugavit, sicut superiora Gesta testantur, sed capta *Scotia* proditiose per *Robertum le Brus*, ut supra proximo Capitulo continetur, ipse ibidem, ut præscribitur, inter exercitum suum jacens in lecto mortis, ex [1] magnanimitate cordis mandavit & jussit, [2] ut corpus suum ibi remanere non sepultum sed deferri in exercitu quousque tota *Scotia* esset finaliter adquisita; sed [3] quia hoc mandatum non potuit effectui demandari, fuit corpus ejus delatum in *Angliam*, & sepultum apud *Westmonasterium* anno proxime sequenti, circa festum Sancti *Andreæ*, XXVIII. die Octobris, de quo scripsit quidam Versificator [4] sic:

Dum viguit Rex & valuit sua magna potestas,
Fraus latuit, pax magna fuit, regnavit Honestas.

Edvardus patri succedit.

Cui successit EDWARDUS [5] de *Carnarvan* [6] filius suus, qui, statim post mortem ejusdem patris sui, revocavit *Petrum de* [7] *Gavastone* ab exilio suo, & dedit sibi Comitatum *Cornubiæ*, & dedit sibi filiam sororis suæ viz. filiam Comitis *Glocestriæ* in uxorem, & ipsius *Petri* consilio regebatur, spretis consiliis aliorum Nobilium, vel eorum præcipue, quorum consilio pater suus præ cæteris utebatur. Et Dominum *Willielmum de Langetone*, qui fuit Thesaurarius *Angliæ* tempore Patris sui, fecit carcerari per duos fratres *J.* & *R.* de *Feltone*, qui eum ad *Eboracum* duxerunt, qui Fratres po-

Williel. de Langton incarceratur.

---

1 Ex magna gravitate M. 2 Delendum opinor illud *ut*. Et sane abest à *Magd.* 3 Deest *Magd.* Male. 4 Deest *Magd.* 5 L. *Carnarvon*. *Carinarvan* MS. 6 Filius suus statim post mortem ejusdem, qui revocavit —. *Magd.* 7 *Gausten* Id.

stea

ſtea mala morte finierunt. cujus facti occaſione Papa *Bonifacius* fecit Conſtitutionem [1] ſpecialem contra omnes, qui in Epiſcopos [2] manus injecerint violentas, quocunque colore quæſito. Item indignati [3] Nobiles contra dictum *Petrum* multa machinabantur, ſicut exitus poſtea comprobavit. Item Comes *Sabaudiæ*, qui fuit conſanguineus & conſiliarius Patris ſui, una cum Domino *Thoma de Grandiſono* licentiam perpetuam receperunt [4] de *Anglia*. Hoc anno [5] Rege *Angliæ* vacante ſolatiis & non armis, *Robertus le Brus* fere omnia Caſtella & fortalitia *Scotiæ* adquiſivit, & cuſtodes deputatos ibi per patrem [6] Regis ammovit.

D. N. J. C.	P. ROMANORUM R.		FRANCORUM	ANGLORUM
M. CCC. VII.	CLEMENTIS V. 3.	ALBERTI I 10.	PHILIPPI IV 23.	EDWARDI V 1.

ANNO DOMINI * M.CCC.VII, inchoando à Feſto Sancti *Michaelis*, [7] EDWARDUS prædictus de *Carnarvan*, anno Regni ſui primo, duxit *Iſabellam*, filiam Regis *Franciæ Philippi*, apud *Bononiam* ſupra mare, XXII die Januarii; & apud *Weſtmonaſterium* die Dominica in quinquageſima, XX die Februarii, tam ipſe quam ipſa Regina fuerunt coronati per Epiſcopum *Wintonienſem Henricum* ex Commiſſione Domini *Roberti* Archiepiſcopi *Cantuarienſis*. Dictæ Coronationi interfuerunt *Carolus*, frater Reginæ, qui fuit poſtea Rex *Franciæ*, Dux *Britanniæ*, *Henricus* Comes *Lucebergenſis*, qui poſtea fuit Imperator: ſed *Petrus* de *Gavaſtone*, in nobili apparatu omnes tranſcendens, invidiam & odium omnium incurrebat. Item *Lodovicus*, frater Regis *Franciæ* fuit ibidem. Poſtea vero per Prælatos, Comites & Nobiles fuit in uno Parliamento ordinatum, quod dictus *Petrus de Gavaſtone* exularet de Regno *Angliæ*: quem Rex duxit uſque ad *Briſtolliam*,

Rex ducit uxorem.

Et coronatur.

P. de Gaveſtone exulat.

1 Sic *Magd.* Epiſcopalem MS. 2 Deeſt *Magd.* 3 *Multi* nobiles *Magd.* 4 Forte legend. de *Anglia* exeundi. 5 Regno *M* rectius, uti cenſeo. 6 Regem *M.* * Hoc anno incipit Codex *Rameſienſis*, à quo mutuati ſumus Chronologiam ſequentem, *Trivetiana* æmulam. 7 i. e. II. poſt conquæſtum.

&

& misit eum in *Hiberniam*, & totam utilitatem terræ *Hiberniæ* assignavit eidem; ubi regaliter vivebat, & fuit bene dilectus: erat enim dapsilis & largus in muneribus dandis, & honoribus & terris [1] sibi adhærentibus procurandis. Hoc etiam anno misit Rex unum nuncium Papæ pro liberatione Archiepiscopi *Roberti*, quem pater suus procuravit personaliter vocari ad sedem Apostolicam, & à temporalium & spiritualium administratione suspendi.

M. CCC. VIII.	CLEMENTIS V 4.	ALBERTI I 11.	PHILIPPI IV 24.	EDWARDI V 2.

ANNO DOMINI M.CCC.VIII, & ipsius regis EDWARDI secundo, rediit de Curia *Romana* *Robertus Cantuariensis* Archiepiscopus, plene restitutus. Mandavit enim Papa Domino *Willielmo* [2] *de Testa*, qui fuit in ejus absentia administrator temporalium & spiritualium Archiepiscopatus *Cantuariensis*, quod sibi redderet omnes fructus reditus & proventus dicti Archiepiscopatus medio tempore perceptos, qui illud mandatum fideliter adimplevit.

R. Cant. Archiep. restitutus.

Ita quod idem Archiepiscopus postea fuit ditior quam unquam prius suis temporibus existebat, & sic cessit sibi ad utilitatem quod fuit ordinatum ad noxam, quoniam sine communi jure extitit fatigatus; & Dominus *Robertus de* [3] *Burwash*, & Magister *Philippus Martel*, qui fuerunt missi ad Curiam contra eum, ibidem subito exspirarunt. unde verificata fuit una propositio, qua consuevit dictus Archiepiscopus consolari: *Nihil nocebit Adversitas, ubi nulla iniquitas dominatur*.

De [4] factis hoc Anno nihil fuit factum propter latens odium quod fuit inter Nobiles propter [5] *Petrum* prædictum; sed multa Parliamenta inutiliter celebrantur, quæ nullum sortiebantur effectum ex causa prædicta. Hoc anno oritur [6] illud crimen lamentabile hæresis contra

1 Sic MS. 2 Abest à *Magd.* 3 Burghalch *Magd.* 4 Factis *armorum* Id. 5 *P. de C.* Id. 6 Aliud *Magd.*

totum

totum Ordinem *Templariorum*, de quo inferius plus dicetur.

M. CCC. IX.	CLEMENTIS V 5.	ALBERTI I 12.	PHILIPPI IV 25.	EDWARDI V 3.

ANNO DOMINI M.CCC.IX, & ipſius Regis EDWARDI III, rediit dictus *Petrus de Gaveſtone* de *Hibernia*, & fuit ſecretus Regi & Rector ipſius ut prius; quod factum omnes fere Prælati & Nobiles regni moleſte ferebant, & præcipue dictus *Robertus* Archiepiſcopus, qui etiam male ferebat nec voluit in aliquo Parliamento de aliquo negotio tractare, pro eo, quod Dominus Rex Epiſcopum [1] *Conventrenſem* apud *Eboracum* tenebat in carcere; [2] quia exilium dicti *Petri de Gaveſtone*, tempore Patris ſui, ut aſſeruit, procuravit, qui quidem dicto Archiepiſcopo poſtea fuit ingratus, ſicut inferioribus apparebit. P. de Gaveſton revocatur.

Hoc Anno fuit electus in Imperatorem concorditer *Henricus*, Comes de [3] *Lucenburgh* prædictus, qui fuit Vir nobilis & prudens in opere & ſermone, & [4] XXVI die Julii per *Clementem* [5] Papam confirmatus. Electio Imperatoris.

M. CCC. X.	CLEMENTIS V 6.	HENRICI VII 1.	PHILIPPI IV 26.	EDWARDI V 4.

ANNO DOMINI M.CCC.X, & ipſius Regis EDWARDI IV, factum fuit Concilium [6] principale [7] *London.* contra *Templarios* ſuper hæreſi & aliis articulis turpibus & nefandis, quod Concilium duravit à menſe Maii uſque ad menſem Junii; in quo Concilio *Templarii* capti & accuſati fatebantur famam, ſed non factum, niſi unus vel duo ribaldi in omni ſtatu. Omnes tamen finaliter [8] fatebantur non poſſe de ſibi impoſitis ſe purgare, & ideo adjudicati fuerunt per [9] Conci- Concilium contra Templarios.

1 Reliqui *Coventrenſem*. 2 *Inter cetera* quia Cod. *Rameſienſis*. 3 *Lucemburgh* Id. *Lucenberh* MS. 4 XXVII die Junii *Magd.* 5 Papam V *Magd.* & *Ram.* 6 Provinciale *Ram.* & M. recte. 7 *Lugdon.* Magd. 8 Fatebantur *in Anglia impetiti & in Francia* non poſſe *Ram.* 9 Concilium *Viennenſe* Id.

lium perpetuæ pœnitentiæ. ita quod ſinguli in ſingulis Monaſteriis poſſeſſionatis detruderentur pro perpetua pœnitentia peragenda, qui poſtea in [1] Monaſteriis hujuſmodi bene ſe per omnia habebant.

Hoc anno Dominus Rex, timens invidiam & odium Majorum regni *Angliæ* pro dicto *Petro de Gaveſtone*, poſuit eum in caſtro de [2] *Banniburgh* pro ſua ſecuritate, aſſerens Prælatis Comitibus & Baronibus & Magnis Regni ſe poſuiſſe eum ibidem, ut placeret eiſdem.

Ordinationes Magnatum.

Hoc Anno factæ fuerunt ordinationes ſuper ſtatu & regimine regni *Angliæ*, per Prælatos, Comites & Barones *Angliæ*, ad hoc electos, quæ fuerunt ſententia excommunicationis vallatæ, nunquam tamen ſervatæ fuerunt.

Non ſervatæ.

quas Dominus Rex nec approbavit [3] nec ſervavit, licet eas ſuo ſigillo communiri & ad ſingulas Cathedrales Eccleſias & Comitatus pro perpetua Rei memoria mandari feciſſet [4].

M. CCC. XI.	CLEMENTIS V 7.	HENRICI VII 2.	PHILIPPI IV 27.	EDWARDI V 5.

ANNO DOMINI M.CCC.XI, & ipſius Regis EDWARDI quinto, fuit magna contentio inter Regem *Angliæ* & Nobiles [5] Regni, propter dictum *Petrum de Gaveſtone* & maximus timor guerræ generalis. qui *Petrus* fuit poſtmodum captus, incarceratus, & finaliter [6] interfectus, ſicut inferius continetur.

Concilium *Viennenſe*.

Item hoc Anno Papa *Clemens* quintus celebravit *Viennenſe* Concilium, quod incepit primo die Menſis Octobris, & duravit uſque [7] ad Pentecoſten: in quo Concilio [8] damnavit Ordinem *Templariorum*, Rege *Franciæ Philippo*, dicto *Le Bel*, præſente & illud procurante; ſperavit enim facere unum de filiis ſuis Regem *Jeruſalem*, & quod omnes terras & poſſeſſiones [9] *Templario-*

1 Deeſt in MS. 2 Sic *Magd.* *Bramburgh Ram.* *Bambrok MS.* 3 Nec *fecit obſervari Ram.* 4 *Et publicari* addit idem Cod. 5 Terræ M. 6 Sic recte M. & R. afflictus MS. 7 II. Non. Maii ante Pentecoſten. *Ram.* 8 Vide ſententiam apud *Gurtlerum* in *Hiſtoria Templariorum*, & alios. 9 *Contemplariorum Ram.* & ſic alibi.

rum fuissent eidem filio suo concessæ; quo proposito frustratus extitit satis juste. nam Papa terras & possessiones postmodum dedit *Hospitalariis*, pro quibus in *Anglia* liberandis misit Papa in fine dicti Concilii Cardinalem *Albanensem* de Ordine *Cisterciensi*, & Episcopum *Pictavensem* rudem, rusticum, & ignarum, qui fuit postmodum Cardinalis Episcopus *Albanensis* [1] indignus; quibus restiterunt Comites & Nobiles *Angliæ*, quorum progenitores *Templarios* terris & possessionibus dotaverunt & damnato Ordine possessiones hujusmodi occuparunt. Ita quod dicti Nuncii Papæ, infecto negotio, pro quo venerunt, redierunt, sed Prælatos & Clerum procurationibus, evectionibus & aliis plurimis gravaminibus vexaverunt, & sic impinguati, dilatati, & [2] incrassati Curiam intraverunt.

In dicto Concilio *Viennensi* Papa *Clemens* fecit multas Decretales super multis dubiis, sed non fuerunt suo tempore publicatæ nec effectui mancipatæ, sed tempore successoris, sicut inferius apparebit. Decretales *Clementis V.*

Item in dicto Concilio præfatus Rex *Franciæ Philippus* multas petitiones proposuit & fecit, inter quas fecit præcipuas & arduas, videlicet ut Ossa *Bonifacii* Papæ octavi, sicut hæretici, comburerentur. Item quod ipse Rex *Philippus* & successores sui [3] vocem trium Cardinalium haberent in omni electione Papæ, & in utraque defecit: sed & voluit fecisse unum de filiis suis Regem *Jerosolymitanum*, & quod haberet omnes [4] reditus & proventus *Templariorum*; & hac occasione ipse prius multos *Templarios* in regno suo, & præcipue [5] Magistrum magnum Ordinis, & alios multos procuravit, & fecit in Concilio prædicto damnari; sed propositum suum de eorum reditibus non habebat, quia postmodum fuerunt *Hospitalariis* assignatæ, non sine magno pecuniæ interventu. Petitiones Regis *Franciæ*.

Hoc Anno circa festum Sancti. *Joannis* Baptistæ voluit Rex *Petrum de Gavestone* sibi adduci per Dominum

1 *Magnus Ram.* 2 Sic *Magd.* reliqui duo *ingrassatos*. 3 Vicem *Ram.* 4 *Redditus* omnes Libri, & sic semper. 5 Fratrem *Jacobum de Moleya* Ram.

Adomarum de[1] *Valence* Comitem de *Pembroke* securitatis causa, & cum essent apud[2] *Dadintone* juxta *Bannebury* idem Comes dimisit eum in nocte, & ivit prope ad unum locum ex causa, & in crastino in aurora venit *Guido*, Comes de *Warwick*, cum comitiva mediocri &[3] Hutesio, & ipsum *Petrum* evigilavit & ad castrum suum de *Warwick* secum duxit; & habita deliberatione postmodum cum Majoribus Regni, & præcipue cum *Thoma* Comite *Lancastriæ*, finaliter dimisit eum de carcere ire quo vellet: & quando exivit villam de *Warwick* usque ad locum, qui dicitur quasi prophetice[4] *Gavesssich*, invenit ibi multos homines facientes Hutesium super eum vocibus & cornibus, sicut super inimicum Regis & Regni, legitime ut lagatum sive exulatum, & finaliter ipsum, sicut talem, XIX die mensis Junii, capitaverunt. Cujus caput quidam Frater *Prædicatorum* portavit in capucio suo Domino Regi, & post corpus Fratres ejusdem Ordinis quæsiverunt, & apud *Oxon.* cum sollemnibus vigiliis per annum & amplius[5] tenuerunt; sed finaliter sepultus fuit apud[6] *Langeley*, ubi idem Rex sollemnem Conventum *Prædicatorum* pro anima ipsius statuit, & ibi magnum numerum Fratrum studentium[7] constituens, eis de ærario suo *London.* congruam exhibuit sustentationem.

P. de Gavestone detruncatur.

Sepultus apud *Langley*.

Hoc anno Archiepiscopus *Robertus* excommunicavit *Walterum*[8] *Conventrensem*, quia noluit in Provinciali Concilio respondere super ea, quod ipse fuit juratus servare dictas ordinationes, sed post etiam contra eas adhæsit Concilio Regis, & fecit dictum *Petrum de Gavestone* reconciliari, & ordinationes infringi; sed hoc fuit ante mortem dicti *Petri*, unde episcopus idem ad sedem Apostolicam appellavit, & personaliter ipsum adivit, & *Adam*[9] *Murimuth* contra eum per Archiepiscopum destinatus fuit circa festum Sancti *Barnabæ*.

Walterus Coventrensis Episc. excommunicatur.

1 *Valencia* M. & R. 2 *Darintone* MS. Sed *Ram.* legit *Davyntre.* 3 *Mag.* habet *Huthesio.* 4 *Gaversiche* Magd. *Gavaressiche* Ram. 5 Servaverunt *Magd.* 6 *Langlegh* Id. 7 Constituens—exhibere *Id.* 8 *Coventrensem* & *Lychefeldensem* Episcopum *Ram.* 9 *Murimouth* Reliqui Cod.

Hoc

Hoc anno mortuus fuit *Henricus* Imperator, [1] de veneno extinctus ut dicebatur in quodam castro prope *Pisanam* Civitatem, in Festo Assumptionis beatæ Virginis.

M. CCC. XII.	CLEMENTIS V 8.	HENRICI VII 3.	PHILIPPI IV 28.	EDWARDI V 6.

ANNO DOMINI M.CCC.XII, Regni sui VI, requievit Rex dissimulans, sed moleste gerens mortem *Petri de Gavestone*, & de vindicta cogitans, cui postmodum non pepercit opportunitate captata.

Hoc anno XII die mensis Maii, anno DOMINI M. CCC.XIII, obiit Archiepiscopus *Robertus*, & fuit concorditer electus Magister *Thomas de Cobeham*, existens in *Francia* pro Regni negotiis; & tamen Rex rogavit Papam *Clementem* pro Domino *Waltero* [2] *Reginaldi* Episcopo *Wigorniensium*, ut ipsum transferret ad ecclesiam *Cantuariensem*; quod & factum fuit primo die Octobris, in anno sequenti. & statim dedit Episcopatum *Wigorniensium* Domino *Waltero de Maydenestone*, viro utique diffamato in *Anglia*, de inhonesta conversatione & vita, qui modico tempore postmodum duravit. & postea Papa *Joannes* dedit ipsum episcopatum dicto Magistro *Thomæ de Cobeham*, qui [3] post verecundiam voluntariæ repulsionis suæ ab ecclesia *Cantuariensi* diu in Curia morabatur, sicut inferius apparebit. [4] Hoc anno XIII die Novembris nascitur *Edwardus* primogenitus Regis apud *Windelesore*.

M. CCC. XIII.	CLEMENTIS V 9.	HENRICI VII 4.	PHILIPPI IV 29.	EDWARDI V 7.

ANNO DOMINI M. CCC. XIII, & ipsius Regis VII, primo die mensis Octobris, fuit provisum ecclesiæ *Cantuariensi* de *Waltero Episcopo Wigorniensium*, sicut prius in proximo capitulo tactum est. [5] Et

1 *De Veneno* è Cod. *Magd.* 2 Reginald. *Ram.* 3 Post verecundiam repulsionis suæ ab ecclesia *Cant.* diu morabatur, ut inferius patebit.. 4 Hanc pericopen addit *MS.* desideratur in reliquis. 5 Sunt in hisce Capitulis Luxationes quædam, indignæ tamen quæ operose notentur.

Constitutiones Conc. Vien.

XVI die Martii Papa publicavit [1] Constitutiones Concilii *Viennensis*, quo die fecit *Robertum*, regem *Siciliæ*, vicarium Imperii, vacantis per mortem nobilis militis *Henrici de* [2] *Luceburgh*.

Prœlium memorabile.

Hoc anno DOMINI, [3] mutato tamen in festo Nativitatis Sancti *Joannis* Baptistæ, fuit magnum prœlium prope *Stryvelyn* inter Regem *Angliæ* & exercitum suum, [4] contra *Robertum* de *B.* & ceteros magnates de *Scotia*; in quo fuit occisus comes *Glocestriæ*, [5] *Gilbertus*, & multi alii de parte Regis: & comes *Herfordiæ* captus, & multi alii nobiles, & Rex *Angliæ* & alii vix evaserunt. Remansit igitur Rex cum suis circa partes *Eboracensium*, & in *Eboraco* tenuit Parliamentum, quod incepit quarta feria post assumptionem beatæ *Mariæ*, & duravit usque ad festum Sancti *Michaelis*, & ultra. in quo Parliamento parum notabile fuit factum, nisi quod uxor Domini *Roberti le Brus* & Episcopus *Glascuensis*, qui diu prius in *Anglia* tenebantur, & *Donaldus de* [6] *Mare* fuerunt redditi pro comite *Herfordiæ*: sed & omnes alii captivi se propria pecunia redemerunt.

Parliamentum Eborac.

Clemens moritur.

Hoc anno, mutato anno DOMINI, XX die Aprilis vacavit curia *Romana* per mortem *Clementis* Papæ quinti, apud *Rokka* majorem, prope *Avinionem*, ubi fuit in itinere versus *Vasconiam*; & fuerunt Cardinales inclusi in Palatio episcopi [7] *Carpentat.*, qui postea evaserunt, & se ad partes varias transtulerunt.

Edvardus de Windsor nascitur.

Hoc anno XIII die Novembris *Isabella* Regina peperit Regi filium apud *Windesore*, quem fecit baptizari per Cardinalem [8] *Arnold*, & vocari *Edwardum*, qui postea regnavit sicut inferius describitur.

---

1 Sic M. & R. *Quæstiones* legit MS. 2 Sic MS. *Lucenburgh Ram. Lucemburgh Magd.* i. e. *Luxemburgh.* 3 Mutato tamen abest à *Ram.* 4 E Cod. *Ram.* Sequentia usque ad *in quo* --- deprompta sunt. Cod. *Magd.* Sic. inter Regem *Angliæ* & exercitum Regis *Scotiæ.* 5 Sic etiam M. *Ram.* autem legit *Robertus.* 6 *Mar Magd. Marle Ram.* 7 Sic MS. *Magd.* habet *Carpent. Ram. Carpentarensis.* Lege vero *Carpenteractensis*, i. e. *Carpentrat* in ditione *Avinionensi.* 8 *Album Magd.* ac si legendum esset, *Albanum.*

D. N. J. C.	* ROMANORUM R.		FRANCORUM	ANGLORUM
M. CCC. XIV.	VACATIONIS 1.	*HENRICI VII 5.	PHILIPPI IV 30.	EDVARDI V 8.

ANNO DOMINI, M. CCC. XIV, ſemper à feſto Sancti *Michaelis* incipiendo, & ipſius Regis de *Carnarvan* VIII, circa feſtum Sancti *Nicolai*, mortuus fuit [1] *Philippus*, Rex *Franciæ*, dictus *le Bel*, & ſucceſſit ſibi *Ludovicus* filius ſuus, qui fuit prius Rex [2] *Navariæ*, qui ducebatur conſilio *Caroli* avunculi ſui, cujus conſilio cito poſt Paſcha ſuſpenſus fuit *Ingeramus de Mareny*, qui fuit principalis Conſiliarius *Philippi*, patris ipſius Regis *Ludovici*. Item Regina *Navariæ*, uxor ipſius *Ludovici*, & filia comitis *Burgundiæ*, propter adulterium ſibi impoſitum cum Domino *Philippo* [3] *Danne* fuit ſuffocata. qui quidem *Ludovicus*, eodem anno, poſtmodum duxit in uxorem filiam Regis *Hungariæ*, *Clementiam* nomine, & re ut dicebatur. *Philippus Bellus moritur.*

Hoc anno pauca notabilia in *Anglia* fuerunt facta, propter latens odium, & quandoque patens, quod fuit inter Regem *Angliæ* & Nobiles Regni; & præcipue [4] inter comitem *Lancaſtriæ* & comitem de *Warwick* & adhærentes iiſdem.

Hoc anno fuit celebratum Capitulum generale Fratrum *Prædicatorum Londoniis*; in quo unus de Ordine, per appellationes affixas in oſtio eccleſiæ Sancti *Pauli*, totum Ordinem plurimum diffamavit. *Capit. Gen. Prædicatorum.*

M. CCC. XV.	VACATIONIS 2.	FRIDERICI III 1.	PHILIPPI IV 31.	EDWARDI V 9.

ANNO DOMINI M. CCC. XV, & ipſius Regis EDWARDI IX, incipiendo ſemper annum in feſto Sancti *Michaelis*, & finiendo in eodem feſto, ipſo anno finito, vacavit Curia *Romana* Cardinalibus in

* Codex noſter & *Magdalenenſis* mortem *Henrici* imperatoris, duobus annis citius quam oportuit, collocare mihi videntur. Et tota illa pericope de obitu ejuſdem deſideratur in *Cardigan*. ideoque ad mentem optimorum Scriptorum chronologiam Imperatorum reformavimus. 1 Hic loci nonnulla in *Ram*. deſiderantur. 2 *Navarra*. *R*. 3 *Ranne Magd*. 4 Contra *Magd*.

1 diver-

[1] diversis locis morantibus, ut est dictum. Reges *Angliæ* & *Franciæ* miserunt solemnes Nuncios Cardinalibus, ut de summo Pontifice universali Ecclesiæ providerent; qui finaliter, ad procurationem domini *Philippi*, fratris Regis *Franciæ*, & comitis *Pictaviæ*, in Passione DOMINI *Lugdunum* intrarunt. Et in mense Junii idem Comes, audiens de infirmitate Regis *Franciæ* fratris sui, mandavit omnibus Cardinalibus, quod in domo *Prædicatorum Lugduni* se congregarent, ut ipse posset ab eis simul recipere licentiam eundi ad partes suas. quibus adunatis ibidem, ipse recepta licentia mandavit ne quis eorum de claustro Fratrum exiret, quousque ecclesiæ *Romanæ* fuisset de Papa provisum; & constituit comitem [2] *Foresii* & alios Nobiles illarum partium, ad custodiam eorundem, assignans iis certum numerum servitorum; videlicet cuilibet Cardinali unum clericum & duos domicellos, & unum servum modicum, si egerent.

Cardinales *Lugduni* congregati.

Eodem mense Junii mortuus est dictus Rex *Franciæ Ludovicus*, relicta uxore sua prægnante; quæ cito postea peperit filium, qui vix VIII diebus vixerat. quo partu mortuo, successit dictus *Philippus*, Comes *Pictaviæ*, fratri suo; & cito postea, viz. VII die Augusti, electus fuit *Jacobus Cardinalis*, *Portuensis* Episcopus, in Papam in loco prædicto, qui se fecit nominari *Joannem* XXII; qui fuit natione [3] *Caterensis*, postea Cancellarius Regis *Siciliæ*, post Episcopus *Foriuliensis*, postea *Avinonensis* & Auditor Palatii, & postea Vicecancellarius, ac postmodum Cardinalis *Portuensis*, & postea Papa finaliter, ut est dictum. Et quinto die mensis Septembris fuit coronatus in Ecclesia *Lugduni*, præsente Rege *Franciæ* dicto *Philippo*, & frænum suum [4] pedes ducente, à dicto loco coronationis usque ad domum *Prædicatorum*, quo die nulli permissum fuit equitare nisi vestibus sacris indutis. qui quidem Papa fecit dicto Regi multas gratias, in compensationem laborum & expensarum,

Ludovicus R. *Franciæ* moritur.

Joannes XXII Papa electus.

1 E Cod. *Magd.* 2 *Forensii Magd. Sceelii Ram.* 3 *Caturensis Magd.* 4 *Super* pedes *Magd.*

sarum, quos & quas prius sustinuit pro dicto negotio ecclesiæ, quod promovit; & cito postea transtulit per [1] *Rhodanum* versus *Avinionem*, quam II die Octobris intravit; ubi se tenuit cum curia multis annis, sicut inferius apparebit.

Hoc anno mortuus est in *Anglia* comes de *Warwick*, *Guido de Bello campo*: item episcopus *Wintoniæ* [2] *Henricus*, & electus est *J. de Sandale* ibidem, Thesaurarius regis, mense Julii. Comes de Warwick moritur.

In hoc anno fuit magna mortalitas & sterilitas in *Anglia*, ita [3] quod quarterium frumenti valuit XXX solidos, & ultra. Sterilitas magna.

Hoc anno *Scoti* hostiliter *Hiberniam* intraverunt, qui finaliter interfecto *Edwardo Le Brus*, qui se fecit regem *Hiberniæ* nominari, & multis aliis cum eo interfectis, relicta *Hibernia* abierunt. Scoti Hiberniam tentant.

Hoc anno mortuus [4] fuit Magister *Willielmus* [5] *Grenefield* archiepiscopus *Eborum*, & electus fuit dominus *Willielmus de Meltone*, qui venit ad curiam sede vacante. G. de Grenefield moritur.

M. CCC. XVI.	JOANNIS XXII I.	FRIDERICI III 2.	LUDOVICI X I.	EDWARDI V 10.

ANNO DOMINI M.CCC.XVI, & ipsius regis EDWARDI X, & Papæ *Joannis* XXII primo, Idem Papa intravit *Avinionem*, secundo die Octobris, ubi fecit in forma Pauperum tres gratias successive, & alias speciales gratias infinitas. providit etiam ecclesiæ *Dunelmensi* de domino *Ludovico de Bellomonte*, qui licet fuit nobilis genere, fuit tamen mediocriter litteratus & claudus utroque pede, sicut [6] sunt multi *Francigenæ*, quem si Papa vidisset, forsitan [7] non creasset. Item ecclesiæ *Wigorum*, vacanti per mortem *Walteri de Maideneftone*, providit de Magistro *Thoma* Multas gratias facit Papa.

1 *Rodanum* MS. 2 Deest *Magd.* 3 Abest à *Magd.* 4 Omnia à *fuit*, usque ad *W. de Melton*, absunt à *Magd.* 5 *Granefeld*, *Cardiganensis* Codex. 6 Abest a *Cardig.* 7 Deest *Magd.*

de Cobeham, cujus electionem ad ecclesiam *Cantuariensem* respuit, ut prius Papa *Clemens*. Item ecclesiæ *Herefordiæ*, vacanti per mortem Magistri *R. de* [1] *Suynesfelde*, providit de Magistro *A. de Orleton*, IX Kal. Maii.

Rex Papæ jocalia mittit.

Hoc anno parum ante quadragesimam misit rex *Angliæ* solemnes nuncios ad curiam, viz. comitem de *Penbroke* & episcopos *Eliensem* [2] & *Norwicensem*, dominum *Bartholomæum* de [3] *Badlismore*, *Antonium de Pisano* & Magistrum *Willielmum de* [4] *Bustone*, archidiaconum *Glocestriæ*, per quos misit Papæ jocalia solemnia, & vasa aurea valde [5] multa, quibus nunciis Papa fecit multas gratias speciales. similiter multis magistris nominatis per Universitatem *Parisiensem* & *Oxoniensem* gratias multas fecit; sed comes de *Penbroke* in redeundo incaute fuit captus per unum domicellum, cui sibi servienti prius in *Anglia* non reddiderat mercedem, ut dixit, & ductus fuit idem comes de *Burgundia* in *Alemanniam*, quousque fuit plene redemptus.

Item hoc anno circa quadragesimam confirmavit Papa *Alexandrum* [6] *Dublinensem* electum. Item *Willielmum de* [7] *Curtlyntone* in abbatem *Westmonasteriensem*. Item *Willielmum de* [8] *Chinstone* in abbatem de *Evesham*. Item Dominica secunda septembris, [9] mutata tamen incarnatione, fuit consecratus dominus *Willielmus de Meltone*, *Eborum* electus.

Hugo Geraldi igni traditur.

Hoc anno *Hugo Geraldi*, qui fuit Referendarius *Clementis* Papæ, & episcopus [10] *Caturicensis*, cui impositum fuit quod in mortem *Joannis* Papæ fuerat machinatus. [11] quamvis in principio anni perpetuo carceri mancipatus, sed post modum mense Augusti fuit degradatus, & tonsus capite, veste stragulata indutus, traditus cu-

---

1 *Suynesflet Magd.* 2 De *Norwico* MS. 3 *Baldesmere Card.* 4 Sic MS. reliqui duo habent *Birstone.* 5 Nobilia *Card.* 6 *Dublenensem M. Dubberlinensi MS.* 7 *Churtlyngtone Card.* 8 *Chiristone M. Chirystone C.* 9 Mutata tamen data incarnationis *Magd.* 10 Sic *MS. Canturiensis Card. Cantursensis Magd.* 11 Ita in *MS.* quasi *Card.* q. *M.* Forte legend. *quare.*

riæ ſeculari, viz. Mareſcallo Papæ, qui ipſum trahens de palatio Papæ ad pedes equorum per totam civitatem, poſtremo fuit in campo igne crematus.

Hoc anno miſit dominus Papa in *Angliam* duos Cardinales viz. [1] *Gaucelinum Joannis*, & *Lucam de Gliſco*, pro pace reformanda inter regem *Angliæ* & *Robertum le Brus*; qui, habito colloquio cum rege *Angliæ*, in eundo verſus *Scotiam*, in epiſcopatu *Dunelmenſi*, fuerunt deprædati per dominum *Gilbertum de* [2] *Midletone* Militem, qui propterea fuit poſtea ſuſpenſus & diviſus per quatuor quarteria; & per ſuos [*] Schaneldarios Marchiæ inter *Angliam* & *Scotiam*, nec voluit *Robertus le Brus* permittere, quod ipſi Cardinales regnum *Scotiæ* intrarent; propter quod iidem Cardinales dictum *Robertum*, & ſibi adhærentes, excommunicarunt, & totum regnum *Scotiæ* ſuppoſuerunt [3] eccleſiaſtica interdictione. & redeuntes poſtmodum per *Angliam*, verſus curiam, tam à Rege quam à Comitibus & Prælatis plura in duplo, quam amiſerunt, receperunt. Item dictus *Gancelinus*, tam ex collatione Papæ, quam aliorum Prælatorum, illo anno beneficia valentia pluſquam mille libras annuatim, non ſine cupiditatis & ambitionis ſpiritu acquiſivit, viz. eccleſias de [4] *Pagham*, de *Holingborne*, de *Lynning*, de Patronatu archiepiſcopi *Cantuarienſis*; Item eccleſiam de *Hakeneye* juxta *London*. Item Præbendam de *Driffeld*, in eccleſia *Eborum*, quæ dicitur valere *C. Marcas*. Item poſtmodum impetravit eccleſiam de [5] *Stebenhuthe* juxta *Londonias*, vacantem per conſecrationem. Magiſtri *Stephani de* [6] *Seygrave*, cui Papa de archiepiſcopatu *Armacano* providit.

Cardinales miſſi in Angliam.

Quid illic fecerunt.

Item hoc anno, menſe Julii, diviſit Papa epiſcopatum *Tholoſanum* in V. Epiſcopatus, & fecit eccleſiam *Tholoſanam* archiepiſcopalem, cui providit fratrem comitis [7] *Convenarum*; & totum hoc fecit in odium epi-

Epiſcopatus Tholoſanus in V dividitur.

---

1 *Gancelinum* ceteri *Codd.* 2 *Midlintone MS.* 3 Eccleſiaſtico interdicto *Magd.* 4 *Pagebam Card.* 5 *Stebenbethe Card. Stelbenhuthe Magd.* 6 *Segrave M.* & *C.* 7 *Covennarum M.* * *Scanceldarios C.*

ſcopi *Toloſani*, qui fuit nepos *Clementis* Papæ. ſed ne videretur ex odio hoc feciſſe, diviſit etiam duos alios epiſcopatus in partibus illis, viz. *Narbonenſem* & [1] *Clarmontenſem*.

Hoc anno Papa reſervavit primos fructus per quadriennium, quaſi per totum mundum; ſed in *Alemannia* ſibi nullus parere curavit; *Anglici* vero ſicut boni aſini, quicquid eis imponitur tolerantes, in his & aliis quantumcunque gravibus paruerunt.

M. CCC. XVII.	JOANNIS XXII 2.	FRIDERICI III 3.	LUDOVICI X 2.	EDWARDI V II.

ANNO DOMINI M.CCC.XVII, & ipſius *Joannis* Papæ anno II, & dicti regis EDWARDI XI, fecit Papa unam conſtitutionem, quæ incipit, *Execrabilis*: per quam caſſavit omnes diſpenſationes ſuper pluralitate Beneficiorum Curatorum, per quoſcunque Prædeceſſores [2] ſuos conceſſas. cujus Conſtitutionis [3] occaſio fuit venalitas hujuſmodi beneficiorum tempore *Clementis*; qui tales diſpenſationes, non habito reſpectu ad perſonarum merita, ſed tantum ad quantitatem pecuniæ, conceſſit [4] eaſdem. quidam tamen aliter interpretantes dixerunt ipſum illud feciſſe, ut multa beneficia ſic vacarent; nam parum antea, ut [5] præmittitur, primos fructus quorumcunque beneficiorum, ubicunque vacantium, reſervavit; & quia collationes beneficiorum, ſic vacantium, collationi ſuæ propriæ reſervavit & contulit, exceptis beneficiis quæ fuerunt de patronatu Laicorum.

Conſtitutio Papalis.

Hoc anno, ſicut & primo, ſtetit in palatio epiſcopi *Avynonenſis*, quod mirabili opere ampliavit, & multa notabilia fecit. In *Anglia* vero pauca notabilia contigerunt.

Hoc anno *Robertus Le Brus* caſtrum & villam de

1 Sic *Card. Clarmonſenſem M. Clarinentenſem MS.* 2 E Cod. *Card.* 3 Pro *occaſio fuit MS.* legit *occaſione*, 4 Sic Libri omnes. 5 E Codd. M. & C.

Berewick

Berewick[1] viriliter acquisivit, neminem occidendo qui voluit obedire. Hoc anno, mense Augusti, rex & comes *Lancastriæ* prope *Leycestriam*, in quadam planitie, sunt concordati, & invicem cum multis amplexibus osculati; sed vera pax non fuit, sicut inferius apparebit.

Bruſſius C. de Berwick acquirit.

M. CCC. XVIII.	JOANNIS XXII 3.	FRIDERICI III 4.	PHILIPPI V 1.	EDWARDI V 12.

ANNO DOMINI M.CCC.XVIII, & ipsius *Joannis* Papæ tertio, ipsius vero regis EDWARDI XII, stetit Papa *Avynionia*, ut prius, pauca faciens notabilia; nisi provisiones ecclesiarum Cathedralium. Hoc anno parum ante Pentecosten venit *Robertus*, rex *Siciliæ*, ad curiam; cujus adventum Papa præstolatus fuerat diu.

Hoc anno cito post Pascha in quodam Parliamento *Londoniis* petiit rex subsidium à Clero contra *Scotos*, qui fuerunt regno *Angliæ* & ecclesiæ *Romanæ* rebelles; quod noluerunt concedere. Prælati irrequisita licentia sedis Apostolicæ, pro qua licentia obtinenda miserunt ad curiam dicti Prælati Magistrum *Adam Marymuth*, sumptibus tamen regis, quibus Papa dedit licentiam concedendi regi decimam unam annualem, circa festum Sancti *Joannis*.

Rex petit Subsidium à Clero.

Hoc anno fuit rex in *Scotia* in Autumno, & insultum dedit castro de *Berwick* & ipsum per aliquod tempus obsedit; & dum ipse fuit ibi, *Scoti* intraverunt *Angliam* usque ad *Eboracum* deprædantes & comburentes, ita quod rex rediit sine victoria, & *Scoti* captis prædis & aliquibus personis & [2] *W. de Carmyune*, *Scotiam* redierunt.

Castrum de Berwick obsidet.

Hoc anno vacavit ecclesia *Wintoniensis*, per mortem domini *Joannis* de [3] *Sandale*, in Autumno, mense Septembris. Item hoc anno *Edwardus le Bruys* cum magno exercitu intravit *Hiberniam*, faciens se regem

1 Sic etiam M. fraudulenter *Card.* 2 *W. Dairemy M. Warinie MS.* 3 *Sendhale C.*

ibidem,

D. N. J. C.	P. ROMANORUM R.	FRANCORUM	ANGLORUM

ibidem, [1] connivente comite *Ultoniæ*, ut dicebatur; ſed finaliter fuit interfectus in bello, & fere totus exercitus ejus, per dominum *Joannem de* [2] *Byrmingham* & alios *Anglicos*, adhærentes eidem [3] regi *Anglorum* EDWARDO.

M. CCC. XIX.	JOANNIS XII 4.	FRIDERICI III 5.	PHILIPPI V 2.	EDWARDI V 13.

ANNO DOMINI M.CCC.XIX, & ipſius *Joannis* Papæ quarto, ipſius vero regis EDVARDI XIII, Papa exiſtens *Avinoniæ*, ut prius, [4] præconizavit beatum *Thomam de* [5] *Cantilupo*, quondam epiſcopum *Herefordensem*, X Kal. Aprilis. Item, menſe Maii, ſpreta electione concordi de Magiſtro *Antonio de Bek*, Cancellario *Lincolniæ*, providit eccleſiæ *Lincolnienſi*, vacanti per mortem domini *Joannis* [6] *Daldreb*, de domino *Henrico de Borwaſſe*, nepoti domini *Bartholomæi de Badeleſmere*, qui fuit tum nuncius regis ad Papam pro negotiis arduis & diverſis, & pluſquam XV millia librarum expendit de pecunia regis; ſed nihil regi utile procuravit, niſi promotionem dicti domini *Henrici*, quem rex poſt modum invenit ingratum.

Hoc anno Papa providit domino *Rigando de Aſſerio*, nuncio ſuo in *Anglia*, de epiſcopatu *Wintonienſi* de quo rex male contentebatur, [7] ſed cauſa pecunialiter convicta ipſum dimiſit in pace.

Paſtores T. S. adire cupiunt.

Hoc anno multi Paſtores pecudum, & quidam alii ac mulieres de *Anglia*, & aliis partibus mundi, collegerunt ſe, volentes acquirere *Terram Sanctam*, & inimicos Chriſti interficere, ut dicebant: & quia non potuerunt magnum mare [8] pertranſire, multos *Judæos* in partibus *Tholoſanis* & *Aquitaniæ* occiderunt, afferentes eos fidei inimicos: ob quam cauſam multi eorum capi-

1 Comitante M. 2 *Butmingham MS.* 3 Abſunt à *Card.* eiſdem *M.* qui quidem Codex ſequentia addit: *Eodem anno ſtatutum eſt per J. epiſcopum Norwicenſem de non miniſtrando panem non conſecratum die Paſchatis.* 4 Canonizavit *Card.* 5 *Cantelippo M.* 6 *Daldreby C. Aldreldi M.* 7 Sed cauſa pecuniæ aliter commixta eſt *MS.* 8 Deeſt *Magd.*

talem

talem sententiam subierunt, & alii, frustrati suo proposito, redierunt; & sic:

Vertitur in nihilum, quod fuit ante nihil.

Hoc anno Papa concessit regi *Angliæ* decimam bonorum Ecclesiasticorum per unum annum, ut prius. anno isto, mense Junii, dominus rex *Angliæ* venit [1] *Ambianis* obviam regi *Franciæ*, & recepit ab eo ducatum sive comitatum *Pontiniæ*, quem rex *Franciæ* in sua [2] novitate, propter non factum homagium, [3] occupavit.

M. CCC. XX.	JOANNIS XXII 5.	FRIDERICI III 6.	PHILIPPI V. 3.	EDWARDI V 14.

ANNO DOMINI XX, & ipsius *Joannis* Papæ V, ipsius vero regis EDWARDI XIV, fuerunt diffamati Leprosi quasi per totam Christianitatem, quod ipsi [4] deberent iniisse fœdus cum *Saracenis* ad intoxicandum *Christianos* ubique terrarum; & sic in multis partibus fecerunt, ponendo venenum in fontibus, puteis, doliis, & aliis locis. super quo fuerunt multi de *Provincia* & *Francia* convicti, & combusti. & *Judæi* detenti & incarcerati, propter auxilium & consensum eis præstitum, ut publice dicebatur. Hoc anno fecit Papa VIII Cardinales, omnes de partibus suis, & *Francia*. Leprosi diffamati.

Hoc anno in odium *Hugonis le Dispenser* [5] filii, qui duxit regem ad nutum, nec permisit regem esse alicui utilem nisi sibi, nec permisit aliquem nobilem de regno cum rege colloquium obtinere nisi raro, ipsomet *Hugone* verba audiente & responsionem ad libitum suum dante, insurrexerunt Comites & Barones *Angliæ*, & omnia bona dicti *Hugonis* & patris sui, ac eis adhærentium, in *Wallia* & in *Marchia* occuparunt, & in *Anglia* devastarunt; & fuerunt Capitanei Baronum comes *Herfordiæ*, & duo *R. de Mortuo mari.* [6] *K.* [7] *de Amori. B.*

1 Sic etiam *Magd. Cardig.* vero legit *ambulans.* Forte *Ambianes.* 2 Nativitate *Card. Male.* 3 Computavit *Magd.* itidem *male.* 4 Inivissent *Card.* 5 C. *Magd.* addit, *Regis Camerarii.* 6 L. *MS.* 7 *De Amory Card. Damori Magd.*

de

de Badelesmere. H.[1] Tyes, Mauricius de Berkelej, & multi alii manifeste. comes vero Lancastriæ consensit expresse, & comes de Penbroke occulte. dictus tamen Hugo quandoque trans mare, quandoque in mari, de ordinatione regis navigio latitavit: ac demum in Parliamento apud Westmonasterium, ad festum Assumptionis celebrato, fuerunt exulati dicti domini Hugones absentes, contra voluntatem regis; tamen contradicere non audebat. cui sententiæ paruit pater, filius vero non; sed semper latitavit in mari, quousque esset Parliamentum solutum. & postmodum rex ivit ad eum, & duxit eum per mare ad Berewick, ubi ordinaverunt quomodo possent de Baronibus vindicari: & hoc fuit parum ante festum Sancti Michaelis[2].

HH. Dispensatores exulant.

M. CCC. XXI.	JOANNIS XXII 6.	FRIDERICI III 7.	PHILIPPI V 4.	EDWARDI V 15.

ANNO DOMINI M.CCC.XXI. dicti Joannis Papæ sexto, & ipsius regis EDWARDI XV, circa festum Sancti Michaelis domina regina Isabella, ex ordinatione domini regis, venit ad castrum de Ledes in Cantia, quod tunc tenuit dominus Bartholomæus de Badelesmere, in quo tamen ipse non fuit; sed fuit uxor sua cum filiis & aliis ad castri custodiam deputatis. & ipsa regina petivit ad pernoctandum ingressum, qui sibi fuit denegatus aperte, unde dominus[3] rex fecit castrum dictum per omnes populares vicinos ibidem, & per V Portus, ac per nonnullos de London & Essexia obsideri; qua obsidione durante venerunt Comites & Barones apud Kingestone, in vigilia Apostolorum Symonis & Judæ, magna comitiva suffulti, & miserunt ad regem dominum archiepiscopum Cantuariensem, & episcopum Londoniensem, & comitem de Penbroke ad mitigandam iram ipsius & ad rogandum

Castrum de Ledes obsessum a Rege.

1 Tyeys C. 2 Cod. Card. addit: *Pridie exaltationis Sanctæ Crucis, quo die supervenit innudatio aquarum transeuntium muros maritimos, qualis non fuit à L. annis.* 3 Rex *fuit iratus, &* fecit.

gandum quod obſidionem amoveret uſque ad Parliamentum; ita quod habito Parliamento caſtrum redderetur eidem. quorum requiſitioni rex acquieſcere non curavit. ac ipſi Comites & Barones ad partes ſuas vecorditer redierunt; ita quod finaliter redditum fuit caſtrum ad gratiam regis, cum perſonis exiſtentibus in eodem. Quo facto XII fortiores, qui caſtrum tenuerunt, ſtatim [1] ſuſpenſi fuerunt ibidem, viz. *Walterus Colpepir* & alii; ſed uxorem & ſororem domini *Bartholomæi* de *Badeleſmere* & domini *G. de Borwaſch* cum quibuſdam aliis miſit ad Turrim *Londoniarum*. Et circa adventum DOMINI rex direxit ſe verſus *Marchiam* cum exercitu [2] magno, & circa X diem Decembris archiepiſcopus vocavit Concilium *Londoniis*, ad quod pauci venerunt propter horrorem & viarum diſcrimina, & temporis brevitatem. in quo fuit declaratum per paucos Prælatos præſentes, quod proceſſus exilii duorum [3] *H H. Diſpenſer* fuit erroneus; & rex cum ſuo Concilio pronunciarunt illud exilium non tenere, & eos reſtituerunt. Et fuit rex in feſto Nativitatis DOMINI [4] *Ceſtriæ*, & [5] noluit ire [6] *Gloceſtriæ*, quia villa tenebatur per quoſdam Barones; ſed illa via dimiſſa ivit per *Wigorniam*, & partes illas, verſus *Salopiam*, & deſtinavit quoſdam ad parandum viam ſuam per [7] *Bruggenorth*; quibus occurrit pars alia & cepit caſtrum, & quoſdam occidit, aliquoſque fugavit, & extunc rex utlagavit omnes qui ibi fuerunt, & plures. Et fecit terras eorum per totam *Angliam* ſeiſiri, & poſtea venit *Salopiam* per aliam viam. ubi venerunt [8] duo *Rogeri de Mortuo mari* ad pacem ſuam per mediationem fraudulentam Comitum de *Pembroke, Mareſcalli, Richmundiæ*, de *Warenna*, qui multa promiſerunt ſub qua forma neſcitur: & poſtea quidam alii, ſcilicet *Mauricius de Berkley*, [9] *Henricus*

Et captum.

Concilium London.

Bellum inter Regem & Proceres.

1 *Tracti & ſuſpenſi Card.* 2 Suo M. 3 *H. & H.* reliqui duo *CC.* 4 *Ciceſtria M. Circeſtria C.* 5 Voluit *Card.* 6 Sic antea *Ambianis*. vel legi poteſt *Glouceſtre.* 7 *Briggenorth C.* 8 Sc. avunculus & nepos *Magd.* 9 Forte cum *M.* leg. *Dandeley. Card.* omiſſo de *Audeley*, legit *Mauritius* de *Berkeley* pater.

de Hauley pater, Magister *Resus* se reddiderunt domino regi; & rex misit illos de *Mortuo mari* ad turrim *Londoniensem*, *Mauricium de Berkley* ad *Wallingford*, *Resum* ad [1] *Doveriam*. sed comes *Herfordiæ*, *Gilbertus Talebot*, *R. de Amori*, & omnes alii de parte sua, [2] transtulerunt se versus partes Boreales ad comitem *Lancastriæ*, qui eos dicitur suscepisse; dominus vero rex collegit magnum exercitum versus partes boreales circa principium Quadragesimæ, & ibi habuit conflictum talem qualem cum comitibus *Lancastriæ*, *Herfordiæ* [3] apud *Burton* super *Trentam*, & comites cum suis complicibus fugerunt & apud [4] *Burbriggus* obviaverunt eis multi de partibus [5] *Humberlondiæ*, quorum dux fuit dominus *Andreas de* [6] *Harkeley*, ubi in conflictu gravi comes *Herfordiæ* fuit occisus, XVI die Martii, comes *Lancastriæ* & XVI Barones capti. Et die Lunæ, XXII die Martii, ante Passionem comes *Lancastriæ* decollatus in dominio suo apud *Pontem-Fractum*, & VI Barones tracti & suspensi. Item apud *Eboracum* tracti & suspensi fuerunt *R. de Clifford* & *J. de Moubrey* & quidam alii. Item *Londoniis* dominus *Henricus Tyes*, & apud *Cantuariam B. de* [7] *Badelesmere*, apud *Glocestriam J.* [8] *Gifferd*, apud *Bristolliam H. de* [9] *Wilintone*, & quidam alii; & factum fuit Parliamentum apud *Eboracum*, sicut inferius continetur.

Comes Lancastriæ securi percussus.

Hoc anno in [10] hieme obiit [11] episcopus *Conventrensis*, *Walterus de Langtone*; & provisum fuit ad preces regis domino *Rogero de* [12] *Northburgh*, Clerico regis, per Papam virtute reservationis, quæ dicitur facta. Et hoc anno, circa Pentecosten, dominus Papa fecit gratiam in forma communi generalem pro pauperibus.

Parliamentum Eborac.

Hoc anno in tertia septimana post pascha anno DOMINI M.CCC.XXII. factum fuit Parliamentum *Eboraci*, in quo multa [13] facta fuerunt. In quo factus

1 *Doveriam C.* 2 Transtulerunt M. 3 Desid. in M. 4 *Borbrigge C. Burghbrigge* M. 5 *Northumberland Magd.* 6 *Herkley Id.* 7 *Bladelesmere Magd.* 8 *Giffard C. Gifford* M. 9 *Welyntone* M. 10 *Yeme* sine aspirat. *Card.* & *MS.* 11 E Codd. *Mag.* & *Car.* 12 *Norburgh* M. 13 Deest M.

fuit

fuit comes [1] *Wintoniæ* dominus *H. Dispensator* pater, cui dedit castrum & honorem de [2] *Doningtone* quod fuit de Comitatu *Lincolniensi*. & ad festum Sancti *Jacobi* congregavit D. Rex magnum exercitum & intravit in *Scotiam*; & *Scoti* destruentes omnia, quæ possent prodesse ad victum *Anglicorum*, retraxerunt se ultra *Mare Scoticum*, ita quod rex rediit, nihil acto, quod meruit scribi. & remisit exercitum suum ad partes suas; quo intellecto, [3] venerunt *Scoti* & invenerunt regem in quodam loco Forestæ de [4] *Blakemore*, & [5] insilientes in Regem & suos, gravem insultum dederunt; ita quod rex cum suis secretioribus vix evasit. & capti sunt per *Scotos* comes *Richmundiæ* & dominus de *Sylliaco*, Nuncius regis *Franciæ* & multi alii. Unde *Scoti*, per totam patriam deprædantes & comburentes usque ad *Eboracum*, permulta mala fecerunt [6] usque ad villam de *Riponus* & multos Clericos Collegiatæ ecclesiæ & etiam Laicos occidentes. sed in villa de *Beverlaco* neminem occiderunt; quia pro CCCC libris se *Burgenses* & Canonici redemerunt. & sic *Scoti* propter instantem hiemem redierunt.

Rex Scotiam intrat.

Revertitur.

Scoti Angliam vastant.

Hoc anno fecit dominus rex *Angliæ* dominum *Andream de Herkley* comitem *Carliolensem*, & quasdam terras in *Marchia Scotiæ* sibi dedit. Hoc anno mortuus fuit rex *Franciæ Philippus*, filius *Philippi*, cui successit in regno *Carolus* frater ejus qui fuit prius comes *Marchiæ* [7] *Vasconiensis*. Heredes etiam & uxores omnium [8] interfectorum, ut præmisi, & carceratorum incarcerabantur, & extra possessiones tenebantur, & uxores indotatæ manentes extra terras sibi propria successione debitas tenebantur, tempore dicti regis.

Philippus A. Franc. moritur.

1 *Wyncestria MS.* 2 *Tymby M. Tutteburg* de Comitatu *Lancastria Card.* 3 Intervenerunt *M.* 4 *Blakbonmore C.* 5 Irruentes *Cæteri.* 6 *Usque ad.* è Cod. *M.* depromta. Sed melius, uti censeo, sic legit *Card. Willelmum de Ryponus & multos alios* ---. 7 Juxta *Vasconiam M.* & *C.* 8 Interfectorum *in Anglia Card.*

D. N. J. C.	P. ROMANORUM R.		FRANCORUM	ANGLORUM
M. CCC. XXII.	JOANNIS XXII 7.	FRIDERICI III 8.	PHILIPPI V 5.	EDWARDI V 16.

ANNO DOMINI M.CCC.XXII, dicti *Joannis* Papæ VII, dicti vero regis EDWARDI XVI, circa festum Purificationis dominus *Andreas de* [1] *Herkley*, comes [2] *de Carliolis* factus noviter, ut est scriptum, sub colore pacis faciendæ finxit se velle ducere sororem *Roberti le Brus* in uxorem; unde rex *Angliæ*, ipsum reputans proditorem, fecit eum capi, & per dominum *Antonium de Lucy*, qui fuit specialissimus eidem comiti & de quo plenissime confidebat, qui comes fuit postea in eadem villa, III die Martii, decapitatus, suspensus, & in quatuor quarteria divisus est. cujus caput missum fuit *Londonias*, & quatuor quarteria per quatuor partes *Angliæ*. Item hoc anno captus fuit *Robertus* [3] *Aquarrus*, & in festo Sancti *Stephani*, *Wintoniæ* in carcere expiravit.

Andreas de Herkeley securi percussus.

Eodem anno, in mense Junii, inita fuit treuga cum *Scotis*, per annos XIII duratura. Hoc anno vacavit ecclesia *Wintoniæ* per mortem domini *Rigandi de* [4] *Assero* in curia, cui providit Papa de *Magistro Joanne de Stretford*, in curia tunc præsenti, per regem contra *Scottos* ad ipsam curiam destinato. de quo rex fuit offensus, pro eo quod ipse scripsit *Magistro Joanni*, quod ipse procuraret dictum Episcopatum conferri *Roberto de Baldok*, Cancellario suo; sed litteræ ad curiam nimis tarde venerunt.

Treuga cum *Scotis*.

Hoc anno, circa gulam Augusti, venerunt ad regem *Angliæ*, apud *Pikeringe*, nuncii regis *Franciæ Caroli*, viz. dominus *Beoville* & dominus *Andreas de Florentia*, ad citandum & monendum eum, quod veniret infra certum tempus, ad faciendum homagium suum ipsi *Carolo*, novo regi *Franciæ*, pro ducatu *Aquitaniæ*. & licet *H. Dispensator* filius & *R. de Baldock* procurassent

Nuncii Regis *Franciæ*.

1 *Herkeleye* C. 2 *Carliolensis* M. 3 *Aquarius Codd.* reliqui. 4 *Asserio* M. & C.

nuncios

nuncios ipsos, quod ipsi non notificarent regi illam causam sui adventus, ipsi tamen in [1] recessu suo monuerunt eum quasi consulendo, quod ipse veniret, sicut fuit iis injunctum quod facerent & monerent: super qua monitione sive citatione dictus dominus *Andreas de Florentia*, qui fuit Notarius, fecit publicum instrumentum; virtute cujus rex *Franciæ* fecit processum contra regem, & terras multas *Vasconiæ* seisiri, sicut inferius apparebit, & totum in pœnam contumaciæ regis *Angliæ*, qui informatus fuit per malos Consiliatores quod ipsum præfata citatio, seu monitio, non artabat.

Hoc anno circa gulam Augusti dominus [2] *Rogerus de Mortuo mari* evasit de turri *Londoniæ*, ubi in carcere tenebatur; & transivit in *Franciam* per cautelam.

Hoc anno episcopus *Glascuensis* & *Thomas* [3] *Rondulf*, comes *Moraviæ*, missi sunt per *Robertum le Brus*, & totum regnum *Scotiæ*, ad curiam *Romanam*, pro habenda relaxatione excommunicationum & interdicti sententiarum, in regnum & regnicolas *Scotiæ* per Cardinales auctoritate Papæ, ut præmisi, prolatarum; sed curiam non intraverunt ante festum Sancti *Michaelis*. Et quia Magister *Joannes de* [4] *Stretford*, qui fuit in curia pro rege, promotus ad episcopatum *Wintoniæ* revertebatur in [5] *Anglia*, dominus rex misit, contra comitem *Moraviæ* & episcopum *Glascuensem*, unum simplicem Clericum ad curiam, ad impediendum propositum *Scotorum*, & ad resistendum eidem: qui similiter circa festum Sancti *Michaelis* curiam *Romanam* intravit, & mense Octobris locutus fuit cum Papa, offerens ex parte regis *Angliæ*, se velle probare *Scotorum* manifestam & notoriam offensam, non solum contra regem & regnum *Angliæ*, sed etiam contra Apostolicam sedem contractam, ita quod, ante satisfactionem, non possent dictæ censuræ relaxari de jure.

Oratores Scotiæ Romam missi.

1 Processu *C.* 2 *Rogerus* de mortuo-mari *junior C.* 3 *Randulph M. Randulf C.* 4 *Stratford C.* 5 Sic *MS.* in ceteris libris legi potest *Angliam.*

M. CCC.

D. N J. C.	F. ROMANORUM R.		FRANCORUM	ANGLORUM
M.CCC. XXIII.	JOANNIS XXII 8.	FRIDERICI III 9.	CAROLI IV 1.	EDWARDI II 17.

ANNO DOMINI M.CCC.XXIII, Pontificatus *Joannis* Papæ VIII, dicti vero regis EDWARDI XVII, cito post festum Sancti *Michaelis* intraverunt curiam episcopus *Glascuensis* & comes *Moraviæ*, & locuti fuerunt cum Papa & cum Cardinalibus, domino de [1] *Sulliaco* eos ducente; qui se fecit quasi mediatorem inter *Angliam* & *Scotiam*. intravit etiam statim post eos dictus Clericus *Angliæ*, offerens se probaturum notorias & manifestas offensas, sicut superius dictum est. Et sic factum fuit, ex utroque latere, quod *Scoti* infecto suo negotio redierunt.

Dux Bavariæ excommunicatur.

Hoc anno citavit Papa ducem *Bavariæ*, in Imperatorem electum, ut infra certum terminum veniret ad curiam, & de electione [2] ecclesiam de jure suo doceret; &, quia non venit in termino præfixo, excommunicavit eum, & postmodum pronunciavit eum nullum jus habere in imperio vel ad [3] illud; & si quod habuit privavit eundem, viz. XVII die Julii.

Exercitus à R. Fr. in Vasconiam missus.

Circa hoc tempus rex *Franciæ* misit dominum *Carolum de* [4] *Valeys*, patruum suum, in *Vasconia* cum magno exercitu, ad invadendum possessionem totius ducatus *Aquitaniæ*, pro eo quod rex *Angliæ* non venit ad faciendum homagium suum pro ducatu & comitatu *Pontinii*, quem seysivit: ad quod faciendum fuit vocatus, sicut superius est expressum. cui domino *Carolo* venit obviam *Edmundus de Woodstock* frater regis *Angliæ*, & comes *Cantuariensis* cum multis nobilibus *Angliæ* in *Vasconiam* propterea destinati; & in quantum poterant resistebant, sed postquam dictus *Carolus*, nullo resistente, totam [5] *Agenniam* & illas partes equitaverat & seysivit usque ad villam de *Regula*, in qua fuit dictus comes *Cantiæ* tenens villam ad tempus, finaliter fuit

1 *Silliaco M. Suliaco Cardig.* 2 Abest ab M. & C. 3 Aliud MS.
4 *Valeis C. Valeys M. recte.* 5 Sic MS. *Augenniam M. Angoniam C.*

trenga

treu... inita inter eos usque ad certum tempus, infra quod possent de pace tractare, & reddita illa villa, utraque pars ad propria remeavit.

Hoc anno tenuit rex *Angliæ* Parliamentum *Londoniis*; in quo fecit inquiri contra *Adam* episcopum *Herefordiæ* ex officio, per legales viros de comitatu *Herefordiæ*, super eo quod adhæsit illis de *Mortuo mari*, & aliis inimicis regis, [1] & dicebant quod idem episcopus favebat illis, accommodando iis homines, equos & arma. & licet ipse episcopus noluerat respondere de [2] inquisitione facta contra eum, rex mandavit omnia temporalia sua seysiri, & teneri, sicut illius, qui fuit proditor regis. In hoc Parliamento ad petitionem Prælatorum concessit rex, quod [3] omnia corpora Nobilium, pendentium in patibulis, tradi possent ecclesiasticæ sepulturæ. In hoc Parliamento petiit rex subsidium à Clero & populo pro liberatione & redemptione domini *Joannis de Britannia*; sed defecit. Parliament. *Londin.*

M. CCC. XXIV.	JOANNIS XXII 9.	FRIDERICI III 10.	CAROLI IV 2.	EDWARDI V 18.

ANNO DOMINI M. CCC. XXIV, Pontificatus *Joannis* Papæ IX, dicti vero regis EDWARDI XVIII, regina *Angliæ Isabella* transivit mare pro pace facienda inter fratrem suum regem *Franciæ* & Maritum suum regem *Angliæ*. quæ in *Francia* per totam quadragesimam & æstatem morabatur, & rex *Angliæ*, vir suus, in *Cantia*; ita quod [4] cursus haberi posset facilius Nunciorum. unde finaliter extitit concordatum: quod rex *Angliæ* daret *Edwardo* filio suo primogenito ducatum *Aquitaniæ*, & comitatum *Pontinii*; & rex *Franciæ* reciperet homagium [5] ipsius filii, & redderet sibi statim comitatum *Pontinii*, & terras in *Aquitania* de quibus fuit privatus; & de aliis equi- *Isabella.* Reg. *Ang.* *Franciam* petit. Conditiones pacis ab ipsa facta.

1 Ut dicebatur, eisdem inimicis accommodando homines —. M. & C.
2 Respondere inquisitionem facientibus contra eum C. *Melius uti censeo.*
3 Deest M. & C. 4 *Concursus* C. 5 Illius M.

tatis

tatis per avunculum suum *Carolum* faceret sibi justitiæ complementum. super quibus omnibus misit rex *Franciæ* litteras suas patentes in *Angliam*, & alias litteras de conductu salvo, tam pro filio quam pro rege *Angliæ*, [1] si ipse mallet in propria persona venire; super qua optione multi magni tractatus fuerunt apud [2] *Languedone*, & apud *Doveriam*, multis consulentibus quod rex in propria persona transiret. sed pater & filius *Dispenser*, qui nec audebant mare transire, nec rege transeunte in *Anglia* remanere, propter odium [3] Comitum & Nobilium qui perfecto odio oderant illos, dederunt Consilium & prævaluerunt, ut filius regis transiret; cujus transitus in caput ipsorum, sicut patebit ex sequentibus, redundavit. Unde dominus rex *Angliæ* fecit chartam filio suo prædicto, de Ducatu & Comitatu habendis & tenendis sibi & heredibus suis regibus *Angliæ*; & si contingeret ipsum mori in vita patris sui, terræ redirent ad ipsum patrem. Ita etiam quod rex *Franciæ* non posset dictum filium regis maritare, nec tutorem [4] aut curatorem sibi dare. Quæ ordinatio fuit facta *Doveriæ* per Chartam regis ex consensu Prælatorum & aliorum Nobilium regni præsentium tunc [5] ibidem.

Edwardus F. regis in Galliam transit.

In crastino Nativitatis beatæ *Mariæ*, anno DOMINI supradicto, & die Jovis sequente, idem *Edwardus* filius regis mare transivit; & cum eo *W.* episcopus *Exoniensis*, & alii in numero competenti. & circa festum Sancti *Matthæi* fecit homagium avunculo suo, regi *Franciæ*, sub quibusdam protestationibus; fuit etiam è contrario protestatum.

Hoc [6] anno Papa providit ecclesiæ *Norwicensi* de domino *Willelmo de* [7] *Hermynne*, ad preces *Isabellæ* reginæ, quia fuit nuncius illo anno sæpe inter regem *Angliæ* & reginam. Item providit Magistro *J. de* [8] *Ros* de episcopatu *Karliolensi*.

---

1 Sed M. 2 *Langedone* M. & C. 3 Communitatis. 4 Nec M. 5 Ibidem in crastino ---. Et die M. 6 Hoc anno obiit *J.* episcopus *Norwic.* pridie nonas Julii, cui episcopatui providit Papa ---. M. 7 *Ayremynne Car. Dairmyne* M. 8 *Roos Card.*

Hoc

Hoc [1] anno [2] *Guelfi* [3] venientes *de Florentia* ad *Lucam*, sumptibus & de mandato Papæ, per *Gibellinos* capti fuerant, & multi interfecti, ac ceteri in fugam conversi. *Guelfi interfecti.*

M. CCC. XXV.	JOANNIS XXII 10.	FRIDERICI III 11.	CAROLI IV 3.	EDWARDI V 19.

ANNO DOMINI M. CCC. XXV, pontificatus *Joannis* Papæ X, dicti vero regis XIX, statim post festum Sancti *Michaelis*, voluit rex *Angliæ* quod domina regina *Angliæ* & filius suus prædictus, facto homagio, ut præmittitur, cito redirent; sed ipsi, remissa magna familia utriusque in *Angliam*, ibidem per totum illum annum remanserunt, ut dicebatur, inviti. aliis asserentibus quod voluntarie, propter nimiam familiaritatem contractam inter [4] dictam reginam & dominum *Rogerum de Mortuo-mari*, sine quo, & aliis Nobilibus de *Anglia* [5] profugatis, noluit dicta regina redire; & maxime in odium illorum *Dispensariorum*, qui anno præcedenti procuraverunt familiam reginæ ab ipsa removeri, quod propositum reginæ exitus negotii postmodum comprobavit. quod percipiens *Willielmus* episcopus *Exoniensis*, de comitiva dictæ reginæ, [6] in *Angliam* clam recessit. *Regina Ang. negat redire.* *Hanoniam adit.*

In fine vero ejusdem anni, dicta domina regina versus *Hanoniam* se transtulit, & comiti *Hanoniæ* & consilio ipsius adhæsit: [7] ipsaque cum filio prædicto, & comite *Cantiæ*, *Rogero de Mortuo-mari*, [8] & hominibus aliis de *Anglia* profugatis, [9] fultique comitiva domini *Joannis*, fratris ejusdem comitis *Hanoniæ*, & aliis multis [10] stipendiariis tam de *Alemannia* quam de *Hanonia*, die Veneris proxima ante festum Sancti *Michaelis* apud [11] *Ore-*

1 Hæc pericope de *Guelfes* & *Gibellinis* desideratur in *Magd.* qui tamen addit prodigium sequens: *Circa idem tempus obiit quadam mulier in* Norfolch, *nomine* Jonete, *qua non comedit neque bibit per triginta & unum annos.* 2 *Gelfi C.* 3 Regnientes *MS.* 4 Dominam M. & *C.* 5 Fugatis M. 6 E C. & M. 7 Propter quod cum filio *Card.* 8 Et aliis nobilibus & hominibus *Id.* 9 *Multaque Id.* 10 Carpendiariis *Id.* 11 *Orewille MS.*

D. N. J. C.	P. ROMANORUM R.	FRANCORUM	ANGLORUM

Angliam intrat.

welle, in portu de [1] *Herewich*, *Angliam* intraverunt; & ibi in terra comitis *Marescalli* applicuerunt. Et statim idem comes *Marescallus*, & comes *Leycestriæ*, & alii Barones & Milites, illarum partium, adhæserunt eisdem; & ita fecerunt Prælati fere omnes, & præcipue *Lincolniensis*, *Herefordensis*, [2] *Dunelmensis*, & *Eliensis*, qui cum eadem regina magnum exercitum congregaverunt. Alii vero & præcipue *W. Cantuariensis* sibi pecuniam ministrarunt.

M. CCC. XXVI.	JOANNIS XXII 11.	FRIDERICI III 12.	CAROLI IV 4.	EDWARDI V 20.

Rex versus Walliam fugit.

Regina insequitur.

ANNO DOMINI M.CCC.XXVI, pontificatus *Joannis* Papæ XI, dicti vero regis EDVARDI XX, & ultimo. Idem dominus rex, percipiens quod regina & filius suus applicuerunt, & quod tota communitas regni adhæsit [3] eisdem; cum duobus *Dispensariis*, & *Roberto Baldok*, & paucis aliis secretariis suis, se transtulit versus *Marchiam*, & venit *Glocestriæ*, & postmodum ad *Strogoil*: & dimisit dominum *Hugonem Dispenser* Patrem ad custodiam villæ & castri *Bristolliæ*, & posuit se in [4] aquam cum domino *Hugone Dispenser* filio, *R. de Baldok* & aliis valde paucis, sicut inferius continetur. Regina vero cum filio & exercitu suo insequebatur per [5] *Oxoniam*; ubi episcopus *Herefordiæ* prædicavit, præsente regina & filio suo, de adventu eorum & ejus causa, viz. ad auferendum malum regimen de regno. item per *Glocestriam* in quo loco multum crevit exercitus per adventum dominorum de *Percy* & de *Wake*, & aliorum, de partibus borealibus & de *Marchia*: & dum fuit *Glocestriæ* communitas vulgi civitatis *Londoniæ* mandavit reginæ caput bonæ memoriæ *Walteri*, *Exoniensis* episcopi: quod ipsi quinto decimo die Octobris [6] amputarunt, una cum aliis quibusdam, quos dixerunt [7] regi adhærentes. Et eodem die

1. *Herewich* MS. *Herewyk* C. 2. C. & M. habent *Dubliniensis*. 3. Eidem *Card*. 4. Arma *Id*. 5. *Exoniam*. C. 6. In loco, qui dicitur *Chepe* C. 7. Regi & *Dispensatoribus* *Id*. & M.

occuparunt

occuparunt *Londonienses* bona dicti episcopi, & Magistri *R. de Baldock* & aliorum, quos dixerunt regi adhaerere. Et intrantes turrim *Londoniensem* omnes incarceratos liberarunt, & ita fuerunt omnes incarcerati quasi per totam *Angliam* liberati, & omnes banniti & [1] fugitivi reversi; *Londonienses* vero omnes ministros regis in turri *Londoniae* amoverunt, & novos constituerunt sub nomine domini *Joannis de Eltham*, filii regis, quem custodem civitatis & terrae nominarunt: ipsi tamen multas rapinas, & alias insolentias facere non cessarunt. Regina vero de *Glocestria* transivit per *Berkeley*, ubi restituit castrum, prius à domino *Hugone Dispenser* filio detentum, domino *Thomae de Berkley*, qui fuit heres domini *Mauricii de Berkley* defuncti parum ante apud *Walingford* in carcere cum omnibus pertinentiis, & rebus mobilibus ad honorem de *Berkley* pertinentibus quibuscunque; at pergens postmodum cum exercitu suo obsidebat villam & castrum de *Bristollia*, quod fuit cito redditum reginae & filio suo, una cum villa. & in crastino adventus ipsius, ad clamorem vulgi, fuit dominus *Hugo Dispenser* pater tractus ibidem & suspensus, extra villam super communi furca latronum. Rex autem semper latitabat in aqua *Sabrinae* cum paucis, volens si potuisset ad partes transivisse remotas; sed propter ventum contrarium non valuit. unde applicuit in [2] *Glamorgan*, & transtulit se usque ad Abbatiam & castrum de *Meth*; & ibi confisus in promissione [3] *Wallensium* latitavit. Regina vero, cum exercitu suo, se transtulit versus *Herfordium*; ubi morabatur fere per mensem, cum stipendiariis suis & aliis, paucis exceptis. Et de illo loco misit in *Walliam* comitem *Lancastriae*, dominum *W. de la* [4] *Zouche*, & magistrum *Resum* [5] *Aphowel*, qui fuit prius de carcere *Londoniae* liberatus; quia in illis partibus erant noti; cum paucis *Marchiensibus*, quia ipsi tres habuerunt terras & dominia in *Wallia*, prope locum ubi rex, ut prae-

Hugo Dispensator pater suspensus.

1 Fugati *C.* 2 *Glamorgan C.* 3 *Valencium Id.* 4 *Souche C.* & *M.*
5 Sic *M.* *Uphowel C.* *Upherkel MS.*

mittitur, latitabat. Unde ipsi, adjutorio *Wallensium*, in quibus [1] & ipsi confidebant, ipsum regem & dominum *Hugonem Dispenser* filium, & *Robertum de Baldok*, & *Simonem de Redingis* ceperunt, non sine pecuniæ interventu. de aliis regis familiaribus non curantes, & regem comitis *Lancastriæ*, Consanguinei sui, custodiæ liberarunt: qui duxit regem, per *Monemoutham* & *Ledebury*, usque ad castrum suum de *Kenelworth*; ubi per hiemem totam mansit: dominum vero *Hugonem Despenser* filium, *Robertum de Baldok* & *Simonem de Redingis* ad reginam, quæ fuit *Herfordiæ*, conduxerunt. sed ante eorum adventum fuerunt decollati, comes de *Arundel*, *Joannes Daniel* & *Thomas de* [2] *Muchedeure*, per procurationem domini *Rogeri de Mortuo-mari*, qui perfecto odio oderat illos, & cujus consilium regina per omnia sequèbatur.

Rex captus.

Postea vero apud *Herfordiam* dominus *Hugo Dispenser* filius, sine responsione, fuit morti adjudicatus, tractus, suspensus, decollatus, & in quatuor partes [3] separatus; cujus caput fuit missum ad pontem *Londoniæ*, & quatuor quarteria ad quatuor partes *Angliæ*. fuit etiam *Simon* de *Redingis* tractus, & suspensus; sed *Robertus Baldok*, post multas contumelias, fuit carceri episcopi *Herfordiæ* liberatus: ubi mansit usque ad festum Purificationis, vel circiter; & tunc episcopus *Herfordiæ* fecit eum duci *Londonias* ad eum. Ubi *Londonienses* ipsum de custodia episcopi [4] convenientes rapuerunt, & apud *Newgate* incarceraverunt, inhumaniterque tructaverunt; adeo quod postmodum, circa festum Ascensionis DOMINI obiit in tormentis.

Hugo Dispensator, filius, securi percussus.

Regina vero, expeditis præmissis, se transtulit cum filio suo & domino *Roberto de Mortuo-mari* & aliis, versus partes *Londonienses*, ubi cito post Epiphaniam fecit unum Parliamentum teneri. in quo ordinatum fuit, ex

Regina *Londinum* versus proficiscitur.

1 Ipsi & sui C. & M. *sed recte noster Codex*, & ipsi. 2 *Michedeure* M. *Michedoure* C. 3 Divisus M. & C. 4 Deest M. Comminentes C. *Forte pro* comminantes.

parte

parte totius regni, quod tres Episcopi, duo Comites, duo Abbates, & quatuor Barones, de quolibet comitatu *Angliæ* tres Milites; item de *Londonia*, & magnis civitatibus, & magnis villis, & præcipue de [1] Portubus, de qualibet [2] certus numerus personarum mitterentur ad regem apud *Kenelworth*, & sibi dicerent & requirerent diligenter, quod renunciaret dignitati regiæ & Coronæ, & quod permitteret filium suum primogenitum regnare pro eo. Alioquin ipsi redderent sibi homagia sua, & alium eligerent sibi regem. Quibus auditis[3], ipse cum fletu & ejulatu respondit, quod ipse doluit multum de eo quod sic demeruit erga [4] populum sui regni; sed ex quo aliter esse non potuit, dixit, quod placuit sibi quod filius suus fuit toti populo sic acceptus, quod ipse sibi succederet regnaturus pro eo. Nuncii vero, ad Parliamentum *Londoniis* redeuntes, & responsiones regis plene, ac plenius quam dictæ fuerunt, retulerunt; qua responsione recepta, tota communitas regni ipsum EDWARDUM juvenem in regem promptissime admiserunt, & prima die Februarii coronari fecerunt apud *Westmonasterium* per archiepiscopum *Walterum* quo die tres filii *Rogeri de Mortuo-mari*, & multi alii, Milites facti fuerunt. Item dos assignata fuit reginæ talis & tanta, quod regi filio suo regni pars tertia vix remansit.

Nuncii ad regem missi revertuntur.

EDVARDUS tertius coronatur.

Hoc anno, in vigilia Sancti *Nicolai*, fuit Magister *Jacobus de Berkley* concorditer in episcopum [5] *Exoniensem* electus, & dominica media quadragesimæ est *Cantuariæ* consecratus.

Postea, quia videbatur aliquibus, quod dominus EDWARDUS Pater regis *Kenelworth* fuit nimis delicate tractus, ordinabatur quod dominus [6] *Thomas de Berkley* & dominus *Joannes de Mautravers* custodiam ipsius haberent. unde, [7] circa Ramos Palmarum fuit usque *Berkeley* secrete deductus. Et quia timuerunt ali-

EDVARDUS, pater regis, ad C. de *Berkeley* deducitur.

1 Portibus *MS.* Quinque Portubus *M.* 2 Unus & *C.* 3 Addit *Card.* IX Kal. Feb. & pro *ejulatu* legit *metu.* 4 Populum *suum M.* 5 E Codd. M. & C. 6 *G.* de *Gurnaye C.* 7 Circa Dominicam Ramis. *Id.*

quorum

quorum adventum, ad ipsum liberandum, de loco prædicto fuit deductus de nocte ad loca diversa, viz. ad *Corf*, & aliqua alia loca secreta; sed finaliter reduxerunt eum ad [1] *Berkley*, ita quod vix sciri potuit, ubi fuit. sed semper dominus *de Berkley* habuit custodiam uno mense, qui erga eum humaniter se habebat[2]. Regina vero misit sibi indumenta delicata & litteras blandientes, sed ipsum videre nolebat, fingens quod communitas regni non [3] permisit. Expensas autem habuit viz. C marcas [4] per mensem; & sic apud *Berkley* & alibi, non quo volebat, sed quo voluit dictus *Joannes* [5] *Mautravers* taliter qualiter victitavit, usque ad tempus inferius annotandum.

Edwardus R. versus *Scotiam* proficiscitur.

Novus autem rex juvenis, cum matre sua, & stipendiariis suis alienigenis, congregans magnum exercitum, versus *Scotiam* se transtulit, cum pro venerunt [6] plures voluntarie quam inviti. sed apud *Eboracum* fuit gravis conflictus inter *Anglicos* & *Hanonienses*, sed *Anglici* deteriorem partem habebant, facta tamen pace se versus *Scotiam* transtulerunt, ubi fuit exercitus *Scotorum* apud [7] *Stanneparck*. Et licet exercitus regis *Angliæ* fuisset in triplo major & fortior, *Scoti* tamen, per proditionem quorundam [8] Magnatum, sine læsione fugerunt; & rex juvenis *Angliæ* cum dolore & sine honore reversus est, & misit *Hanonienses* & stipendiarios ad partes suas.

Revertitur inglorius.

Isto anno, in festo Sancti *Joannis* Baptistæ, est *Jacobus*, episcopus *Exoniensis*, mortuus apud [9] *Petrisbegs* in sua diœcesi. Et licet *J.* [10] *Godeley*, decanus *Welliæ*, concorditer postmodum fuisset electus, Papa tamen providit ecclesiæ *Exoniensi* de domino *J. de Grandissono*, qui in festo Sancti *Lucæ* in curia fuit consecratus.

---

1 Apud *C.* 2 Et Dominus *J. Mautravers* alio mense, qui erga eum aliter se habebat. Ex *Magd.* 3 Permitteret M. 4 Pro mense *cæteri* Codd. 5 *Mautrovers* MS. 6 Multi tam voluntarie, quam inviti M. 7 *Stannopark C.* 8 Magnorum M. & *C.* 9 *Petreshegbes M. Peresbegbs C.* 10 *Godelegh C.*

Postea

Postea X Cal. Octobris, [1] anno DOMINI M.CCC.XXVII, fuit mortuus EDWARDUS rex *Angliæ* in castro de *Berkley*; in quo, ut prædixi, fuit carcere mancipatus seu detentus invitus. Et licet multi Abbates, Priores, Milites, Burgenses de *Bristollia*, & de *Glocestria*, ad videndum corpus suum integrum vocati, & clam superficialiter conspexissent, dictum tamen fuit vulgariter quod per ordinationem dominorum *Joannis Mautravers* & [2] *Thomæ* [3] *Gorneye* fuit per cautelam occisus. propter quod ipsi duo, & quidam alii, fugerunt; sed dictus [4] *Thomas de Gorneye* fuit postea per triennium notus, & captus apud [5] *Marsiliam* [6], & remissus versus *Angliam* pœnam pro demeritis recepturus; sed in mari fuit decapitatus, sub quodam colore, ne forte Magnates & magnos Prælatos & alios de *Anglia* de consensu & conniventia accusaret. sed dominus *Joannes Mautravers* se transtulit in *Alemanniam*; [7] & ibi mansit, & usque ad datam præsentiam adhuc manet. *Edwardus Pater, Rex Angliæ, moritur.*

Hoc anno mortuus fuit dominus *Carolus de* [8] *Valeis*, Patruus regis *Franciæ*, qui, ut prædictum est, in *Vasconia* contra fratrem regis *Angliæ* equitavit; qui *Carolus* in vita sua *Anglicos* semper habuit exosos. Item hoc anno mortuus fuit *Robertus de Brus*, relicto filio suo *David* VII vel VIII annorum, quem *Scoti* receperunt pro rege. [9] Item mortuus fuit comes Moraviæ *T.* [10] *de Rondulf*. *Carolus de Valois moritur.*

1 Anno sequenti *M.* 2 *G. Gurnaye C.* 3 *Gournaye M.* 4 *G. Card.* 5 *Marsiliam MS.& C.* Veteribus *Massilia.* 6 Ad procurationem cujusdam dominæ de *Anglia C.* 7 Et ibi -- manet M. 8 *Valleis M.* 9 Desunt *Card.* 10 *Randulf M.*

D. N. J. C.	P. ROMANORUM R.		FRANCORUM	ANGLORUM
M. CCC. XXVII.	JOANNIS XXII 12.	FRIDERICI III 13.	CAROLI IV 5.	* EDWARDI VI 1.

ANNO DOMINI M.CCC. XXVII, dicti vero *Joannis* Papæ XII, & regis EDVARDI tertii à conquæstu primo, Papa fecit consecrari dominum *Joannem de Grandissono* in episcopum *Exoniensem*, in festo Sancti *Lucæ* Evangelistæ. cujus promotio fuit in die Cinerum, & postea in *Exonia* fuerat publicata, & in octavis Assumptionis *Exoniam* intravit.

Rex *Franciæ* moritur.

Hoc anno mortuus fuit Rex *Franciæ Carolus*, tertius frater, qui post mortem *Philippi* patris sui regnavit. Cui successit in regno *Philippus* filius domini *Caroli de Valois*, qui *Anglicos* nunquam dilexit.

Nuptiæ Regis *Angliæ*.

Item hoc anno juvenis rex *Angliæ* supradictus duxit filiam comitis *Hanoniæ* in uxorem, quæ fuit etiam filia sororis domini juvenis regis *Franciæ*; sed illa affinitas, nec aliqua alia cum *Francigenis* unquam contracta, *Angliæ* valuisset.

Parliamentum *Northampton*.

Hoc anno tenuit juvenis rex *Angliæ* Parliamentum *Northamptoniæ*, in quindena Paschæ, ubi facta fuit turpis pax inter *Anglicos* & *Scotos*; ita quod, *David*, filius *Roberti le Bruys*, duceret sororem regis in uxorem, quod postea factum est. Et rex *Angliæ* juvenis, cum matre infra ætatem existens, fecit *Scotis* Chartas, quarum tenor & continentia communiter ignoratur, & totum per ordinationem reginæ & *Rogeri de Mortuo-mari*, & per *Jacobum* [1] *Douglas*, qui fuit strenuus miles, & tantus in guerra pro *Scotia*. qui, post nuptias inter dictum [2] puerum *David le Brus* & sororem regis apud *Berwick* celebratas, adivit fronterium *Hispaniæ*, versus *Granatam*, contra infideles, & ibi mortuus est.

Rex autem *Angliæ* juvenis post dictum Parliamentum *Northamtoniæ*, cito post festum Sanctæ Trinitatis, se

* Hic est EDVARDUS III post Conquæstum; sed patrem ejus *Edvardum* II, indigitamus V, & ipsum VI; habito scilicet respectu ad *Eadgarum*, & ad Chronologiam *Trivetianam*. 1 *Duglas Scoti C.* 2 Primum MS.

transtu-

transtulit versus *Herfordiam*, ubi fuerunt solemnes nuptiæ inter filias *Rogeri de Mortuo mari* & quosdam Nobiles, scilicet filium comitis *Marescalli*, & heredem domini *J. Hastinges* [1]. Item fuerunt ibi hastiludia solemnia, quibus interfuit regina mater. Nuptiæ filiarum *R. de Mortuo-Mari.*

Item hoc anno, mense Novembris, obiit *Walterus Cantuariensis* archiepiscopus; cui successit per electionem Canonicam, Magister *Simon de Mepham*, qui fuit magister in Theologia, & Canonicus *Cicestriæ*, de *Cantia* oriundus. Hoc anno mortuus fuit Magister [2] *Thomas de Cobeham*, episcopus *Wigorniensis*; cui successit per provisionem Papæ *Adam*, episcopus *Herfordiæ*, tunc præsens in curia, pro negotiis regis *Angliæ*. & statim Papa providit ecclesiæ *Herfordiæ* de Magistro *Thoma de* [3] *Cherletone* in curia tunc præsente.

M. CCC. XXVIII.	JOANNIS XXII 13.	FRIDERICI III 14.	CAROLI IV 6.	EDWARDI VI 2.

ANNO DOMINI M.CCC.XXVIII, dicti vero *Joannis* Papæ XIII, & ipsius regis EDWARDI secundo, post quindenam Sancti *Michaelis* tenuit rex Parliamentum *Sarum*: in quo fecit tres Comites, scilicet dominum *Joannem de Eltham*, fratrem suum, comitem *Cornubiæ*, & dominum *Rogerum de Mortuomari*, comitem *Marchiæ Walliæ*, & Pincernam *Hiberniæ*, comitem de *Ormond*. ad quod Parliamentum [4] comes *Lancastriæ*, dominus de *Wake*, & alii quidam Nobiles, non venerunt, licet prope venerant armati, de quo rex fuit offensus; qui tamen postmodum in æstate se gratiæ regis, procurante archiepiscopo, submiserunt. Parliamentum *Sorbioduni.*

Eodem anno, circa festum Ascensionis, rex *Angliæ* transivit mare, fratre suo comite *Cornubiæ* [5] Custode in regno relicto, & fecit homagium suum regi *Franciæ*, Rex Regi *Fr.* homagium facit.

1 Addit *MS. Et cetera.* 2 *J. de Cobham M.* 3 *Churletone C. Charleton M.* 4 *Henricus*, Comes *Lancastriæ*, Dominus *T. de Wake C.* 5 Custodiæ *M.*

K pro

pro toto [1] ducatu *Aquitanniæ* & comitatu *Pontiniæ* sub quibusdam protestationibus; quod homagium rex *Franciæ* recepit, sub aliis protestationibus; videlicet, quod non admisit homagium pro terris, quas pater suus *Carolus*, ut prædixi, equitavit, quousque esset sibi satisfactum de damnis & expensis [2].

Concilium *London.*

Eodem anno, die Veneris, [3] post purificationem beatæ *Mariæ*, *Simon* archiepiscopus *Cantuariensis*, tenuit Concilium suum Provinciale *Londoniis*, in quo ordinavit aliqua, licet modicum ponderanda; scilicet quod in die [4] Parasceve, & in commemoratione omnium [5] Animarum, ab omni opere servili cessaretur. Item ipse & omnes episcopi præsentes excommunicarunt, & excommunicatos denunciarunt, omnes illos, qui *Walterum de Stapiltone*, *Exoniæ* episcopum, interfecerunt, seu manus violentas quomodolibet in eum injecerunt, & omnes, qui eis opem, assensum, vel consilium præbuerunt [6]. Item archiepiscopus statuit de consensu concilii, quod festum Conceptionis beatæ *Mariæ* solemniter celebretur [7].

M. CCC. XXIX.	JOANNIS XXII 14.	FREDERICI III 15.	PHILIPPI VI 1.	EDWARDI VI 3.

Parliamentum *Winton.*

ANNO DOMINI M. CCC. XXIX, dicti veri *Joannis* Papæ XIV, & ipsius EDWARDI regis III, Hoc anno circa mediam quadragesimam tenuit rex Parliamentum *Wintoniæ*, ubi, procurante regina & *Rogero de Mortuo-mari*, fuit comes [8] Cantiæ, patruus regis, & multi alii accusati de eo, quod quidam fingebant patrem regis vivum, & quod conspiraverunt eum

1 Comitatu *C.* 2 *Et cætera* addit *MS.* & *C.* 3 Post Festum Conversionis Sancti *Pauli C.* 4 Parasceves *Id.* 5 Animarum fidelium *M.* 6 Reliqua in *C.* desiderantur. 7 Eodem anno *Petrus de Corbario*, de Ordine Fratrum Minorum, qui de consilio & auxilio *Ludovici* Ducis *Bavariæ*, in civitate *Roma* in Papam se fecit coronari. Idem *P.* Antipapa eundem *L.* in Regem *Romanorum*, contra statum ecclesiæ coronavit. Iste Antipapa Cardinales, & alios Officiarios, quos verus Papa solebat habere, creavit. *Hæc desumpta è Cod. Magd.* 8 Videlicet *Edmundus de Wodestoke C.*

liberare,

liberare, & ad statum regni reducere; licet hoc totum falsum & phantasma esset, sicut rei exitus postmodum comprobavit: tamen dictus comes propter quasdam confessiones suas, & quasdam litteras secum inventas, sed nullæ illarum confessionum vel litterarum, etsi veræ essent, deberent causam tribuere suæ morti, fuit decollatus ibidem. Alii vero accusati dimissi fuerunt sub manucaptione, [1] ut episcopus *Londoniensis*; alii vero carceri mancipati, ut *Robertus de Tauntone*, & quidam alii. dictus tamen comes eo minus à populo [2] querebatur, quod malam habuit familiam, res populariuum eundo per patriam auctoritate propria occupantes, & parum vel nihil solventes eisdem.

Hoc anno, circa mediam quadragesimam, vacavit ecclesia *Sarum*, per mortem Magistri *Rogeri de* [3] *Mortimaus*. cui ecclesiæ Papa providit de *Roberto de* [4] *Wyvile*, qui scripsit [5] speciales litteras reginæ, viro utique [6] illitterato, & minime personato, quem si Papa vidisset, nunquam eum, ut creditur, ad tantum apicem promovisset. Item hoc anno mortuus fuit *Joannes*, episcopus *Bathoniensis*, & licet Magister *Radulphus de Salopia* fuisset concorditer electus, confirmatus, & consecratus per *Simonem*, *Cantuariensem* archiepiscopum, postea tamen in curia *Romana* se redemit, ut rata essent facta de ipso, non sine pecuniæ magna quantitate. Provisio Papalis.

Item hoc anno Papa fecit graves processus iterato contra ducem *Bavariæ*, electum Imperatorem, & contra sibi adhærentes; & pro sustinenda guerra contra eum, omnes fructus beneficiorum vacantium, [7] per quadriennium, reservavit. [8] Eodem anno Papa antipapa, XV die Augusti, conversus est ad fidem catholicam, & fecit confessionem suam coram domino Papa *J.* & Cardina-

1 Ut *S.* episcopus *London.* M. Ut Episcopus *London.* & *W. de la Souche* C. 2 Conquerebatur M. 3 *Mortivaux* M. 4 *Wyuille* C. *Wyvelle* M. 5 Episcopales MS. *facili Librarii lapsu.* 6 Competenter illitterato M. & C. 7 Absunt à *Cardig.* qui tamen Codex habet sequentia: Hoc anno die Veneris ante festum Sancti *Botulphi*, natus est Regi filius suus primogenitus *Edwardus.* 8 E Cod. *Magd.*

libus in pleno Consistorio; & Papa ipsum absolvebat. Hoc anno, Sc. XV die Junii, regina *Philippa* peperit filium suum primogenitum apud *Wodstock*, quem fecit [1] vocari *Edwardum*.

M. CCC. XXX.	JOANNIS XXII 15.	LUDOVICI IV 1.	PHILIPPI IV 2.	EDVARDI VI 4.

ANNO DOMINI M. CCC. XXX, dicti vero *Joannis* Papæ XV, & ipsius EDWARDI III à conquæstu quarto, die Veneris proxima post festum Sancti *Lucæ*, fuit Parliamentum apud *Notingham*. ubi fuit captus de nocte, in camera Reginæ matris, dominus *Rogerus de Mortuo-mari*, comes *Marchiæ*, per dominum *Willielmum de Monte-acuto* & alios, ipso rege præsente, ubi fuit occisus dominus *H. de Turpintone*, & quidam resistentes; & statim fuit missus dictus comes ad Turrim *Londoniarum*, usque ad Parliamentum, quod fuit parum ante festum Sancti *Andreæ*. in quo Parliamento apud *Westmonasterium*, in vigilia Sancti *Andreæ* fuit idem comes judicatus ad mortem per Pares suos; non tamen venit coram eis, nec habuit responsionem. nec mirum, quoniam à morte comitis *Lancastriæ*, usque ad mortem comitis istius, omnes nobiles ad mortem traditi, sine responsione & convictione legitima, [2] voluntarie perierunt. Et, ut patet ex præcedentibus, quod quisque juris in alterum statuit, usus extitit eo jure; & eadem mensura, qua aliis mensi fuerant, erat remensum eisdem; Et eadem vigilia Sancti *Andreæ* fuit dictus [3] comes *Marchiæ* suspensus apud [4] *Elmes* super communi [5] furca latronum, ubi pendebat per biduum & postea fuit *Londoniis* apud fratres Minores sepultus, sed per multa tempora postea translatus ad *Wigemore*.

Parliamentum *Notinghamiæ*.

R. *de Mortuo-Mari* damnatus.

Et suspensus.

1 Vocare *Id.* 2 Abest à *Magd.* 3 Addit *Cardig.* indutus eadem tunica nigra, quam fecit sibi pro morte regis defuncti, & tractus ad caudas equorum super una pelle bovina, de turre *Londoniensi* usque ad Ulmos prope *Tyborne*. 4 *Elmis M. S.* 5 Quæ propter ipsum nova facta fuerat *Id.*

Hoc

Hoc anno concessit Papa decimas regi *Angliæ* omnium bonorum ecclesiasticorum in *Anglia* per quadriennium, medietate sibi retenta. Item [1] anno DOMINI M. CCC. XXXI, cito post Pascha anno sc. XXXI, dictus rex *Angliæ*, cum episcopo *Wintoniensi* & domino *Willielmo de Monte-acuto*, & aliis paucis admodum, transivit mare, sicut Mercator cum [2] mantellis & sine [3] hernesiis, ita quod vix habuit secum quindecim equites, & fecit proclamari *Londoniis*, quod ivit in peregrinationem, & non ex alia causa, & fecit custodem regni dominum *Joannem de Eltham*, fratrem suum; & rediit rex ante finem mensis Aprilis, in cujus reditu fuit torniamentum apud *Dertaford*.

Hoc anno parum ante festum Sancti *Michaelis* fecit dominus rex pulcherrima hastiludia *Londoniis*, in *Chepe*. ubi regina [4] juvencula cum multis dominabus cecidit de quadam machina, sine læsione tamen corporum suorum; de quo plurimi mirabantur.

[5] Causæ vero mortis dicti comitis *Marchiæ*, quæ imponebantur eidem, fuerunt infra scriptæ: prima, quia dicebatur, quod ipse fuit consentiens quod pater regis in castro *de Berkeley* fuerat suffocatus. ex qua causa dominus *Joannes Mautravers* & dominus *Thomas de Gorney* Sen. qui fuerunt deputati custodiæ dicti patris regis ibidem, & quidam alii se extraxerunt ad partes transmarinas; & propterea dominus *Simon de Bereford* [6] fuit suspensus; secunda causa imposita fuit, quod ipse impedivit honorem regis & regni apud [7] *Stannepark*; ubi *Scoti* fugerunt qui capi & interfici potuerunt faciliter, si ipse, qui fuit major de consilio regis, *Anglicos* cum *Scotis* hic congredi fecisset. Ipse item quia recepit XX mille libras a *Scotis*, illos tunc permisit evadere:

Causæ mortis comitis *Marchiæ*.

1 Hoc anno *reliqui. recte, uti censeo.* 2 Manticis *C.* 3 Harnesiis *C.* 4 Juvenis *C.* & *M.* 5 Hæ causæ in *Cod. Card.* supra, immediate post damnationem comitis, rectius collocantur. 6 Qui fuit secretus cum domino comite & regina, tractus de turri *Londoniensi*, usque ad ulmos, & ibidem suspensus. *Card.* 7 *Stannopark C.* & *M.* *Stannoppark Walsing.*

&

& turpem pacem postmodum inter *Scotos* & regem juvenem fieri procuravit; & super hoc chartam regis eisdem fecit fieri. Et etiam illud vile matrimonium contractum inter sororem regis *Angliæ* & *David*, filium *Roberti le Brus*, fieri consuluit, & procuravit. Item quod male consumpsit totam pecuniam inventam in thesauris regis & domini [1] *Hugonis Dispenser* & omnia bona regni, postquam *Angliam* cum regina intravit, ita quod ipse & regina abundabant, & dominus rex fuit egenus. Item quod appropriavit sibi custodias & maritagia pinguia per totam *Angliam*, & quod malus consiliarius regis & reginæ matris & nimis secretus cum ea; ut de aliis taceamus.

M. CCC. XXXI.	JOANNIS XXII 16.	LUDOVICI IV 2.	PHILIPPI VI. 3.	EDVARDI III 5.

ANNO DOMINI M. CCC. XXXI, dicti vero *Joannis* Papæ XVI, & ipsius regis EDWARDI III à conquæstu, quinto. Tenuit dominus rex *Angliæ* solemniter Natale apud *Welliam*, usque Epiphaniam; ubi fiebant multa mirabilia sumptuosa. Archiepiscopus vero *Cantuariensis*, tunc visitans Diœcesem *Bathoniensem*, tunc tenuit Natale apud [2] *Wynescombe*, qui postmodum mandavit se velle inchoare visitationem suam in ecclesia *Exoniensi*, & postmodum in civitate *Exoniæ* die Lunæ proxima post festum Ascensionis DOMINI; quod ne fieret *Exoniensis* episcopus appellavit, qua appellatione non obstante, dicto die Lunæ accessit idem archiepiscopus ad civitatem *Exoniensem*; sed non fuit sibi permissum ecclesiam neque claustrum intrare [3] armata multitudine resistente.

Rex Natale *Welliæ* celebrat.

Concilium *London*. & Parliament.

Hoc anno, circa festum Nativitatis beatæ *Mariæ*, fuit Concilium Provinciale *Londoniis* congregatum; sed pro-

1 *Dispenser Id.* 2 *Weinliscumbe M, Wincliscombe C.* 3 Armorum *Id.* *Forte* pro *armatorum*.

pter

pter discordiam, inter archiepiscopum & suos [1] suffraganeos sine effectu aliquo terminatum.

Item Parliamentum tunc [2] ibidem sine aliqua utili expeditione finitur. rex tamen habuit quintam decimam à populo, & decimam à civibus & Burgensibus, sibi per unum annum concessam.

Hoc anno, circa festum Sancti *Laurentii*, venit in *Angliam* dominus *Edwardus de* [3] *Baliolle*, dicens se jus habere in regno *Scotiæ*; cui adhæserunt dominus *Henricus de Bello-Monte*, Comes de [4] *Asseles*, *Richardus Talebot*, [5] & multi alii Nobiles, asserentes se jus habere ad terras & possessiones in dicto regno, vel ratione juris hereditarii, vel ratione uxorum suarum, volentes ingredi *Scotiam* per regnum *Angliæ*. sed rex *Angliæ*, contemplatione sororis suæ, nuptæ *David* filio *Roberti le* [6] *Brus*, ipsos per terram suam *Scotiam* non permisit intrare. Unde ipsi in [7] *Angliam* intraverunt mare, & postmodum per mare ingressi sunt *Scotiam*, circa festum Sancti *Laurentii*, juxta Abbatiam [8] *Dunfermelin*; ubi statim in littore maris resistentiam habuerunt; sed pedites *Angliæ*, pauci numero, citius ad terram applicantes, omnes *Scotos*, qui ibi fuerant, fugaverunt: & plures interfecerunt, antequam viri armati poterant ad terram applicare. Postea vero, infra paucos dies, habuerunt conflictum prope Abbatiam prædictam, ubi duo millia *Anglorum* vicerunt quadraginta millia *Scotorum*, præ multitudine & pressura seipsos etiam opprimentium: de quibus *Scotis* quinque Comites, & alii multi, interfecti & oppressi fuerunt; & hoc totum non sua virtute, sed gratia divina ipsi *Anglici* factum esse dixerunt, & Deum propterea laudaverunt.

Edwardus Balliolus Regnum Scotiæ sibi vindicat.

Scotos vincit.

---

1 Suffraganos M. 2 *Westmonasterii C.* 3 *Baillol C. Bayllol MS.* 4 *Athels M. recte.* 5 *Fulco Filius-Warini, Henricus de Ferrers.* hæc è Cod. *Card.* 6 *Bruys*, propter pacem factam prius cum dictis *Scotis Card.* 7 Mallem *Angliæ.* 8 *Denfermolin. MS. Donfremille M.* E Cod. *Cardigan.*

D. N. J. C.	P. ROMANORUM R.		FRANCORUM	ANGLORUM
M. CCC. XXXII.	JOANNIS XXII 17.	LUDOVICI IV 3.	PHILIPPI VI 4.	EDVARDI VI 6.

ANNO DOMINI M.CCC.XXXII, dicti vero *Joannis* Papæ XVII, & ipsius regis EDWARDI à conquæstu tertii sexto, continuata fuit guerra in *Scotia*, ut præmittitur, inchoata per dictum *Edwardum Baliolle* & alios Nobiles supradictos; & circa [1] festum Sancti *Joannis* Baptistæ, multi alii Nobiles de *Anglia*, & viri bellicosi, ad eos voluntarie sumtibus propriis accesserunt, & villam & castrum de [2] *Berwick* obsiderunt.

Bellum in Scotia continuatur.

Rex autem *Angliæ*, considerans multa vituperia sibi & [3] Antecessoribus suis per *Scotos* illata, & quod concordia facta inter ipsum & *Scotos* fuit inita per proditionem, & ipso in minori ætate notorie constituto, & in custodia matris suæ existente, quæ consilio domini *Rogeri de Mortuo-Mari* proditoris sui per omnia regebatur, contrá consilium matris suæ, collecta multitudine armatorum ad *Berwick* viriliter & potenter accessit, & ibi aliquamdiu permansit. ubi tenentes castrum & villam habuerunt cum eo multos dolosos tractatus, ut ab [4] extraneis adjutorium expectarent, sicut exitus declaravit. [5] In festo Sanctæ *Margaretæ* virginis, [6] anno DOMINI M.CCC.XXXIII, venerunt *Scoti* in magna multitudine, de tota *Scotia* congregati, volentes obsidionem removere si possent. quibus rex *Angliæ* suo exercitu peditando, & ipso rege exercitum præcedente, & omnes bono vultu & audaci animo confortante [7], ita viriliter se habebant, quod post aliqualem numerum occisorum, dum manu ad manum pugnaverunt, universi *Scoti* sunt in fugam conversi. quos dominus rex & suus exercitus, occidendo & fugando, per quinque millia-

Rex Angliæ ducit in Scotos.

Scotos superat.

1 Festum *Nativitatis* Sancti *Joannis* Baptistæ *Id.* 2 *Beverwicke M.* 3 Successoribus M. *quod absurdum* 4 Sic MS. sed melius legunt alii *extra.* 5 *Nam die Lunæ in vigilia* Sanctæ *Margaretæ C.* 6 Desunt *Card. haud male.* 7 Addit Cod. *Card.* in quodam loco ad tres leucas de *Berewyke*, *Houtenemore* vulgariter nuncupato.

ria

ria ſequebantur; ita quod vix evaſerunt aliqui magni, niſi pedites & agreſtes. Numerus vero fugatorum & occiſorum, per æſtimationem ſe extendebat ad ſexaginta millia. & poſtea reverſus eſt rex ad eos, quos dimiſit circa obſidionem caſtri & villæ de *Berwick*, quod caſtrum & quæ villa cito [1] reddebantur eidem. Et ſic dicebatur publice quod guerra in *Scotia* fuit finaliter terminata; quia nullus remanſit de Natione illa, qui poſſet, ſciret, aut vellet homines ad prælium congregare, aut regere congregatos.

Facta igitur voluntate regis de his qui fuerunt in villa & caſtro, & relicta cuſtodia nomine ſuo [2] in ipſius defenſionem; quia dixit illa ſua eſſe de jure hereditario, & ex conquæſtu anteceſſorum ſuorum, dimiſit *Edwardum de Baliolle* cum aliis Nobilibus, qui ſecum erant, ad cuſtodiam totius regni *Scotiæ*. & ipſemet rex *Angliæ* cum modica familia loca devota *Angliæ*, ad quæ ſua devotio eum duxit, peregre eſt profectus. *Balliolum Scotiæ præficit.*

Prælati vero totius regni *Scotiæ* in *Franciam* fugerunt, & aliqui ad ſummum Pontificem acceſſerunt, conquerentes regi *Franciæ* & ſummo Pontifici de eorum infortunio, adjutorium & remedium requirentes; ſed [3] hucuſque ſuo deſiderio ſunt fruſtrati.

Hoc anno, parum ante feſtum Sancti *Michaelis*, vacavit eccleſia *Dunelmenſis*, per mortem domini *Lodovici de Bello-Monte*. de cujus ſucceſſore infra proximo anno patet.

M. CCC. XXXIII.	JOANNIS XXII 18.	LUDOVICI IV 4.	PHILIPPI VI 5.	EDVARDI VI 7.

ANNO DOMINI M.CCC.XXXIII, dicti vero *Joannis* Papæ XVIII, & ipſius regis EDWARDI III à Conquæſtu VII, circa feſtum Sancti *Ka-* *Simon Archiep. Cant. obit.*

1 Cito *die Martis in feſto Sanctæ* Margaretæ *reddebantur* eidem. *Sed rex non ingrediebatur villam aut caſtrum ante diem Mercurii in craſtinum. C.* qui tamen pro *aut* legit *ut*; id quod ſæpe apud Codd. *MSS.* fit. 2 In ipſis qui dixit *M.* 3 Sic *Card.* & *Mag.* hujuſmodi MS. *ſed perperam.*

lixti Papæ, vacavit ecclesia *Cantuariensis* per mortem Magistri *Simonis de Mepham*, qui VII Cal. Novembris *Cantuariæ* est sepultus. cujus loco Capitulum *Cantuariense* Magistrum *Joannem Stretford*, *Wintoniensem* episcopum, postularunt, faciendo de necessitate virtutem; sciverant enim quod dominus rex scripsit Papæ pro [1] ipso, & ipse fuit bene in gratia summi Pontificis, cui Papa providit de dicto archiepiscopatu, primo die Decembris, non virtute postulationis Capituli *Cantuariensis*, sed proprio suo motu. Eodem anno, primo die Decembris, transtulit Papa Magistrum *Adam de Orletone* de ecclesia *Wigorniæ* ad ecclesiam *Wintoniensem*, ad preces regis *Franciæ*, cujus translationem dominus rex *Angliæ* non habebat acceptam; imponens sibi, quod ipse tunc fuit Nuncius ipsius regis *Angliæ* ad regem *Franciæ*; & quod ipse plus placuit regi *Franciæ*, quam regi *Angliæ*, & negotia ipsius inutiliter procuravit; & quod idem rex *Franciæ* scripsit Papæ, pro ipso ad *Wintoniensem* ecclesiam transferendo. Item ex eo rex *Angliæ* magis fuit offensus, quia ipse, pro [2] alio, domino Papæ scripsit pro episcopatu eodem; sibique visum fuerat, quod preces suæ pro episcopatibus & dignitatibus in *Anglia* citius audiri deberent, quam preces regis *Franciæ* supradicti. Ideoque retinuit dominus rex temporalia episcopatus *Wintoniensis* in manibus suis, usque ad Diem Veneris post exaltationem Sanctæ Crucis. quo die archiepiscopus & ceteri episcopi in Parliamento *Londoniis* rogarunt pro ipso, ita quod mandavit sua temporalia sibi reddi.

Cui succedit *T. de Stratford*.

A. de Orleton Episc. *Winton.*

Lis de Episcopatu *Dunelmensi*.

Hoc anno, cito post festum Sancti *Michaelis*, Capitulum *Dunelmense* elegit unum Monachum ejusdem ecclesiæ, [3] nomine *Rievir de Bury*, qui cito postmodum per archiepiscopum *Eborum* fuerat confirmatus, & ante

1 Eodem C. 2 Videlicet per dominum *Simonem* de *Monte-acuto*. qui quidem *Simon* ad episcopatum *Wigorniensem* est promotus. *Card. Sed legendum puto: pro D. Simone de Monte-acuto.* 3 Nomine *Richardum M. male sine dubio.* Rectius fortasse absunt à *Card.*

festum

festum Nativitatis DOMINI, in ecclesia *Eboraci* solemniter consecratus; non obstante fama per totam *Angliam* volante, quod Papa ipsum episcopatum domino *Richardo de Bury*, Clerico dicti domini regis, ad preces ipsius domini regis providit: quam famam rei exitus postmodum comprobavit. [1] Nam idem *Richardus*, cito post festum Nativitatis DOMINI, obtentis litteris apostolicis, super sua provisione, se fecit auctoritate Apostolica in Monasterio de *Chartesey*, per dominum episcopum *Wintoniensem* consecrari; & à domino rege obtinuit sibi temporalia ipsius episcopatus integre liberari, quod prius dicto monacho facere denegavit. quo viso & intellecto, idem monachus electus & consecratus, ad claustrum sine episcopatu episcopus est reversus, & cito postea expiravit.

Balliolus rex Scotiæ.

[1] Hoc anno dominus *Edwardus de Bayllol*, rex *Scotiæ*, tenuit Parliamentum cito post festum Sancti *Michaelis*; ad quod venerunt Nobiles regni *Angliæ*, terras & possessiones ibidem habentes: & finito Parliamento sunt in pace reversi.

Parliamentum Eboraci.

Hoc anno tenuit dominus rex *Angliæ* Nativitatem DOMINI apud *Walingford*, cum regina prægnante; &, finitis festis, dimisit eam apud *Woodstock* ad pariendum. & ipse post Purificationem beatæ *Mariæ* transtulit se versus *Eboracum*, ad tenendum Parliamentum ibidem, quod die Lunæ in secunda hebdomada Quadragesimæ inchoavit. ad quod Parliamentum vocatus fuit *Edwardus*, rex *Scotiæ*; sed non venit, propter insidias inimicorum suorum, in insulis juxta *Scotiam* latitantibus: propter quod misit excusatores solemnes, scilicet dominos *H. de Bello-monte*, & *W. de Monte-acuto*, & quosdam alios [2] Milites, seu Barones.

1 Et dominus rex multum offendebatur erga dictum archiepiscopum *Eboracensem*, propter dictas consecrationem & confirmationem, & temporalia sua recepit in manu sua & multa alia mala eidem archiepiscopo proposuit fecisse: sed interventu nobilium de regno, & ipsius dicti *Ricardi de Bury*, pax inter eosdem cito postmodum fuit reformata, & temporalia eidem Archiepiscopo concessa. *Hoc è Cod. Card.* - 2 Barones seu milites *C. quod probo.*

D. N. J. C.	P. ROMANORUM R.	FRANCORUM	ANGLORUM

Balliolus homagium facit E. regi Anglorum.

Hoc anno, circa festum Sancti *Joannis*, rex *Angliæ* recepit homagium *Edwardi le Bayllol*, regis *Scotiæ*, apud *Novum Castrum* super *Tinam*; & cito postea recepit homagium Ducis *Britanniæ*, pro Comitatu [1] *Richmundiæ*. [2] & postmodum vocavit Prælatos & Magnates, quod infra sex dies, post translationem Sancti [3] *Thomæ*, venirent ad eum apud *Notingham*, pro Concilio & aliis tractatibus habendis ibidem. & tunc ordinavit Parliamentum *Londoniis*, & archiepiscopus convocavit Clerum ibidem ad Sanctum *Paulum*, die Lunæ post festum exaltationis Sanctæ Crucis; & quia non venerunt ad Parliamentum, quod *Scoti* omnes insurrexerunt, & ceperunt dominum *Richardum Talebot*, & sex alios milites, & multos pedites occiderunt, rex promisit se iturum versus *Scotiam*, pro *Scotorum* malitia refrænanda. & populus concessit sibi XV denarium de Temporalibus, & de Civitatibus & Burgensibus decimum denarium, & Clerus concessit unam decimam.

Rex statuit T. S. adire.

Item in dicto Parliamento dominus rex consensit, quod iret in *Terram Sanctam*, propriis sumptibus: sed tempus certum inchoandi iter non expressit. sed ordinavit mittere archiepiscopum *Cantuariensem* ad Papam, & ad regem *Franciæ*, ut possent de tempore concordare. ita quod illi duo reges possint, cum suis potentiis, simul arripere [4] dictum iter.

M. CCC. XXXIV.	JOANNIS XXII 19.	LUDOVICI IV 5.	PHILIPPI VI 6.	EDVARDI VI 8.

ANNO DOMINI M. CCC. XXXIV, dicti Papæ *Joannis* XIX, regis vero EDWARDI tertii à Conquæstu VIII, incipiendo annum in festo Sancti *Michaelis*, & continuando usque ad finem ejusdem anni. In festo Sancti *Dionysii*, *Joannes*, archiepiscopus prædi-

1 *Richimundia C.* 2 Qui quidem Comes postmodum magnum sustinuit damnum per *R. F.* qui imposuit sibi, licet false, quod idem comes cum domino rege *Angliæ* quasdam competitiones & confœderationes fecit eidem regi *Franciæ* præjudiciales. *Card.* 3 *Thomæ* Martyris 4 Deest *C.*

ctus,

ctus, *Cantuariæ* ecclesiam intravit, solemne convivium more solito celebravit, & in festo Apostolorum *Simonis* & *Judæ* transivit mare, versus regem *Franciæ*, cum aliis nunciis, sicut prius fuerat ordinatum.

Archiep. Cant. Franciam adit.

Hoc anno, cito post festum Sancti *Michaelis*, rex se transtulit versus Marchiam *Scotiæ*, & in illis finibus hiemavit. & audito quod comes de [1] *Asseles* fuit proditiose conversus ad *Scotos*, & quod dominus *Henricus de Bello-monte* fuit in quodam castro obsessus à *Scotis*, *Scotiam* intravit, & obsidionem fecit amoveri; & tenuit festum Nativitatis apud [2] *Rokesborgh*.

Rex Scotiam intrat.

Hoc anno, circa festum Sancti *Martini*, dominus *Edwardus le* [3] *Boun* fuit submersus in Marchia *Scotiæ*, dum voluit liberare domicellum suum fugantem prædam animalium, ita quod neuter evasit. Item hoc anno in nocte Sancti *Clementis* per nimiam inundationem maris per totum regnum *Angliæ* & maxime in *Tamisia*, fuerunt rupti muri maritimi, & animalia infinita submersa; & terræ fructiferæ in salsuginem conversæ sunt, adeo quod ad fertilitatem solitam per multa tempora non speratur posse redire.

Inundatio maris maxima.

Item hoc anno, IV die decembris, obiit *Joannes* Papa XXII in palatio suo *Avinoniæ*, & in ecclesia Beatæ *Mariæ*, eidem Palatio contigua, est sepultus. in qua ipse fuit episcopus, ante Cardinalatus honorem. Vacavit sedes Apostolica diebus XV, quia vicesimo die ejus mensis Decembris, fuit electus in Papam frater *Jacobus*, tituli sanctæ *Priscæ* presbyter Cardinalis, qui fuit [4] Monachus ordinis *Cisterciensis*, & magister in Theologia, de Comitatu *Fuxensi* juxta partes *Tholosanas* [5] oriundus; & die Dominica, post Epiphaniam tunc sequente, fuit coronatus apud Fratres *Prædicatores Avinioniæ*.

Joannes XXII Papa moritur.

Archiepiscopus *Cantuariensis* rediit circa Epiphaniam,

1 *Athels M. ut supra.* 2 *Rokesborch* MS. *Rokesburghe* M. *& recte.* 3 *Bohoun C. quod melius.* 4 Commonachus *C.* 5 Oriundus. & vocatus *Benedictus* duodecimus, *Idem. Atque hic loci finit Codex* Ramesiensis, *sive* Cardiganensis.

Visitatio Archiepisc. *Cant.*

niam, & statim post Purificationem suam ecclesiam, civitatem, & dioecesem *Cantuariensem* visitavit. Et cito post Epiphaniam rex *Franciae* misit Nuncios regi *Angliae*, scilicet episcopum [1] *Abricensem* & quendam [2] Baronem pro pace *Scotorum*; qui usque ad diem Lunae mediae quadragesimae in *Anglia* expectarunt. & tunc apud *Notingham* concessae fuerunt treugae usque ad festum Sancti *Joannis* Baptistae tunc futurum; ut interim fieret Parliamentum super illis, & aliis tangentibus statum regni. In quo Parliamento apud *Eboracum* celebrato, extitit ordinatum, quod rex & Comites & Barones cum suis exercitibus irent in *Scotiam*, & Mare *Scoticum* pertransirent; quod cito postea fuit factum. sed *Scoti*, campestre bellum exspectare nolentes, finxerunt se velle habere pacem; & postmodum, circa festum Sancti *Michaelis*, multi venerunt ad pacem, & praecipue comes de [3] *Asseles*, sed alii noluerunt: ita quod postmodum captus fuit Comes de [4] *Morif* apud [5] *Edenbugh*, & in *Anglia* carceri mancipatus; & dominus *Richardus Talebot* pro duobus mille marcis redemptus. Comes vero de *Asseles*, volens ostendere se vere ad regem *Anglorum* conversum, reversus equitavit contra *Scotos* ad obsidionem unius castri, & subito cum paucis equitans incidit in hostes, magna multitudine constipatus; & nolens se reddere, sed pugnare, cum XIII personis mediocribus est occisus [6] post festum Sancti *Michaelis*, rex autem semper in illa Marchia *Scotiae* morabatur: à qua adhuc nuncii Papae & regis *Franciae* nullatenus recesserunt; sed ut aliquam pacem, vel longam treugam, nobis inutilem, facerent, expectarunt.

Parliamentum *Eboraci.*

1 Lege *Abrincensem.* 2 Deest *Walsing.* 3 *Athels Magd. Et sic semper.* 4 *Moreff*, M. i. e. *Moravia.* 5 *Ednebroh MS.* 6 Absunt à *Magd.*

ANNO

ANNO DOMINI M.CCC.XXXV, domini Papæ *Benedicti* XII anno primo, regis vero EDWARDI tertii à conquæstu anno nono, incipiendo annum à festo Sancti *Michaelis*, & continuando usque ad idem festum anno revoluto. Rege prædicto in Marchia *Scotiæ* contra suos inimicos continue remanente, & mediantibus nunciis Papæ &, regis *Franciæ*, multi tractatus pacis inutiles habebantur; & multæ treugæ ex parte *Scotorum*, subdole agentium, concessæ fuerunt, sed nihil efficaciter expeditum; quia, illis pendentibus, interfecerunt comitem de [1] *Athels*, sicut supra proximo capitulo est expressum. rex autem non permisit *Joannem*, archiepiscopum *Cantuariensem*, ab ipso longe distare. Hoc anno habuit rex decimam à Burgensibus, quindecimam ab aliis, & decimam à Clero. Et circa Pentecosten habuit Parliamentum *Northamtoniæ*, ubi dimisit Prælatos & alios tractare; & ipse secrete equitavit versus *Scotiam*, cum paucis admodum, usque ad [2] *Berwick*. [3] &, ibidem assumptis secum paucis armatis, equitavit ad villam Sancti *Joannis*. ubi invenit suos, [4] qui de eo stupebant & admirabantur eventu. & dictam villam fecit muniri fossatis & muris, & suos comites misit cum [5] rege *Scotiæ*, per patriam, si possent invenire *Scotos* resistentes; sed nulli audebant eos exspectare, sed per montes, paludes, & nemora latitabant.

Parliamentum *Northamtoniæ*.

ANNO DOMINI M.CCC.XXXVI, Papæ *Benedicti* XII anno secundo, regis vero EDWARDI tertii à conquæstu, anno X, incipiendo annum à festo Sancti *Michaelis* & continuando usque ad idem festum anno revoluto: Tenuit idem rex Parliamentum *Londoniis* in quadragesima; & apud *Eltham* tenuit Pascha; & post Pascha misit versus *Scotiam* comites tres

Rex nobiles in *Scotiam* mittit.

1 E Cod. *Magd.* MS. habet *Arseles*. 2 Cod. *Magd.* more solito legit *Bevermick*. 3 Et inde, M. *recte*. 4 Qui de suo stupebant & admirabantur adventu M. *quod non improbo*. 5 I. e. *Ed. Balliolo*.

juvenes,

juvenes, viz. *Lancastriæ*, *Warwick* & *Arundel*, & multos Nobiles. & ipse tenuit Pentecosten apud *Wodestock*, & postea se transtulit versus *Scotiam*: ubi castra munivit, & fecit bonum quod potuit; sed *Scoti* nunquam voluerunt bellum expectare campestre, sed fugientes semper, paludes, nemora, & loca abscondita petierunt.

Obiit Comes *Cornubiæ*.

Hoc anno, in mense Octobri, mortuus est *Joannes de Eltham*, comes *Cornubiæ*, frater regis *Angliæ*, in *Scotia* sine bello. Item hoc anno dominus rex in singulis ecclesiis Cathedralibus fecit capi totam pecuniam collectam, & repositam in subsidium *Terræ Sanctæ*. Item hoc anno Papa revocavit decimam sexannalem, concessam in subsidium *Terræ Sanctæ*, pro eo quod rex *Franciæ* versus *Terram Sanctam* [1] nimis distulit iter suum, & voluit [2] quod solutum redderetur; sed in *Anglia* nihil fuit redditum, quia fuit per Clerum [3] regi *Angliæ* concessum.

Sepultus *Westmonasterii*.

Hoc anno circa festum Epiphaniæ, rex & archiepiscopus venerunt de partibus borealibus *Londonias* pro sepultura *Joan. de Eltham*, comitis *Cornubiæ*, qui apud *Westmonasterium* est sepultus. Et tunc convocavit rex Parliamentum suum ad diem Lunæ, post festum Sanctæ *Matthiæ* Apostoli; in quo Parliamento fecit filium suum primogenitum ducem *Cornubiæ*, & dominum *Henricum de Lancastria* filium comitem *Derbiæ*, & dominum *Willielmum de Boun* comitem *Northamtoniæ*, dominum *Willielmum de Monte-acuto* comitem *Sarum*, dominum *Hugonem de Audele* comitem *Glocestriæ*, dominum *Willielmum de Clynton* comitem *Huntingdoniæ*, dominum *Robertum Dufford* comitem [4] *Suffolciæ*. Et isti facti fuerunt dominica secunda quadragesimæ, apud *Westmonasterium*, ubi etiam fecit XXIV Milites. Item in eodem Parliamento statutum fuit, quod nulla crescens lana in *Anglia* regnum exiret; sed quod ex ea fierent panni in *Anglia*, & quod omnes

Creatio Nobilium.

Statutum de lana.

1 Minus *Walsing.* 2 Quod redderet *Magd.* 3 Ex eodem Codice. 4 *Suthfolch MS.*

opera-

operatores pannorum, undecunque in *Angliam* venientes, reciperentur; & quod loca opportuna assignarentur iisdem cum multis libertatibus & privilegiis; & quod haberent vadia regis, quousque possent commode de sua arte lucrari. Item statutum fuit, quod nullus uteretur panno extra *Angliam* operato, & imposterum deferendo, rege & regina & eorum liberis duntaxat exceptis. Item nullus uteretur [1] pelura transmarina, nisi haberet in reditibus centum libras [2].

Explicit Opus *Adæ Murimouth*, Canonici *Londoniensis*.

---

1 Pellura M. Pellibus *Walsing*. 2 Quorum Statutorum non sequebatur effectus, nec aliquis ea servare curavit M. ulterius progreditur Codex *Magdalenensis*; sed nos nostrum secuti sumus, ut videat Lector, quæ sint ipsius *Marimuthensis*, quæ Continuatorum.

ADAMI

MURIMUTHENSIS

CONTINUATIO.

E Codice *Reginensi* nunc demum in lucem edita ab ANTONIO HALLIO.

OXONII,

E THEATRO SHELDONIANO,

A.D. M.DCC.XXII.

Clarissimo doctissimoque Viro

Richardo Medo,

Medicorum nostri temporis

Coryphæo,

Hanc *Adami Murimuthensis*

Continuationem,

Qua par est observantia,

D. D. C. L. M. Q.

ANTONIUS HALLIUS.

ADAMI MURIMUTHENSIS CONTINUATIO.

Explicit opus Adæ Murymouth, *Canonici* Londoniensis, *& incipit Continuatio aliqualis temporum subsequentium, incipiendo tamen annum secundum computationem Ecclesiæ* Romanæ viz. *à Nativitate* DOMINICA, *& continuando usque ad idem festum anno revoluto.*

ANNO DOMINI M.CCC.XXXVII, & regis *Anglorum* EDWARDI tertii anno XI, orta est grandis discordia inter reges *Franciæ* & *Angliæ*, ex eo, quod rex *Franciæ* multas terras & oppida in *Vasconia* improbe usurpaverat. qua de causa rex *Angliæ* plures oblationes humiles regi *Franciæ* fecerat, si saltem sic terras suas recuperare posset: sed cum nil proficeret, collectis undique pecuniis, mare transire disposuit. Circa festum *Margaretæ* rex EDWARDUS transiit in *Flandriam*; inde *Coloniam* adiit. ubi imperatorem [1] *Bavarrum* sibi concillavit, [2] *Brabanos* & *Flandrenses* sibi fœderavit; de quorum consilio arma *Franciæ* suis immiscuit armis, boreales partes *Franciæ* usque ad *Tornacum* incendit & vastavit. Discordia inter Reges *Anglia* & *Fr.*

ANNO DOMINI M.CCC.XXXVIII, & regis *Anglorum* EDWARDI tertii anno XII, circa festum Purificationis, rex EDWARDUS venit in *Angliam*; uxorem tamen suam cum liberis in ea parte progenitis [3] *Andwarpe* in [4] *Selonde* dimisit, quasi in assecurationem reditus sui: celebratoque apud *Londonias* Parliamento, atque negotiis dispositis, indixit *Angligenis* tributum quintæ partis bonorum; lanas [5] omnium Rex redit in *Angliam.*

1 L. *Bavarum.* 2 *Brabantos*, vel *Brabantinos.* 3 *Antwerpiam.* 4 *Selondia.* 5 Nescio an *Ovium.* Certe *Walsingamius*, in *Hypodigmate Neustria*, legit: *Lana novum vellus.*

um occupavit, nonamque garbam de omni gleba *Angliæ* ſuis expeditionibus deputavit. de proventu dominos villarum vicinarum reſpondere fecit.

Rerum copia.

ANNO DOMINI M.CCC.XXXIX, & regis *Anglorum* EDWARDI tertii anno XIII, tanta fuit rerum copia & æris inopia, quod quarterium frumenti *Londoniis* ad duos ſolidos venderetur, & bos pinguis ad dimidiam Marcam.

ANNO DOMINI M.CCC.XL. & regis *Anglorum* EDWARDI tertii anno XIV, idem rex EDWADUS, in vigilia Sancti *Joannis* Baptiſtæ, cum ducentis navibus mare ingreſſus eſt verſus *Flandriam*; ſed juxta maritima *Flandriæ* claſſem *Francorum* copioſam & inſtructam obviam habuit. qua de cauſa, per totum diem illum, cum ſuis deliberans, in craſtino ſuperveniente in ejus auxilium valente milite *Roberto de Morleia*, cum boreali claſſe *Angliæ*, commiſſum eſt navale bellum fortiſſimum, quale circa [1] oras *Angliæ* nuſquam eſt viſum; ubi Deo favente *Franci* & *Normanni*, acriter ſagittati per *Anglos*, ſunt devicti; partim cæſi, partim [2] gratis ſubmerſi, partim capti, navibuſque eorum, exceptis paucis quæ aufugerant, totaliter occupatis.

Prœlium navale inſigne.

Inde rex *Angliæ Flandriam* attingens, adunato exercitu copioſo, borealem partem *Franciæ* vaſtavit, [3] urbem munitiſſimam [4] diuſcule obſedit; ſed tandem ob defectum pecuniæ, quam ſui ſegnes [5] procuratores ab *Anglia* non miſerant, contractis treugis & induciis inter reges, [6] utrimque diſceſſum eſt.[7]

ANNO DOMINI M.CCC.XLI, & regis *Anglorum* EDWARDI tertii anno XV, idem rex EDWARDUS cum navigio ſuo adiit *Britanniam minorem*; ubi, per cibos & potus inconvenientes, plu-

1 Horas *MS.* 2 Sic *MS.* forte, *Aquis.* 3 *Tornacum*, ut opinor. 4 *L.* diutiuſcule. 5 Pecuniatores *Walſing.* 6 Utrumque *MS.* 7 Hoc anno *Robertus de Eglesfeld* ſive *Eaglesfield*, illuſtriſſimæ Reginæ *Philippæ* à Sacris, Collegium Reginæ de Oxon. fundavit. in quo educatus eſt filius regis primogenitus *Edvardus*, *Princeps Niger* vulgo dictus; qui *Galliam* ſubegit, uti & poſtea HENRICUS V, *Gallorum* itidem Domitor.

res

res de suis amisit. missi sunt tamen ad eum duo Cardinales, qui, ex parte Papæ, treugas triennales inter reges indixerunt; sub quo spatio de jure, quod rex *Angliæ* vendicavit in regnum *Franciæ*, ad plenum posset discuti. In redeundo quoque de *Britannia* rex EDWARDUS maxima incommoda per marinam tempestatem perpessus est, quæ utique per [1] Necromanticos regis *Franciæ* [2] dicebantur procurari. Cardinales ad regem missi.

ANNO DOMINI M.CCC.XLII, & regis *Anglorum* EDWARDI tertii anno XVI, obiit *Benedictus* Papa: successit cito *Rothomagensis* archiepiscopus, *Clemens* sextus vocatus: vir quidem insignis literaturæ, sed prodigalitatis profusissimæ, adeo ut dignitates ecclesiasticas, in *Anglia* vacantes, suis conferret Cardinalibus, novosque pro eis in *Anglia* titulos moliretur imponere. qua de causa rex *Angliæ* offensus, sub anno gratiæ M.CCC.XLIV, provisiones per Papam factas cassavit. Et ne quis deinceps tales provisiones afferret, sub pœna carceris & capitis interdixit. *Clemens* Papa VI eligitur.

Et hoc anno, nonas Junii, natus est regi EDWARDO, *Edmundus* apud *Langeleye*, ex *Philippa* regina; quo anno rex EDWARDUS transfretavit in *Britanniam*, recepto prius homagio de domino *Joanne de Monte-Forti*, qui fuit verus heres ducatus minoris *Britanniæ*; ubi rex EDWARDUS plures villas, munitiones, & castra sibi rebellantia fortiter conquisivit. Post hæc villam de *Vanes* est aggressus, & illam obsedit: & quamvis *Philippus de Valeys*, rex *Francorum*, sibi cum glomerosa multitudine occurrisset, captisque inter ipsos treugis, remansit nihilominus villa de *Vanes* prædicta regi *Angliæ* subjecta.

Hoc quidem anno apud *Northamptoniam*, in festo nativitatis B. *Mariæ*, celebratum est Capitulum generale [3] Nigrorum Monachorum, sub præsidentibus *Michaele*, Abbate Sancti *Albani*, *Thoma Henley*, Abbate Westmonasterii, & Priore Sanctæ *Mariæ Eborum*. Capitulum Gen. Nigrorum Mon.

---

1 Nigromanticos M. 2 Dicebatur *mallem*. 3 I. e. *Benedictinorum*.

ANNO DOMINI M.CCC.XLIII, & regis *Anglorum* EDWARDI tertii anno XVII, obiit *Benedictus* Papa XII, secundum quosdam: cui successit *Clemens* sextus. vide supra proximo anno. Decessit etiam hoc anno *Thomas Henley*, Abbas *Westmonasterii*; cui successit *Simon de Birchestone*.

Tho. Henley, Abbas *Westm.* obit.

ANNO DOMINI M.CCC.XLIV, & regis *Anglorum* EDWARDI tertii anno XVIII, nata est regi EDWARDO filia, nomine *Maria*; quæ fuit postea copulata Duci *Britanniæ*. sed [1] immature de medio est sublata.

ANNO DOMINI M.CCC.XLV, & regis *Anglorum* EDWARDI tertii XIX, *Henricus Lancastriæ*, Comes *Derbeyæ*, in *Vasconiam* transfretavit, cum sexcentis hominibus armorum totidemque sagittariorum; qui primo insultu urbem munitissimam de *Briggerak* cepit. [2] Hac XI Nobiles in ea existentes, & plures alios de plebeiis etiam captivavit: urbes insignes & villas inibi, numero quinquaginta sex, regis *Angliæ* ditioni & jurisdictioni adjecit. Demum post exercitum *Francorum*, cum manu valida apud *Allebrech* contra eum venientem, contrivit: captis nobilibus XXIII, cum aliis viris armorum innumeris. ceteris vero aut gladio peremptis, aut turpiter in fugam coactis.

Comes *Derbeiensis* in *Vasconia* fortiter bellum gerit.

In festo translationis Sancti *Thomæ*, rex EDWARDUS ingressus est mare, ignorantibus omnibus suis quorsum tenderet. Sed tandem ductu cujusdam militis [3] ad *Harecourt*, nuper de *Francia* exlegati, in australi parte *Normanniæ*, apud *Hogges* juxta *Sequanam flumen* applicuit. *Cadomum* & alias urbes spoliavit, unde sui quamplurimum sunt ditati. verum quia *Philippus*, rex *Franciæ*, pontes fluminum undecunque confregerat, ne exercitus ad invicem [4] posset confligere, rex

Rex in *Normannia*.

---

1 Sic lego pro *mature*, quod habet *MS.* 2 *F.* Hic. 3 Nescio an *dt.* 4 *F.* possent.

ED-

EDWARDUS *Normanniam* penetravit, & in suo transitu *Picardiam* devastavit. tandem rex EDWARDUS veniens *Pusianum*, fractum pontem ibidem jussit reparari. Interim comes *Northamptoniæ*, flumen *Sequanæ* transiens, quingentos ex illis, qui pontium reparationem impedire conabantur, occidit.

ANNO DOMINI M. CCC. XLVI, & regis *Anglorum* EDWARDI tertii XX, idem rex EDWARDUS, XVI die Augusti, *Sequanam* flumen pertransiens, versus *Cresçy* iter arripuit. Patriam, ubicunque perrexit, circumcirca destruxit; incolas illius deprædavit, & captivavit. Aquam de *Samme*, ubi antea nusquam fuit transitus, illæsus cum toto suo exercitu pertransivit; transitum impedientes ad duo millia interfecit. Interim dominus *de Spencer* villam de *Croteye* viriliter cepit, quadringentis viris Armorum de *Francigenis* interemptis. Demum, XXVI die Augusti, rex EDWARDUS, apud *Cresçy* in *Picardia*, *Philippum*, regem *Francorum*, gloriose devicit, & fugavit. Duos reges, scilicet [1] *Bohomiæ* & *Majoricarum*, Ducem [2] *Lothoringiæ*, duos episcopos, octo comites, pluresque alios nobiles, duo millia militum, ac vulgus innumerabile in illo conflictu peremit. reliquam plebem fugere compulit ad diversa loca, timidam & confusam. *Philippus* vero rex *Francorum* in isto certamine, ut fama vulgaris pro tunc se habuit, erat in gutture & femore vulneratus; ac per regem *Angliæ* bis decaballatus; captus ibidem revera fuisset, nisi fuga [3] consiluisset. rex enim *Angliæ* ex tunc in obsidione villæ *Calesiæ*, abolim *Angligenis* infestissimæ, per annum & amplius demoratus est. Prœlium *Cresciacense*.

Quo etiam anno, XVII die Octobris, erat illud bellum ingens & atrox inter *Anglicos* & *Scottos*, apud *Dunelmiam*: qui, ad instigationem & procurationem regis *Francorum*, terram *Angliæ*, excedendo fines & limites, usque ad locum prædictum accesserant. ubi, divina Bellum atrox inter *Anglos* & *Scotos*.

1 *Boëmia MS.* 2 *Uthoring Walsing.* 3 *F. sibi consuluisset.*

favente virtute, potissime per Clerum *Eboracensem*, quibusdam laicis adjunctis, non sine confusione & erubescentia, sunt contriti. capti sunt ibidem rex *Scotiæ*, *David le Bruys*, *Willielmus Duglass*, & quidam alii Nobiles. Ceteri autem ex illis, qui bello prædicto intererant, fugæ subsidio se dederunt.

ANNO DOMINI M.CCC.XLVII, & regis *Anglorum* EDWARDI tertii anno XXI, circa festum Sancti *Bartholomæi*, *Philippus* rex *Franciæ*, qui ad dissolvendum obsidionem *Calesiæ* non procul accesserat, diluculo clam aufugit, relictis tentoriis cum victualibus abunde refertis. quo viso, confestim *Calesienses* reddiderunt villam prædictam regi *Angliæ*; qui, propter ejus dispositionem & ordinationem, quasi per unius mensis spacium, mansit ibidem. Tandem, ad instantiam domini Papæ, concessa treuga inter duo regna.

Calesia capta à rege.

Rex EDWARDUS, circa festum Sancti *Michaelis*, in *Angliam* est reversus; sed in redeundo, sicut quondam de *Britannia* minori repatrians, maximam tempestatem perpessus est in mari, ubi quosdam valentes milites, & probos de suis amisit. unde B. Virgini conquestus est dicens: *O beata* Maria, *Domina mea, quid est & quid portendit, quod tendendo versus* Franciam *felici aura potior, mare placatur, & cuncta mihi prospere succedunt; sed in redeundo versus* Angliam *sæva infortunia, & nimis adversa, mihi eveniunt.*

ANNO DOMINI M.CCC.XLVIII, & regis *Anglorum* EDWARDI tertii anno XXII, erat magna pluviæ inundatio, quæ durabat à festo Nativitatis Sancti *Joannis* Baptistæ, usque ad Natale DOMINI proximo sequens: ita ut vix transiret dies, quin plueret die vel nocte. Quo in tempore magna mortalitas hominum grassata est per orbem, ab [1] australibus & borealibus plagis incipiens, tantaque clade insaniens, ut

Pluvia insolita.

---

[1] Recte si ad *Angliam* respicias; sed ortum tamen habuit hæc pestis longe sævissima in *Asia*.

vix

vix media pars hominum remaneret. In quibusdam vero religiosis domibus, de viginti non supererant nisi duo. In tantum vero desævit, secundum quosdam, quod vix decima pars hominum foret relicta. E vestigio lues animalium est secuta; tunc reditus perierunt, tunc terra ob desertum colonum, qui ipsam colere solebat, remansit inculta. tantaque miseria est inde secuta, quod mundus ad pristinum statum venire nusquam postea habuit facultatem. Pestis maxima.

ANNO DOMINI M.CCC.XLIX, & regis *Anglorum* EDWARDI tertii anno XXIII, secundo die Januarii quidam Miles, unus de Secretariis regis *Francorum*, *Galfridus Charneys* [1] vocitatus, cum multitudine pugnatorum clam & subdole venit *Calesiam* ad capiendam illam, secundum quod erat [2] per prius dolose conductum inter ipsum & custodem illius. Saltem [3] ad minus castrum, villæ prædictæ adjunctum, indubie obtineret; & ut ita fieret effectualiter, solvit præ manibus præfato custodi, qui fuit *Januensis*, magnam summam pecuniæ. Quod cum regi EDWARDO innotuit, secrete ibi cum suis viris armorum latebat, nescientibus *Francigenis*. Miles vero prædictus, juxta conventionem, misit quosdam de suis, ut liberum introitum haberent, nomine suo, in castrum prædictum. Quibus ingressis, pons ligneus ante fores subito elevatus clausos [4] reclusit ingressos; mox rex EDWARDUS extra villam *Calesiæ* cum suis egressus animose *Francigenas* est aggressus: unde gravis pugna inter *Francos* & *Anglicos* est exorta: nam tam acriter pugnatum est utraque parte quod vix cum rege EDWARDO remanserunt XXX de suis. tantum erant cum *Francigenis* occupati. Rex EDWARDUS, super hoc aliqualiter perturbatus, evaginato gladio, dixit, Ha seint Edward, ha seint George. Quo audito, confestim *Anglici* confluebant ad eum, & facto impetu contra hostes

Dolus Galfridi Charneys.

Qui tamen postea victus à Rege & captus.

1 Mallem *vocatus*. 2 Delendum suspicor illud *per*. 3 *Ut* magis mihi arridet. 4 *Inclusit* legendum conjicio.

graciose

graciose prævaluerunt; sic quod ducenti ex illis ceciderant interfecti, capto Milite supradicto cum pluribus aliis, ceteris in fugam conversis.

Joannes de Ufford peste extinctus.

Hoc anno obiit magister *Joannes de Ufford*, Cancellarius *Angliæ*, electus & confirmatus in archiepiscopum *Cantuariensem*; non tamen consecratus. cui successit, per electionem, magister [1] *Thomas de Bradewardeyn*, interim durante sæva pestilentia in *Anglia*. dominus Papa *Clemens* concessit plenam remissionem omnibus rite decendentibus, causa hujus [2] Epidemiæ in *Anglia*.

ANNO DOMINI M.CCC.L, & regis *Anglorum* EDWARDI tertii anno XXIV, factum est bellum navale inter *Anglicos* & *Hispanos*, in mari juxta *Wynobelsey*, in festo decollationis Sancti *Joannis* Baptistæ. in quo acriter fuit pugnatum; tiam ab illo vix aliquis evasit illæsus. Demum cessit victoria *Anglicis* Deo duce, captis XXIV navibus eorundem. In quo conflictu dicti *Hispani*, viri strenui & robustissimi, quia se reddere noluerant, jussu regis EDWARDI, omnes miserabiliter perierunt.

Bellum navale inter *Anglos* & *Hispanos*.

S. de Byrchestone obiit

Item hoc anno obiit *Simon de Byrchestone*, Abbas *Westmonasterii*, cui canonice per electionem successit frater *Simon de Langham*. hic tantæ industriæ & circumspectionis fuit, & tantæ facundiæ micuit: quod rex EDWARDUS fecit eum Thesaurarium *Angliæ*, & non Cancellarium. Post promotus est ad episcopatum *Eliensem*, & tunc factus Cancellarius *Angliæ*; deinde, vacante sede *Cantuariensi*, ad illam est [3] translatus. demum crescente ejus fama *Urbanus* Papa quintus assumpsit eum in presbyterum Cardinalem, tituli Sancti [4] *Sixti*. Postremo vero factus est episcopus *Prænestinus* per Do-

S. Langhami Elogium.

1 *Thomas Bradwardinus, Doctor profundus*, qui tamen statim postea, peste correptus, interiit. 2 Epidomiæ *MS*. 3 De hujus translatione, occurrit sæpius in Manuscriptis hoc Distichon:

Latentur cœli, quia Simon *transit ab* Eli,
Cujus ob adventum flent in Kent millia centum.

Langhanius in Not. Margin. ad *Godwinum* de Præsulibus. 4 Sic *MS*. mallem *Sixti*. *Praxedis*, *Godvinus*.

minum

minum Papam *Gregorium* XII. obiitque *Avinoniæ* [die 22] Mensis Julii anno DOMINI [1] M. CCC. LXXV. Et obitus.

Obiit etiam hoc anno *Michael*, Abbas Sancti *Albani*, cui successit frater *Thomas de la Mare*, Prior de [2] *Tyneme*, vir bonæ conversationis & sanctæ vitæ. quidam tamen affirmant, quod isti duo Abbates obierunt anno præcedenti. Obiit etiam eodem anno Magister *Thomas de Bradewardyn*, cui per electionem successit magister *Simon de Islepe*.

Item hoc anno cum magna veneratione facta est translatio Sancti *Thomæ*, *Herefordiensis* episcopi, præsente rege cum nonnullis ecclesiæ Prælatis, regnique Nobilibus, & aliis [3] plebeiis in multitudine copiosa. Hoc quoque anno factum est duellum in palatio regis apud *Westmonasterium*, inter dominum *Joannem Bastardum* filium *Philippi* regis *Francorum*, & quendam Militem de *Ipres*, cessitque victoria *Joanni* prædicto. Translatio D. *Thomæ Hereford.*

Iste erat annus Jubilæus, quo multi de populo utriusque sexus, pro gratia remissionis suorum peccaminum consequenda, *Romæ* sunt profecti. Venerunt etiam hoc anno in *Angliam* pœnitentes, viri nobiles & alienigenæ, qui sua nuda corpora usque ad effusionem sanguinis, nunc flendo nunc canendo, acerrime [4] flagellabant. Annus Jubilæus.

ANNO DOMINI M. CCC. LI, & regis *Anglorum* EDWARDI tertii XXV, *Willielmus de Edyngtone*, *Wintoniensis* episcopus, vir magnæ prudentiæ, factus Thesaurarius *Angliæ*, excogitavit & fecit insculpi novam monetam: scilicet, grossum & dimidium grossum, ad magnam utilitatem regis, non communitatis; quia ex post omnia venalia cariora esse cœperunt. Operarii autem, & artifices servientes, callidiores & fraudulentiores, plus solito, deinceps effecti fuerunt. Moneta nova.

---

1 1376, *Idem*. 2 *Twineham*, ni fallor, i. e. *Christchurch* in Agro *Hantoniensi*. 3 Plebeis *MS*. 4 *Flagellantes*, Hæretici pestilentissimi, qui *flagellationem Martyrio* præferebant, dicentes: quod *ipsi ultro sanguinem proprium funderent*, Martyres *vero hoc ab aliis pati cogerentur*.

ANNO

Clemens Papa VI moritur.

ANNO DOMINI M.CCC.LII, & regis *Anglorum* EDWARDI tertii anno XXVI, die Sancti *Nicolai*, obiit Papa *Clemens* sextus, & cito post electus est in Papam *Stephanus*, *Ostiensis* Episcopus, summus pœnitentiarius domini Papæ, & vocatus est *Innocentius* sextus. Quo etiam anno erat magna caristia rerum venalium, & quædam duplo plusquam solebant [1] viderentur, mare etiam & terra steriliora esse ceperunt.

Walterus de Benteleye, Miles.

Eodem anno dominus *Haymo* [2] *Attebethe*, episcopus *Roffensis*, sponte coram Papa renunciavit episcopatum *Roffensem*; cui Papa providit de magistro *Joanne Schepeye*, Priore dictæ domus. Item hoc anno dominus *Walterus de* [3] *Bentleye*, Miles & custos *Britanniæ*, in vigilia Assumptionis beatæ *Mariæ*, Marescallum regis *Franciæ*, suo cum magno exercitu, juxta [4] *Maurem* gloriose devicit, captis innumeris & occisis.

Siccitas magna.

ANNO DOMINI M.CCC.LIII, & regis *Anglorum* EDWARDI tertii anno XXVII, fuit tanta siccitas, ut vix à mense Martii usque ad mensem Julii caderet gutta super terram. unde sementa herbæ, & omnia alia fructifera, perierunt. Ob quam causam *Anglia* semper fertilis ab insulanis petere alimoniam necessario est coacta. Hoc audiens dux *Willielmus de Seland* plures naves, siligine onustas, ad villam *Londonias* direxit.

Hoc etiam anno dominus [5] *Henricus de Lancastria*, comes *Derbeyæ*, factus est dux *Lancastriæ*, apud *Westmonasterium*, & dominus *Radulphus de Stafford*, comes de *Stafford* est ibidem effectus.

---

1 Ita MS. Sed lege *venderentur*. 2 Vulgo *de Hethe*. 3 *Bentewe* Walsing. *minus recte*. 4 *Mauron* Id. 5 *Henricus*, comes *Darbiæ* & *Lancastriæ*, apud *Westmonasterium* dux *Lancastriæ* est creatus. *Walsing.*

ANNO DOMINI M.CCC.LIV, & regis *Anglorum* EDWARDI tertii anno XXVIII, concordatum est, & juramento firmatum, inter reges *Angliæ* & *Franciæ*, excepto quod sigilla eorum ad scripta indentata nondum apponebantur. Scilicet quod rex *Angliæ* haberet omnes terras suas ducatus *Aquitaniæ*, quas sibi rex *Francorum* injuste usurpaverat, si rex *Angliæ* totum jus & clameum, quibus regnum *Franciæ* vendicabat, regi *Francorum* remitteret ac in perpetuum renunciaret. Super quo negotio ex parte regis *Angliæ* missi sunt solemnes nuncii ad Curiam *Romanam*; videlicet, dominus *Henricus* Dux *Lancastriæ*, *Richardus* Comes *Arundell*, *Willielmus* episcopus *Norwicensis*, & *Guido de Brian* Miles, ut dominus Papa dictam concordiam confirmaret. Sed, dolo & fraude *Gallorum*, quibus jugiter adhærebant, una cum conniventia domini Papæ, à concordia est discessum. Rex vero EDWARDUS, ex hoc non modicum exasperatus, copioso exercitu congregato, regnum *Francorum* confestim [1] intravit, & illud vastare cœpit. Sed, audita captione *Berewici*, rediit in *Angliam*; & *Berewicum* de *Scotorum* manibus liberavit.

Concordia, dolo Francorum, irrita facta.

Quo etiam anno feria tertia in ebdomada Pentecostes *Avinoniæ* combusti sunt duo Fratres minores, pro quibusdam erroneis opinionibus, prout domino Papæ & suis Cardinalibus videbatur. illo quippe anno grandis seditio inter Laicos & Scholares *Oxoniæ* est exorta; nam Laici, collecta multitudine virorum de patria circumadjacente, in Scholares atrocissime irruerunt: quosdam vulneraverunt, & quosdam crudeliter peremerunt. Postremo vero, bona eorum diripientes, eos de villa fugere compulerunt. Propter quod *Oxonia*, in postea, erat supposita ecclesiastico interdicto. Demum, mediantibus regni Magnatibus, & eorum amicis, pax inter eos tali pacto erat firmata; quod cives *Oxoniæ*, qui causam discordiæ ministrarunt, firmiter & perpetualiter obligarent,

Seditio Laicorum Oxon.

1 Intravit *hostiliter* Walsing.

se nunquam de cetero Scholaribus *Oxoniæ* debere nocere, vel eos lædere, aut injuriam illis inferre; regimenque totius villæ Cancellarius Universitatis, qui pro tempore fuerit, & nullus alius scilicet laicus, in posterum obtineret: Communitasque villæ *Oxoniæ* dedit Universitati ducentas quinquaginta libras sterlingorum, nomine emendarum pro transgressu, actionibus singularum personarum de Universitate nihilominus remanentibus sibi salvis.

Stapula lanæ.

Hoc etiam anno, ordinatum erat per consilium domini regis, quod stapula lanarum pro perpetuo maneret in *Anglia*, per diversa tamen loca.

ANNO DOMINI M. CCC. LV, & regis *Anglorum* EDWARDI tertii anno XXIX, decessit *Philippus*, rex *Francorum*; cui successit filius suus *Joannes*, qui *Carolo* filio suo seniori contulit ducatum *Aquitaniæ*. propter quod rex EDWARDUS sibi indignans, coram proceribus regni *Angliæ* assignavit illum ducatum *Edwardo* primogenito suo; quia sibi jure hereditario pertinebat. Mox exercitu adunato circa festum nativitatis beatæ *Mariæ*, *Edwardus*, Princeps *Walliæ*, primogenitus regis EDWARDI tertii, transfretavit in [1] *Vasconiam*: & transiens per patrias, quoscunque sibi rebellantes aut occidit, aut eos cum eorum spoliis captivavit; illos vero, qui se sponte sibi reddere voluerunt facta ei fidelitate, recepit in gratiam, & illo anno hiemavit ibidem.

Philippus, rex *Franciæ*, moritur.

Edvardi principis gesta.

Quo anno, circa principium mensis Novembris, rex EDWARDUS audivit *Joannem*, regem *Francorum*, apud *Sanctum Omerum* velle expectare, usque ad suum adventum, ad dimicandum cum eo; qui illico *Calesiam* transfretavit, cum duobus filiis suis *Leonello* & *Joanne de Gaunt*, ac domino *Henrico* duce *Lancastriæ*, atque comitibus *Northamptoniæ*, *Marchiæ*, & *Staffordiæ*, cum aliis Magnatibus & hominibus armorum ad duo millia. Rex vero *Francorum*, hoc perpen-

1 *Wasconiam* W. & *sic semper*.

dens,

dens, consumpsit victualia sua, ne *Anglici* eisdem uterentur, & clam cum suis abscessit. Quem sic fugientem rex EDWARDUS insecutus est, usque *Hedeam*; sed propter raritatem victualium versus [1] *Calisiam* rediit, totam patriam per X dies vastando.

Fuga *Joannis*, *Francorum* regis.

Et dum hæc agerentur, *Scoti* subdole & nocturno tempore ceperunt villam de *Berewick*; castrum tamen ejusdem remansit in custodia *Anglorum*; ob quam causam rex *Edwardus* in *Angliam* est reversus; &, accito Parliamento apud *Westmonasterium*, concessum erat ei, [ut haberet] de quolibet Sacco lanæ, per sex annos proximo sequentes, [2] quinquaginta solidos. Eodem anno VII Idus Januarii natus est regi EDWARDO apud *Woodstock* dominus *Thomas*.

Parliamentum *Westmonasterii*.

ANNO DOMINI M.CCC.LVI, & regis *Anglorum* EDWARDI tertii anno XXX, XIII die Januarii, regi EDWARDO in castro de *Berewick* existenti, sine insultu, reddita est villa ejusdem per *Scotos*. & confestim postea, XXV die Januarii, apud *Rokesbourgh* dominus *Edwardus Baillol*, rex *Scotiæ*, regnum & coronam *Scotiæ* transtulit in EDWARDUM, regem *Angliæ*, litteris suis patentibus & authenticis inde confectis.

Regis *Scotiæ* subjectio.

Quo etiam anno Princeps *Walliæ Edwardus*, primogenitus regis EDWARDI tertii, VI die Julii, cum exercitu suo movebat se de *Burdegala*, transivitque per patrias de *Agines*, *Peragor*, [3] *Lymosim*, *Berry* & *Saloigne*, villas cum patria sibi resistentes incendit, vastavit, ac etiam deprædavit. Alias tamen villas, castra, & munitiones sibi reddita, tenuit sibi sub tributo: cepit namque in ista expeditione ultra sex millia hominum armatorum, cum nonnullis Nobilibus, & aliis generosis. Tandem, quasi in fine anni sui adventus, scilicet XIX die Septembris, vel secundum quosdam XXI die ejusdem mensis, dum *Henricus*, dux *Lancastriæ*, in mi-

Edvardi Principis facinora.

1 Utroque modo *MS.* legit, nonnunquam *Calisiam*, alias vero *Calesium*.
2 XL *W.* 3 L. *Limosin.*

nori *Britannia* circa obsidionem civitatis *Ranensis* moram traxisset, Princeps *Walliæ* prædictus cum VI millibus, juxta civitatem *Pictavensem*, *Joanni* regi *Francorum* copiosum exercitum ducenti, occurrit; &, facto congressu, cæsus est exercitus *Francorum*, capto rege, ac *Philippo* ejus filio juniore, domino *Jacobo de Burbone*, archiepiscopo etiam *Senonensi*, captisque Comitibus XI, Nobilibus XXII, Militibus & aliis viris armorum plusquam II millia. occisi fuerunt in ista pugna tres duces, XIX magni domini, quinque millia armatorum, & vulgus quasi innumerabile. Finito bello Princeps prædictus, ducens secum præfatum *Joannem*, regem *Francorum*, rediit *Burdegalam* cum gloria & triumpho. De hac admirabili victoria, quidam *Anglicus* versificando sic ait:

Stetit fortunæ Rex Francorum *die lunæ*,
Quæ fuit altisona, *prope* [1] Peyters *decima nona*,
Septembri mense, *dum* Francia *corruit ense*,
Anno tunc CHRISTI, *pro* Francigenis *puto tristi*,
Mil. ter centeno semel L. sexto semipleno.
Jon *Rex prædictus, belli certamine victus*,
Est captivatus, sic regno jure nudatus,
Anglia *quo ridet*, & Francia *nunc bene videt*,
Quod male præfecit quemvis, divina rejecit.
Non plus præsumat gens Gallica, *sed sibi sumat*
EDWARD *ad florem*, Jon *captivo potiorem*,
Tunc scripta lege florebit Francia *rege*,
Et Rex regnorum dominabitur ille duorum.
Merlin *dum vixit, sic venturum fore dixit*,
Et CHRISTUS *signa dat ad hoc sibi multa benigna*,
Hinc Rex discretus cito vadat trans mare letus
Ne faciendo moram conquæstus negligat horam;
Pacem tractantes caveant sibi, sint rogitantes,
Sæpe cicatrices in vulnera prisca resurgunt;
Intime pax quæritur, sed pax bona non reperitur;

1 *Peicere* Walsing. *sed absurde*, *Peyters* enim in nostro codice, idem est ac *Pictavium*, *Poictiers*.

Facilius

Facilius nosse regnum devincere posse,
Quam stabilem pacem componere, vel efficacem;
Ducere jus clarum finem cupiunt ad amarum,
Qui suadent artem pro toto sumere partem.
Et nomen dignum sic perdere credo malignum.
Rex fuit Anglorum *victor totiens aliorum,*
Quod fortunatus talis est nullus reputatus,
Plus valet hoc omen regnantibus, & tale nomen,
Quam res mundana, quæ labilis est quasi vana,
Raro bellantes sunt quidam contrariantes.
Nomen non gaudent, quia vincunt plus sibi plaudent.
Plebs læsa hæc fari vult Regis honor mutilari,
Si nummis nomen Jon *Rex vendantur & omen;*
Vox populi certa, constanter Regis amica,
Non reputat mores, pro nummis vendere flores,
Scutis EDWARDI *sic flos fit amore Leopardi*
Quod resecans flores, EDWARDI *tollit honores;*
Absit sic fieri clamat discretio cleri,
Totaque vox populi vult EDWARD *floribus uti,*
Et sibi regnorum nomen retinere duorum.
Nam licet EDWARDUS, *sit* Francos *flectere tardus,*
Scit Deus, ad plenum, quod subjugavit amœnum
Regnum Francorum, *congaudens nomine* [1] *florum,*
Ut fraus vitetur plebs consulit, ut meditetur
Quod captivati flent carcere non liberati,
Donec optatam tenuit sibi pacificatum.

Hoc etiam tempore quidam Clericus, ex parte *Francorum*, duos versus fecit sequentes, in odium regis *Anglorum*?

O rex Anglorum, *destructor pacificorum,*
Credis Francorum *regnum superare decorum.*

Quibus versibus quidam *Anglicus*, videlicet magister *Robertus de* [2] *Anebury*, curiæ *Cantuariæ* Registri custos, respondit in hunc modum:

---

1 Iridum *nimirum. Hic enim, ut supra, ad Arma* gentilitia regis *Galliarum* respicit. 2 Forte, *Avebury*.

Francia

Francia *regnorum fortissima flos aliorum,*
Dudum sublimis, quasi parvula nunc stat in imis.
Hoc quia peccavit; [1] Phelp *&* Jon *quando creavit,*
Injustos reges, ostendendo male leges,
EDWARD *per legem sibi sumpsisse bene Regem*
Sic quia [2] *nolebat merito flens* Francia *flebat.*
Rex Carolus *rectus* Francorum *sistit erectus,*
Qui moritur, nato nullo de se generato.
Tunc lex ad florem sibi junxit proximiorem.
EDWARD Anglorum *regem, de germine florum,*
Lex agnatorum zelum confundit eorum,
Qui spernunt natum de germana generatum.
Dantes pro rege genitum patrui, sine lege,
Ille vocabatur Phelp, *de quo* Jon *generatur.*
Regnum Francorum *tenuit bene neuter eorum.*
Bellicus eventus probat hoc, testis violentus
Nullus miretur, si Francia *mole gravetur,*
Dum sequitur pura negat EDWARDO *sua jura.*
Quod petit [3] *hinc detur, tunc* Francia *pacificetur.*
Jon *velut intrusus est Floribus ipse reclusus.*
Et sinat EDWARDO *cum Flore frui Leopardo,*
Sic vero pacifica stet Francia, *nunc inimica.*
Hæc quæ scripta legis, tollant discrimina regis,
Quod non pacificos hic destruxit, sed iniquos.

Edvardus Princeps redit in Angliam.

ANNO DOMINI M.CCC.LVII, & regis *Anglorum* EDWARDI tertii anno XXXI, circa festum Pentecosten *Edwardus* princeps *Walliæ*, de *Vasconia* in *Angliam* rediens, & *Joannem* regem *Francorum* secum adducens, V die Maii in portu de [4] *Plummouth* in *Devonia* sanus applicuit; & statim missi sunt in *Angliam*, ex parte domini Papæ, duo Cardinales pro pace reformanda inter duo regna, tertius Cardinalis venit in *Angliam* gratia visitandi regem *Francorum*; qui vero in *Anglia* per biennium sunt morati. Quo etiam

1 *Philippum* scilicet & *Joannem.* 2 Vel, volebat. *ad quantitatem enim syllabarum parum attendebant hujusmodi scriptores*: seu, ut quod verum est dicam, nesciebant. 3 Melius fortasse, *hinc.* 4 Vel, *Plymmouth.*

anno,

anno, circa festum omnium sanctorum, liberatus est *David le Bruys*, rex *Scotiæ*, de diutina custodia, qua in castro de *Odyam*, per XI annos, jugiter tenebatur, magna pecuniæ summa mediante.

David, R. Scotiæ liberatur.

Hoc quoque anno, in *Francia* orta est illa magna Comitiva, gens sine capite vocitata, qui multa dispendia intulit *Francigenis*. Item hoc anno, XXVI die Augusti, obiit domina *Isabella*, mater domina regis EDWARDI tertii, quæ in ecclesia Fratrum Minorum *Londoniis* est sepulta. Relaxatur etiam hoc anno [1] interdictum *Oxoniæ*, latum in Laicos; qui in Clericos inibi studentes nequiter invadebant.

Gens sine capite.

ANNO DOMINI M.CCC.LVIII, & regis *Anglorum* EDWARDI tertii XXXII, magna controversia coram summo Pontifice inolevit, inter magistrum *Richardum Filium-Radulphi*, primatem *Hiberniæ*, & Clerum in *Anglia* ex una parte, & quatuor Ordines mendicantium ex altera, super statu & regula eorundem.

Controversia inter Clerum & Mendicantes.

Eodem etiam anno, gravi clade vastantur *Normannia* & *Britannia*, per *Philippum* fratrem regis *Navarriæ*, dominum *Jacobum Pipe*, *Robertum Knolles*, & alios quam plures *Anglicos*, sine jussu regis EDWARDI tertii. & sic in illis partibus, per tres annos, & amplius, hostiliter permanserunt.

Normannia vastatur.

Eodem quoque anno, apud *Wyndesbore* rex EDWARDUS tertius festum Sancti *Georgii*, Martyris, fecit solemniter & regaliter celebrari. Quo etiam temppore, quidam, natione *Vasco*, surrexit, vulgariter nuncupatus Archipresbyter, ducens secum unam Comitivam per diversas partes *Franciæ*, ipsas hostiliter devastando; & potissime regionem *Provinciæ*.

Archipresbyter.

---

[1] *Propter Clericidium, & Sacrilegia illatum, ut loquitur Walsing.*

ANNO DOMINI M.CCC.LIX, & regis *Anglorum* EDWARDI tertii anno XXXIII, idem rex EDWARDUS, *Edwardus* princeps *Walliæ*, Dux *Lancastriæ*, & omnes fere proceres *Angliæ*, congregatis fere circa mille curribus, *Franciam* adierunt; &, in partibus *Burgundiæ* & *Campaniæ*, per totam hiemem, sub divo manserunt. & interim *Normanni*, cum modica navium classe, apud *Wynchelsea* applicuerunt, ipsamque villam, Idus Martii, invaserunt, & pro parte combusserunt: & recedentes, sine damno eis illato, tulerunt secum spolia multa, & mulieres eorum oculis blandientes cum eisdem captivas adduxerunt ad naves.

Rex in *Franciam* navigat.

Item hoc anno rex EDWARDUS incepit novum ædificium in castro de *Windsore*, ubi natus fuerat, qua de causa locum illum ampliori ædificio, & splendidiori decorare præ aliis procuravit; cujus operis supervisorem rex constituit dominum *Willielmum de Wickham*, virum providum & discretum.

Castrum de *Windsor* ædificatur.

Illo etiam anno, apud *Pontemfractum*, sanguis de tumba Domini *Thomæ*, quondam Comitis *Lancastriæ*, effluxit. Obierunt etiam hoc anno, in exercitu domini regis EDWARDI tertii, & in *Anglia* viri nobiles & præclari: Comes *Marchiæ*, Comes *Oxoniæ*. *J. le Gray*, *C. le Say*, cum aliis valentibus & famosis. Obiit etiam dominus *Galfridus de Northbrigg*, episcopus [1] *Cestriæ*; cui successit dominus *Robertus de Stratone*.

Mortes virorum nobilium.

ANNO DOMINI M.CCC.LX, & regis *Anglorum* EDWARDI tertii anno XXXIV, quarto decimo die Aprilis, fuit ingens tempestas grandinis & [2] nivis, quæ in partibus transmarinis adeo invaluit, quod multi mortui ceciderunt in terram de exercitu domini regis EDWARDI tertii.

Ingens tempestas.

Anno DOMINI M.CCC.LIX, XIV. Kal. Junii,

1 I. e. *Lichefeldia* & *Conventua*. Sic enim nonnunquam ab antiquis scriptoribus indigetantur. 2 Nimis *MS*.

dominus

dominus *Joannes de Gaunt*, Comes tunc *Richmundiæ*, filius regis EDWARDI tertii, apud *Redyngum*, ex dispensatione domini Papæ, duxit in uxorem *Blancheam* consanguineam suam, filiam Ducis *Henrici Lancastriæ*, circa festum Sancti *Dunstani*, treugis concessis sub spe pacis concepta. Rex EDWARDUS tertius cum exercitu suo reversus est *Calesiam*, & ibi mansit quousque finalis pax inter duo regna esset completa. Et cito post, causa dictæ pacis firmandæ, transierunt *Calesiam* dominus *Edwardus* Princeps *Walliæ*, dominus *Henricus* Dux *Lancastriæ*, cum aliis Magnatibus *Angliæ*. sicque tractatus est ibidem, inter *Francos* & illos, quod pax inter duo regna erat sub juramenti vinculo stabilita; confestimque mittuntur nuntii summo pontifici, pro pace, & pactis mutuis confirmandis. Quo tempore, ad præcepta domini Papæ, quievit controversia inter Clerum & Ordines Mendicantium. Pax inter reges *Ang.* & *Fr.*

Eodem anno obiit [1] *Armachanus* prædictus, *Avinioniæ*, die Sancti *Edmundi* regis, cujus ossa succedente tempore in *Hiberniam* sunt delata, & apud *Dundalk*, ubi erat natus, sunt sepulta. quo in loco innumera ad laudem Dei fiunt miracula. In cujus viri transitu fertur quendam Cardinalem dixisse: *Hodie in ecclesia Dei cecidit magna columna.* composuit namque iste libros diversos, scilicet de *Quæstionibus Armenorum*, de *Pauperie Christi*, *Sermones*que insignes: in quibus, & aliis suis tractatibus, veraciter extat agnitum, quod fuerat probatissimus scriba in regno cælorum. Primas *Hiberniæ* moritur.

ANNO DOMINI M.CCC.LXI, & regis *Anglorum* EDWARDI tertii anno XXXV, idem rex EDWARDUS, XXIV die Januarii, apud *Westmonasterium* tenuit Parliamentum. In quo tota materia concordiæ coram omnibus, qui aderant, fuerat proposita, ac etiam declarata; placuit etiam universis dictam concordiam recipere, & tenere: unde celebrata missa Parliamentum *Westmonasterii.*

1 *Richardus Filius-Radulphi.* de quo vide plura apud *Lelandum* nostrum, *de Scriptoribus*, p. 372. & *Jac. Waraum* de *Scriptoribus Hiberniæ*, p. 69.

de Sancta Trinitate, à *Cantuariensi* Archiepiscopo, in ecclesia *Westmonasterii*, ultimo die Januarii. Rex EDWARDUS tertius fecit suos Nobiles ibidem jurare, super sacrosanctum corpus DOMINICUM, de observando concordiam ante dictam. Præsertim illos, tam Prælatos quam alios terræ Magnates, qui cum eo non erant *Calisiæ*; ubi ipse juravit, & ceteri Domini, qui cum ipso erant ibidem, etiam rex *Francorum*, cum suis Nobilibus, consimile præstitit juramentum. die autem prædicto, apud *Westmonasterium*, quidam domini *Francorum* etiam dictum juramentum præstiterunt. sicque firmata pace inter duo regna, liberatus est *Joannes*, rex *Francorum*, solvens tria millia millium Florenorum. Item dominus *Joannes de Gaunt*, filius regis EDWARDI tertii, isto anno factus est dux *Lancastriæ*, jure uxoris suæ, filiæ & heredis *Henrici*, quondam ducis *Lancastriæ*; qui eodem anno, parum ante, diem suum clausit extremum.

Pax juramento firmata.

Rex *Fran.* liberatur.

Quo etiam anno, illa magna Comitiva & famosa est orta, diversarum nationum coadunata; cujus duces pro majori parte erant *Angligenæ*. qui motu proprio, & quasi gens sine capite, partes *Franciæ* versus *Avinoniam* invaserunt, & villam *Sancti Spiritus* ceperunt; villas & castella in *Francia* diutius occupabant, nec potuit eos rex *Franciæ* à suis finibus expellere ullo modo. Item circa ista tempora emanavit una Comitiva, vocata *Alba Comitiva*; quæ transivit per *Provinciam* in *Lumbardiam*, & duces istius Comitivæ erant *Anglici*: qui aliquando erant stipendiarii, aliquando ex proprio capite discurrentes, acceperunt redemptionem de diversis castris, civitatibus, atque villis. ac sic ibidem longo tempore perdurabant.

Comitiva famosa.

Alba.

Isto anno *Edwardus*, Princeps *Walliæ*, desponsavit Comitissam *Cantiæ*, relictam quondam domini *Thomæ Holandiæ*, quæ olim fuerat separata à Comite *Sarum*, causa Militis prædicti. Item hoc anno fuit magna mortalitas hominum, quæ pestilentia potius viros quam mulieres consumpsit. qua de causa obierunt in *Anglia* inclyti & Nobiles, Prælatique ecclesiarum quamplures, tam secularium

Magna mortalitas hominum.

cularium quam regularium. Decesserunt namque ecclesiarum Prælati *Reginaldus Wygorum*, *Mychael Londoniensis*, *Thomas Eliensis* episcopi. quibus successerunt, provisione domini Papæ, magister *Joannes de* [1] *Barnes* ad *Wygorum*, *Symon Langham*, Abbas *Westmonasterii*, ad *Eliensem*, & magister *Symon Sudbury* ad *Londinensem* ecclesias. Nobiles vero decesserunt *Henricus* dux *Lancastriæ*, *Reginaldus Cobham*, & *Willielmus Filius Warini*, Milites strenui & famosi.

Quo etiam anno apparuerunt mira prodigia, tam in *Anglia*, quam alibi in partibus transmarinis. Nam in *Burgundia* cecidit pluvia sanguinea; in *Bononia* vero in aere apparuit crux sanguinea; in *Anglia* vero & in *Francia* apparuerunt duo Castella, de quibus duo exercitus egrediebantur [2] unus albo, alter nigro colore exterius cooperti, commissoque prœlio alternatim vicerunt nunc albi, nunc nigri. demum regredientes ad eorum Castella disparuerunt. Mira prodigia.

ANNO DOMINI M.CCC.LXII, & regis *Anglorum* EDWARDI tertii XXXVI, XV die Januarii, circa horam vesperarum ventus vehemens notus australis [3] Africus tanta rabie erupit, quod flatu suo domos altas, ædificia sublimia, turres, campanilia, arbores, alia quoque durabilia & fortia violenter prostravit, pariter & impegit; sic quod residua quæ extant, sunt [4] adhuc deteriora. de quo quidam Metricus sic ait; Ventus vehemens.

Versus:

C. ter erant mille decies sex unus & ille?
Luce tua, Maure, *vehemens fuit impetus auræ.*

Alius sic:

Ecce flat hoc anno Maurus *in orbe tonans.*

Innuunt isti versus, quod anno DOMINI M.CCC.LXI, in festo Sancti *Mauri*, Abbatis, contigit iste ventus.

---

1 Forte, *Barnet*. 2 Uno *MS*. 3 Affrutus *MS*. 4 Constat ex hoc loco auctorem hujus *Continuationis*, quisquis demum sit, non multo post tempore floruisse, quam tempestas ista acciderat.

Hoc verum est, secundum computationem ecclesiæ *Anglicanæ*; sed, secundum computationem ecclesiæ *Romanæ*, vera est quotatio superius conscripta.

In festo Apostolorum *Petri* & *Pauli*, rex EDWARDUS contulit ecclesiæ *Westmonasterii* vestimenta Sancti *Petri*, in quibus idem Apostolus Missas celebrare solebat. Item eodem anno primogenitus regis EDWARDI tertii accepit Principatum *Aquitaniæ*, factis homagio & fidelitate suo patri pro eo. qui eodem anno, circa festum Purificationis beatæ *Mariæ*, cum uxore & toto suo retenemento in *Vasconiam* transfretavit.

Innocentius Papa VI moritur.

Obiit etiam hoc anno *Innocentius* Papa. successit ei *Urbanus* quintus, vir quidem insignis & multæ litteraturæ peritus. Hic, secundo Pontificatus sui anno, quandam Constitutionem edidit, contra Clericos pluralitates beneficiorum obtinentes; modicum tamen profuit, quia Cleri sic promoti, freti favore & auxilio dominorum, non permiserunt suum sortiri effectum.

Parliam. Westmonast.

Item hoc anno, XVI die Octobris, apud *Westmonasterium*, rex EDWARDUS tenuit suum Parliamentum; & duravit usque ad festum Sancti [1] *Bricii*; quo die natus erat, annis ætatis suæ quinquaginta expletis, unde in suo Jubilæo populo suo se exhibuit gratiosum. nam reis majestatis suæ regiæ offensas & reatus indulsit, vinculatos libere abire permisit, exules quoque revocavit; ad petitionem etiam Communitatis, causas in lingua materna & non extranea versari jussit: filiosque suos *Leonellum* fecit ducem *Clarentiæ*, & *Edmundum* comitem *Cantebriggiæ* instituit.

Obiit etiam hoc anno dominus *Joannes* episcopus *Lincolniensis*; cui successit, provisione domini Papæ, dominus *Joannes de Bokingham*. decessit etiam hoc anno dominus *Robertus* episcopus *Cicestrensis*, [2] cui Papa providit de magistro *Willielmo Lynne*.

---

1 An Bricii. 2 Sc. *ecclesia*.

ANNO

ANNO DOMINI M.CCC.LXIII, & regis *Anglorum* EDWARDI tertii anno XXXVII, Quidam, spiritu diabolico excitati, corpus cujusdam sacerdotis in quatuor partes *Londoniis* dividebant; quas per quatuor partes dictæ civitatis [1] contemtibiliter projecerunt. Auctores autem hujus sceleris in publicum, usque ad [2] præsens, nondum venerunt. Item hoc anno, nono die Octobris, tenuit EDWARDUS tertius *Londoniis*, unum Parliamentum, à quo nullus magnus se potuit excusare. in quo omne ornamentum aureum, sive argenteum, erat damnatum; scilicet in cultellis, cingulis, annulis, monilibus, & in ceteris corporalibus ornamentis: nisi fuerit talis, qui per annum XL libras posset expendere.

Parliamentum *London.*

Venerunt etiam in *Angliam*, hoc anno, tres reges, videlicet, *Franciæ*, [3] *Cipriæ*, & *Scotiæ*, visere & alloqui dominum EDWARDUM regem *Angliæ*. à quo honorati, duo eorum ad propria sunt reversi. Rex vero *Franciæ*, gravi morbo correptus, in *Anglia* lectulo decumbebat. Eodem anno VII Idus Decembris, cœpit gelare, duravitque gelu usque ad XIV Kal. Aprilis. Quo etiam anno obiit bonæ memoriæ dominus *Radulphus de Schrovesbury* episcopus *Bathoniensis*; qui in eleemosynarum largitione, & aliis operibus erat valde devotus. Tunc vero Papa transtulit magistrum *Joannem de Barnet* de *Wigorniensi* ecclesia ad *Bathoniensem*, magistrum *Joannem de* [4] *Wyntelelye de Roffensi* ecclesia ad *Wygorum*, & magistrum *Thomam* [5] *Trillel* in *Roffensem* episcopum confirmavit.

Tres reges in *Angliam* venient.

ANNO DOMINI M.CCC.LXIV, & regis *Anglorum* EDWARDI tertii anno XXXVIII, Abbas de *Bello*, eundo versus *Londonias*, cuidam damnato ad furcas in Mariscallia domini regis obvians, ipse virtute libertatum suarum à necis interitu liberavit.

1 Contentibiliter *MS.* 2 Vide supra Not. ad initium anni M. CCC. LXII. 3 Sic *MS. Cypri*, ut opinor. 4 Ita *MS.* Vulgo *Witlesey*. 5 Alias *Trilley*, & *Trillick*.

Quamvis

Quamvis rex & alii magnates factum hujusmodi graviter cordi tulerunt, chartas tamen suas per Parliamentum ibidem habuit approbatas. Quo anno, apud *Doveray* in *Britannia* minori, commissum est bellum fortissimum inter *Joannem* de *Monte-Forti* & dominum *Karolum de Bloys*, & cessit victoria domino *Joanni* prædicto, virtute tamen, & auxilio *Anglorum*, [1] captisque Nobilibus, Militibus, & Armigeris cum aliis infinitis. In quo bello cecidit ipse *Carolus*, cum innumerosa multitudine; sed ex parte domini *Joannis* ceciderunt tantummodo VII viri. Item hoc anno apud *Savoye*, juxta *Londonias*, obiit *Joannes*, rex *Franciæ*. cujus exequias EDWARDUS, rex *Angliæ*, in diversis locis fecit solemniter celebrari; ac usque *Dovoriam*, suis sumptibus, per viros reverendos, corpus ejus more regio fecit conduci: sepultusque est apud Sanctum *Dionysium* juxta *Parisium*; & regnavit *Carolus*, filius ejus, pro eo.

Rex *Franciæ* moritur.

Mercatores *Lombardi*.

Eodem anno accusati sunt *Lumbardi* mercatores à consociis suis, de magna infidelitate in mercimoniis suis facta regi, unde major pars illorum in turri *Londoniarum* aliquandiu inclusa fuit, quousque finem regi juxta voluntatem ipsius fecissent. Quo etiam anno *Edmundus de Langeley*, filius regis EDWARDI, filiam & heredem comitis *Flandriæ* desponsasset, nisi propinquitas consanguinitatis prohibuisset: unde pro dispensatione habenda missum est ad Papam; sed rex *Franciæ* ne istud Matrimonium procederet calide impedivit. sicque, ad instantiam *Francorum*, hujusmodi dispensatio non processit. igitur mulier prædicta postea copulata est *Philippo*, fratri regis *Francorum*, duci *Burgundiæ*.

Bellum inter Christianos & Paganos.

Eodem anno, in planis *Turkiæ*, commissum est bellum valde letale in die omnium Sanctorum, inter Christianos & Paganos; in quo de Christianis ceciderunt princeps [2] *Joannes* rex *Hungariæ*, *Siwardus* rex *Gorgoniæ*, magister Hospitalis insulæ de [3] *Rodes*, cum multitudine Christianorum quinque mill. CCX, de Paga-

1 Rectius procederet oratio, si legas *captis*. 2 Forte *Ludovicus*. 3 *Rhodes*.

nis

nis vero occubuerunt XL mill. virorum robustorum, cum aliis popularibus infinitis: fueruntque principes Paganorum Soldanus *Babiloniæ*, rex *Turkiæ*, rex *Baldath*, rex *Belmarinus*, rex *Tartarorum*, rex de [1] *Letowe*. ex quibus tres fuerunt interfecti, ut ipsi qui interfuerunt dicto prœlio referebant.

ANNO DOMINI M.CCC.LXV, & regis *Anglorum* EDWARDI tertii anno XXXIX, natus est principi *Walliæ* & *Aquitaniæ* filius, *Edwardus* vocatus, qui septimo ætatis suæ anno diem suum clausit extremum; non tamen præmature, ut plurimi asserebant. Eodem anno *Ingelramus*, dominus de [2] *Cony*, apud *Wyndeshoram* desponsavit *Isabellam*, filiam regis EDWARDI. Quo in tempore rex *Cipriæ* cepit *Alexandriam* magnam in *Ægypto*, perempta ibidem non modica multitudine Paganorum; qui vero, hoc ægre ferentes, venerunt contra eum adunati in maxima copia pugnatorum. Rex namque percepit se diu non posse, cum tam pauca gente, dictam civitatem tenere. Igitur consumpta magna parte, ipse cum divitiis suis immensis ditatus, post quartum diem captionis civitatis ipsius, discessit. Species vero diu post hoc fuerant [3] clariores.

Edwardus, Edv. Pr. filius nascitur.

Rex Cypri *Alexandriam* capit.

ANNO DOMINI M.CCC.LXVI, & regis *Anglorum* EDWARDI tertii anno XL, obiit *Simon de Islepe*, archiepiscopus *Cantuariensis*; vir utique Deo devotus. Cui successit frater *Simon de Langham*, episcopus *Eliensis*, provisione domini Papæ. Qui etiam transtulit magistrum *Joannem de Barnet*, de ecclesia *Bathoniensi*, ad ecclesiam *Eliensem*, & magistrum *Joannem Harewelle* in episcopum *Bathoniensem*, contemplatione Principis *Walliæ*, confirmavit.

Provisiones Papales.

Eodem anno *Burdegaliæ* natus est domino *Edwardo*, Principi *Walliæ*, secundus filius *Ricardus*, quem rex

1 *Lithuania*, ut conjicio. Sic enim *Lithuaniam* appellat *Chaucerus*. 2 *Comyn* Wals. 3 Lege *Cariores*.

Ricardus

Ricardus Armoricarum de sacro fonte suscepit. Circa istud tempus, ad jussum regis EDWARDI, redditis regi *Franciae* villis & castris, per magnam Comitivam diu possessis, dominus *Bertrandus Claykyn*, Miles, belliger insignis, semper [1] inquietus impatiens, fretus auxilio & favore domini Papae, contra dominum *Petrum*, regem *Hispaniae*, ut illum deponeret cum praefata Comitiva processit; nam relatum fuit Papae de rege isto, quod vixit inter suos, tanquam pessimus, maleficus, & tyrannus. audito adventu illius terribilis Comitivae, rex praedictus, timore perterritus, fugit in *Vasconiam*, ad dominum principem *Walliae*, poscens ab eo subsidium & juvamen. Quo fugato *Henricus*, frater ejus *Bastardus*, assensu majoris partis *Hispaniae*, pariter & auxilio Comitivae praedictae, successit in regno: erat autem numerus Comitivae praedictae circiter LX millia [2] pugnatorum.

Magna comitiva.

Obiit hoc anno dominus *Willielmus de* [3] *Cyngdone*, episcopus *Wintoniensis*, cui per electionem, domino rege volente, successit dominus *Willielmus de Wikeham*, portitor privati sigilli.

Guil. de Wickham.

[4] Capitulum 46.

Edvardus Pr. in Hispania victor.

ANNO DOMINI M. CCC. LXVII, & regis *Anglorum* EDWARDI tertii anno XLI, tertio die Aprilis in *Hispania*, in lato campo juxta villam de [5] *Nasser*, commissum est bellum valde letale, inter Principem *Walliae* & *Henricum Hispaniae* intrusorem, cessitque victoria Dei nutu domino Principi; unde plures Nobiles *Hispaniae* erant capti, & ad VII millia ferro & aqua, morte festina, consumpti. Inter alios capti erant ibidem Comes de *Deen*, & *Bertrandus Cleykyn*, qui fuerat principalis consiliarius ex parte dicti intrusoris, & dux primae aciei. Igitur obtenta victoria illustris princeps *Walliae* [6] praefatus dominum *Petrum* suum restituit

1 F. Quietis impatiens. *Et sic Codex noster à prima manu.* 2 Bellatorum *W.* 3 Lege *Edington.* 4 Ita MS. 5 *Najara*, nonnullis scriptoribus; aliis *Nachar.* 6 Melius legas *praefatum.*

in

in regnum. Qui postea, dolo & fraude dictorum intrusorum & *Bertrandi Cleyken*, in mensa occubuit jugulatus. [1] Nempe post victoriam multi strenui & nobiles *Anglici* in *Hispannia*, fluxu ventris & aliis diversis infirmitatibus, perierunt.

Eodem anno, circa principium mensis Maii, Papa *Urbanus* de *Avinionia*, cum plena Curia, se transtulit versus *Romam*; ubi circa festum Sancti *Lucae* Evangelistae sanus pervenit, summoque honore ab omnibus est ibidem receptus. placuit namque universis sua veneranda praesentia, quia à tempore *Bonefacii* VIII Papae, Papa nullus visus fuerat ibidem: statimque loca sancta collapsa, & ecclesias dirutas reparavit. reliquias Sanctorum auro, argento, & gemmis pretiosis pulcherrime decoravit. Multa quoque & alia bona fecit ibidem; propter quae infinitas benedictiones post mortem ab omni populo reportavit. Papa *Romam* adit.

ANNO DOMINI M.CCC.LXVIII, & regis *Anglorum* EDWARDI tertii anno XLII, mense Martii, visa est stella Comata, inter partes septentrionales & occidentales, suos radios versus *Franciam* porrigens. Mense Aprilis *Leonellus*, filius regis EDWARDI, dux *Clarenciae*, cum electa multitudine nobilium *Anglorum*, transivit versus *Mediolanum* ad ducendum filiam [2] *Calias* in conjugem, cum qua medietatem dominii *Mediolani* haberet; celebrato inter eos cum maxima gloria matrimonio. ipse dux, circa festum nativitatis beatae *Mariae* proxime sequens, diem clausit extremum. Cometa. *Leonellus* dux *Clarentia* moritur.

Item hoc anno, mense Octobris, dominus *Symon Langham*, archiepiscopus *Cantuariensis*, creatus est in Cardinalem; & sequenti anno, mense Aprilis, versus curiam cepit iter. Igitur dominus Papa transtulit magistrum *Willielmum Witlesèye*, episcopum *Wigorniensem* ad ecclesiam *Cantuariensem*, & magistrum *Linne* epi-

1 *Hic loci nonnulla desiderari videntur.* 2 Pro *Galeas*, sive *Gallias*, i. e. *Galeatii*.

scopum *Cicestrensem* ad ecclesiam *Wygorniensem*, ac magistrum *Willielmum*[1] *Rude* ad ecclesiam *Cicestrensem*, promovit.

Eodem quoque anno *Franci* pacem fregerunt, equitantes super terras regis *Angliæ*, in Comitatu de *Pontyf*, castella, oppida, villas & munitiones surripuerunt; homines vero ipsius quosdam vivos ceperunt; causam tamen fractionis pacis *Anglicis* cantelose & subdole imponebant.

ANNO DOMINI M.CCC.LXIX, & regis *Anglorum* EDWARDI tertii XLIII, obiit *Blanchia*, Ducissa *Lancastriæ*, filia domini *Henrici* nuper ducis *Lancastriæ*, & in ecclesia Sancti *Pauli* honorifice sepelitur. Circa finem mensis, rex EDWARDUS tenuit Parliamentum suum apud *Westmonasterium*; in quo tractavit de rupto fœdere inter ipsum & regem *Francorum*.

Parliam. *Westmonast.*

Hoc quoque anno erat magna pestilentia hominum & grossorum animalium, ac per inundationes aquarum sequebatur magna damnificatio bladi, in tantum quod sequenti anno modius frumenti pro tribus solidis vendebatur. Eodem quoque anno mortua est *Philippa* regina, in die assumptionis beatæ *Mariæ*, mulier nobilissima, & apud *Westmonasterium* honorifice humatur. Obierunt quoque eodem anno magister *Henricus Percy Norwycensis*, magister *Ludowicus*[2] *Charltone Herefordensis*, & magister *Joannes Grantsone Exoniensis* episcopi, quibus provisione domini Papæ, magister *Willielmus Courtenay* ad *Herefordensem*, magister *Henricus le Despenser* ad *Norwicensem* & dominus *Thomas*[3] *Brantyngham*, favore literarum domini regis EDWARDI, ad *Exoniensem* ecclesias successerunt.

Philippa Regina moritur.

Rupto pacis fœdere inter *Angliam* & *Franciam*, rex EDWARDUS, sicut olim, totum regnum *Franciæ* vendicabat. Quare, circa festum nativitatis beatæ *Mariæ*, misit *Joannem* ducem *Lancastriæ*, & Comitem

1 Leg. *Reade*. 2 *Sherleton* W. 3 *Brantingham* Id.

Herefordiæ

Herefordiæ cum valida manu militum in *Franciam*; ut ibi strenue pro jure suo pugnarent: sed ibi parum, vel nihil profuerunt. Nam grandis exercitus *Francorum* super montem *le* [1] *Chalkhull* prope *Calesiam*, & exercitus *Anglorum* sub eodem monte longo tempore jacuerunt. Quidam valentes de *Anglicis* decreverunt inire certamen cum *Gallicis*, sed prædicti domini hoc ratum noluerunt habere; dixerunt enim eos non habere sufficientes homines armorum, ad congrediendum cum tanta multitudine pugnatorum. Comes vero de *Warrewyk*, audiens quod die statuto *Franci* vellent pugnare cum nostris, illac existentibus, ipse & ceteri validi cum electa virorum fortium Comitiva confestim pervenerunt ad mare, navibusque paratis versus *Calesiam* cœperunt prospere navigare: de quorum adventu exercitus *Francorum* ita extitit stupefactus, quod antequam terram attigerant, relictis victualibus suis cum tentoriis, latenter in fugam conversus est. Comes vero, ad terram applicans, cum suis *Normanniam* properavit. Insulam de *Cawes* ferro & igne vastavit, sed heu! in redeundo versus *Angliam* apud *Calesiam* morbo pestilentiali arreptus, confestim fuit sublatus de medio, parem sibi, in armorum strenuitate, & fidelitate regi & regno *Angliæ*, post eum superstitem minime dereliquit.

Exercitus in *Franciam* missus.

Galli fugiunt.

Elogium Comitis *Warwicensis*.

Fovebat & tunc temporis ecclesia *Romana* contra dominos *Mediolani* guerram, quia ipsi injuste terras reditus & castella de *Patrimonio beati Petri* longo tempore detinebant, & cum ecclesia fuit dominus *le Dispenser*, qui laudabiliter se habuit ibidem, post mortem ducis *Clarenciæ* in cujus Comitiva ad illas partes advenit. Quo in tempore floruit ille famosus Miles dominus *Joannes Haukewode*, natione *Anglicus*, habens secum illam *Albam Comitivam* superius tactam, qui nunc contra ecclesiam, & nunc contra præfatos dominos *Mediolani* arma gerebat, multa quoque facta egregia ibi operatus est cum suis, [2] immo mirabilia inaudita.

Joannes Hawkwood.

1 *Chalkhil. W.* 2 Ymmo MS.

Hoc etiam anno, circa conversionem Sancti *Pauli*, rex EDWARDUS, expletis sumptuosis exequiis circa sepulturam reginæ *Philippæ*, uxoris suæ, tenuit Parliamentum suum apud *Westmonasterium*, in quo petuntur à Clero decimæ triennales. Clerus vero distulit eas concedere, usque post festum Paschæ, & tunc taliter fuerunt concessæ, sic quod in tribus annis forent certis terminis persolvendæ: consimiliter à laicis triennalis quintadecima fuit concessa.

ANNO DOMINI M.CCC.LXX, & regis *Anglorum* EDWARDI tertii anno XLIV, strenuus & sapiens miles dominus *Joannes Chaundos* in *Vasconia* erat ab hostibus interfectus. In principio hujus anni rex EDWARDUS tertius, sinistro usus consilio, magnam summam pecuniæ à Prælatis & dominis, ac mercatoribus, aliisque divitibus mutuavit; dicens quod in defensionem ecclesiæ & regni illam expenderet, nihil tamen profecit inde. Postea vero, circa festum nativitatis Sancti *Joannis* Baptistæ, rex EDWARDUS magnum exercitum, de valentioribus viris & magis expertis in bello, fecit sollicite congregari: inter quos erant aliqui domini, id est, dominus *Grantsone*, & dominus *le* [1] *Filz-Water*, & alii Nobiles milites valentes. quibus præfecit in eorum Ducem dominum *Robertum de Knolles*, volens ut ejus discretione & industria, & non aliter universi dicti exercitus uterentur, & ejus imperio in omnibus obedirent; quia in bellicis congressibus, & in exercitus regimine fuerat satis instructus. Tandem, transito mari, in regnum *Francorum* pervenerunt; ubi, quamdiu fuerant unanimes, *Franci* illos aggredi non audebant: demum circa principium hiemis, propter invidiam & cupiditatem inter eos, orta dissentione, & præcipue inter ipsum *Robertum* & quendam militem *Joannem* [2] *Mynsteword*, qui certam aciem exercitus prædicti ducebant, in diversas turmas se nequiter dividebant. *Robertus* vero *Knolles* cum suis in quoddam castrum in

Joannes Chandos.

Dissentio inter *Anglos.*

1 *Fitz-Walter.* 2 *Mensterworth*, W.

Britannia se recepit. *Francigenae* vero in alios sic divisos, necdum in locis tutis constitutos acriter irruerunt, omnesque pro majori parte aut occidunt, aut captivos secum adducunt; sicque propter eorum imprudentiam & dissentionem regno *Angliae* tunc accidit maximum detrimentum. Dictus vero *Joannes* [1] *Mynstreworth* vix evasit in *Angliam*, multosque de suis amisit; bullas quoque contra dictum *Robertum* erga regem & suum concilium prosequebatur, ipsum de proditione [2] instantia accusando; sed nihil profecit.

Rediit quoque hoc anno Papa *Urbanus* de *Roma* ad [3] *Avennoniam*, ea de causa, ut reges *Anglorum* & *Francorum* penitus concordaret; sed proh dolor! ante opus inceptum, morte praeventus, XXI die Decembris, ab hac luce instabili est substractus. Sepultus fuit ibidem, ad tempus, in ecclesia Cathedrali, ad magnum altare. deinde, anni spatio revoluto, ejus ossa ad Abbatiam Sancti *Victoris* juxta *Marsiliam*, ubi quondam Abbas extiterat, fuerant deportata, & in ecclesia, quam ipse pro majori parte de novo construxerat, juxta principale altare sepeliuntur. & in utroque loco, Deo cooperante, fiunt clara miracula; quibus sua merita, qualia sunt apud Deum, cunctis fidelibus apertissime declarantur. Cui successit *Gregorius* XI, Diaconus Cardinalis, prius *Petrus Rogerii* nuncupatus.

Urbanus Papa V moritur.

Hoc etiam anno civitas [4] *Lemovicensis* contra Principem rebellavit, sicut nonnullae aliae villae & castella in *Vasconia*, propter graves exactiones & impositiones ac alia quodammodo importabilia per dictum Principem & suos, ut dicebatur, eisdem imposita rebellabant, divertentes ab ipso & se regi *Franciae* reddiderunt. unde iratus, in redeundo versus *Angliam*, duris oppugnationibus & insultibus circumquaque illam fatigat; demum, arte fodientium, illam cepit, captumque solo tenus fere destruxit; inventos in ea occidit aut cepit. ipse vero propter quandam infirmitatem, qua jugi-

Vascones in Principem rebellant.

1 Sic etiam *MS.* 2 Instantius *W. non male.* 3 *Annivoniam Id.* 4 *Lemonicensis, Id.*

ter vexabatur, & propter defectum pecuniæ, unde rebellantes refrænare nequibat, ad *Angliam* festinabat, & circa principium mensis Januarii, cum uxore & familia, apud Portum de *Plimmouth* applicuit; & relinquens post se in *Vasconia* duos ejus fratres, ducem *Lancastriæ* & dominum *Edmundam* comitem *Cantebriggiæ*, cum aliis viris strenuis & militibus bellicosis.

Hoc anno, rege EDWARDO volente, apud [1] *Clarintoun* venit ad eum rex *Navarræ*, ad tractandum cum eo super certis tangentibus guerram suam, dimissis pro eo in *Normannia* obsidibus usque ad reditum suum illuc: sed rex noster obtinere ab ipso non potuit quod petebat, ideo dictus rex recessit magnis donariis honoratus.

ANNO DOMINI M.CCC.LXXI, & regis *Anglorum* EDWARDI tertii anno XLV, apud *Westmonasterium* in quadragesima celebrato Parliamento, rex petiit à Clero & populo subsidium quinquaginta millium [2] librarum, quod sub deliberatione in convocatione Cleri facta post Pascha, fuit concessum tam à Clero, quam à populo laicali. ad quam quidem summam persolvendam sacerdotes stipendiarii, secundum valorem [3] quod perceperunt erant taxati; minuta etiam beneficia, quæ nunquam prius erant taxata, ad complementum illius similiter erant taxata.

Parliamentum *Westmonasterii.*

Infecto Parliamento, ad petitionem Dominorum, in odium ecclesiæ, amoti sunt episcopi de officiis Cancellarii, & Thesaurarii, & Clericus de Privato sigillo & loco eorum seculares fuerant subrogati.

Clerici amoventur.

Durante Parliamento venerunt *Londonias* sollemnes Ambassiatores, missi à domino Papa ad tractandum cum domino rege de pace; cupiens, ut asseruit, sui prædecessoris exequi voluntatem. sed [4] nullus ex hoc sequebatur effectus.

1 *Claryndoniam W.* 2 Marcarum, *W.* 3 Lege, *quem.* 4 *MS.* legit *nullos.*

[1] Capitulum

[1] Capitulum 47.

ANNO DOMINI M.CCC.LXXII, & regis Anglorum EDWARDI tertii anno XLVI, nono die mensis Junii, idem rex EDWARDUS tenuit Parliamentum apud *Wintoniam*. ad quod de Clero moniti sunt venire quatuor episcopi, & quatuor Abbates duntaxat; & erat factum solummodo, ut putabatur, propter mercatores *Londonienses*, *Norwycenses*, & alios in diversis locis sua mercimonia promoventes, de quibus dicebatur, quod contra regem EDWARDUM voluerunt rebellare.

Parliamentum *Vintonia*.

Quo anno etiam dux *Lancastriæ*, & comes *Cantebriggiæ*, frater suus, cum duabus sororibus, filiabus domini [2] *Petri*, quondam regis *Hispaniæ*, de *Vasconia* in *Angliam* redierunt; quas postea in conjuges acceperunt, dux vero seniorem, & frater suus juniorem.

Hoc etiam anno nutu Papæ ad tractandum de pace inter duo regna exierunt de curia duo Cardinales, *Anglicus* scilicet & *Parisiensis*; qui, ad suas provincias accedentes, diu ibidem, & in locis vicinis hinc inde, tractabant. Demum, acceptis procurationibus, ad Curiam sunt reversi, absque pacis effectu.

Eodem anno erat bellum navale inter *Anglicos* & *Flandrenses*, viceruntque *Anglici*, captis XXV navibus sale onustis. interfectisque hominibus & submersis, ignorantibus *Anglicis* quod de partibus illis fuissent. unde gravis discordia, & guerra, ceteraque mala inter utrosque occasione hujusmodi secuta fuissent, nisi pax amicabilis foret citius reformata.

Prœlium navale inter *Anglos* & *Flandrenses*.

Hoc quoque anno *Franci* obsiderunt villam de *Rochelle*, unde comes de *Pembrok*, juvenis XXV circiter annorum, fuit missus in *Vasconiam*, cum multitudine armatorum, ad removendam obsidionem prædictam. Qui, sulcantes maria, satis securi usque ad portum de *Rochelle* pervenerunt. ubi antequam Portum de *Rochelle*

Galli obsident Rupellam.

1 Sic MS. 2 *Perronis*, W.

prædictum

prædictum intrassent, subito irruit in eos classis *Hispanica*: quos ad pugnam tunc incautos & inordinatos, in multo discrimine personarum, [1] *Hispannii* devicerunt: in isto enim congressu omnes *Anglici* aut erant capti, aut occisi, aut quidam ex iis letaliter vulnerati; naves vero illorum [2] ipsi etiam combusserunt. Igitur captum comitem cum immenso thesauro regni *Angliæ*, aliisque Nobilibus & robustis, in vigilia nativitatis Sancti *Joannis* Baptistæ, in qua festum Sanctæ *Etheldredæ* virginis semper occurrit, in *Hispanniam* adduxerunt. istud namque infortunium quidam asseruerunt sibi contigisse principaliter, tribus de causis: primo, quia ipse uxoratus, rupto fœdere conjugali, cum aliis mulieribus rem nefariam adulterando commisit; secundo, ipse perniciosus quadam inclementia, ut velut insania fatigatus, jura & libertates ecclesiasticas, in quodam Parliamento, delere ex animo affectabat; tertio, ipse protinus stimulo nequitiæ exagitatus regi suasit, & suo concilio, ut viri ecclesiastici bellorum tempore gravius quam alii jugiter multarentur. ista vero ultima summe dominis temporalibus placuerunt, quæ deinceps quasi in [3] consuetudinem gaudentes traxerunt; reputantes se in hoc felices existere, si quandocunque ecclesiam Dei novis impositionibus & tallagiis valeant onerare. Igitur qualiter regno *Angliæ* & ejus incolis postea successit, satis novit & palam prædicat totus mundus.

Item hoc anno rex EDWARDUS, parato navigio copioso, circa finem mensis Augusti, cum magno exercitu mare intravit, ad removendum obsidionem de *Rochelle*; sed ventus contrarius non permisit eum longius à terra recedere. qui, aliquamdiu prope littus maris commorans, ventum prosperum expectavit; sed quod volebat sibi non successit ad votum. demum, cum suis ad terram veniens, statim ut abiit, ventus ad partes oppositas se convertit.

Item obiit hoc anno magister *Thomas Thirlik*, episcopus

1 Ita MS. 2 Ipsi, *Hispani* scilicet. 3 Consuetudinem *licet nunquam* gaudentes, *W.*

scopus *Roffensis*, cui, ex provisione domini Papæ, successit frater *Thomas de Brantone*, Monachus *Norwycensis*, Doctor in Decretis, & Pœnitentiarius dicti nostri Papæ.

ANNO DOMINI M.CCC.LXXIII, & regis *Anglorum* EDWARDI tertii anno XLVII, mense Julii, *Joannes* dux *Lancastriæ*, cum ingenti exercitu, transfretavit in *Franciam*; [1] transivit per [2] *Parisios* in *Burgundiam*; sicque per totum regnum *Franciæ* usque *Burdegaliam*, absque *Francorum* resistentia, equitavit. modicum, vel nullum damnum eis inferri permisit; redemptionem à diversis villis & locis accepit; & ita pertransiit neminem molestando. Nihilominus, decimo die Aprilis, anno sequenti, erat dies belli præfixus, inter ipsum & ducem *Andegaviæ*, juxta civitatem *Tholosam*. Interim vero captæ fuerunt treugæ inter duo regna, ab [3] hinc usque ad XX diem Maii [4] proximo sequentem, proditorie tamen, ut dicebatur; quia dictæ treugæ regem *Angliæ* omnino latebant. Adveniente vero die statuto, aderat illic magnus exercitus *Francorum*, per præfatum ducem congregatus, finaliter tamen dies ille transiit absque bello, non sine pudore ac vituperio *Anglorum*; quia *Francigenæ* jactabant se fuisse paratos in campo die statuto, expectando illorum adventum, & non venerunt. unde multa convitia eis propterea intulerunt, asserentes eos esse falsos, timidos, & vecordes.

Dux Lancastria missus in Franciam cum exercitu.

Eodem anno misit rex EDWARDUS certos ambassiatores ad dominum Papam, rogans eum, ut super reservationes beneficiorum in curia sua factas in *Anglia* de cetero supersederet; ut etiam electi ad episcopales dignitates, suis electionibus pleno jure gauderent; & ut à suis Metropolitanis, prout antiquitus fieri solebat, iidem electi confirmari valerent: sicque super his & aliis diversis, in quibus tam rex quam regnum sentiebant se plurimum gravari, remedia postulabant. Super quibus

Oratores ad Papam missi.

1 Sic *W.* Transiit, *MS.* 2 *Parisium W.* 3 Hanc *Id.* 4 Proximum, *MS. Sed perinde est.*

R vero

vero materiis certa habuerunt responsa; de quibus responsis, cum redirent in *Angliam*, deberet sibi rescribi per regem de voluntate sua & regni, antequam aliquid determinaret super dictis. Quo etiam anno obierunt magister *Joannes Thorsby*, Archiepiscopus [1] *Eborensis*, magister *Joannes Barnet Eliensis*, & magister *Willielmus Lynne Wygorum* episcopi, quibus successerunt auctoritate papali magister *Alexander Nevyl* ad *Eborum*, *Thomas* filius comitis *Arundellæ* ad *Eliensem*, & dominus *Henricus Wakefeld* ad *Wygorum* ecclesias. Hoc quoque anno in Parliamento erat decretum, quod ecclesiæ Cathedrales suis electionibus congauderent, & quod rex de cetero contra electos non scriberet, sed per literas suas ad eorum confirmationes juvaret. hoc autem statutum in nullo profecit.

Dux Lancastriæ de Vasconia redit.

ANNO DOMINI M.CCC.LXXIV, & regis *Anglorum* EDWARDI tertii anno XLVIII, in Parliamento superius memorato concessa fuit domino regi una decima per Clerum, & una [2] decima per populum laicalem. In ista æstate rediit dux *Lancastriæ* de *Vasconia* [3] confestim; postea tota *Aquitannia* præter *Burdegaliam* & *Bayonem*, contra regem *Angliæ* ad regem *Franciæ* se convertit. Quinto die Julii obiit magister *Willielmus Witelesseye*, *Cantuariensis* archiepiscopus; unde monachi ejusdem ecclesiæ, ad eligendum licentiam à rege adepti, Cardinalem *Angliæ* in Archiepiscopum postularent. Qua de causa rex, magna ira commotus, proposuit prædictos Monachos exlegasse; multa vero bona expenderunt, antequam potuerunt super illo facto regis gratiam obtinere. postulationi quoque factæ de Cardinali rex noluit consentire, sed nec Papa, nec Cardinales. Circa principium mensis Augusti, fuit tractatum apud *Bruges* super diversis articulis, pendentibus inter regem *Angliæ* & Papam: duravit iste tractatus fere duobus annis. Tandem concordatum est inter eos, quod

1 Leg. *Eboracensis*. 2 Quintadecima, *W. quod veritati propius*. 3 Sic MS. *Ego suspicor* leg. *Vasconia*; confestim postea.

Papa

Papa de cetero reservationibus beneficiorum minime uteretur, & quod rex beneficia per breve, *Quare impedit*, ulterius non conferret. de electionibus superius tactis, pro quibus dicti Ambassiatores primo ad Curiam erant missi, in isto tractatu nihil penitus erat tactum; & hoc ascribitur aliquibus, qui sciebant potius per Curiam *Romanam* quam per electiones, ad dignitates spirituales, quas ambiunt, promoveri.

Hoc quidem anno, circa festum Purificationis beatæ *Mariæ*, convenerunt apud *Bruges* utriusque regni Nobiles, tam proceres quam etiam Clerici, viri famosi ad tractandum de pace inter duo regna; duravitque iste tractatus per duos fere annos, non sine magnis sumptibus utriusque partis. Tandem recesserunt absque pacis effectu. Tractatus de pace.

ANNO DOMINI M.CCC.LXXV, & regis *Anglorum* EDWARDI tertii anno XLIX, nuncii domini Papæ, tam illi qui venerant pro pace tractanda, quam illi qui venerant ad tractandum inter regem *Angliæ* & dominum Papam, pro ut supra fit mentio, plures procurationes à Clero regni *Angliæ* receperunt. Quarto die Maii translatus est magister *Simon de Sudbury*, *Londoniensis* episcopus, ad ecclesiam Christi *Cantuariensem*, & magister *Willielmus Courtenay*, *Herefordensis* episcopus, translatus est ad ecclesiam *Londoniensem*, & ad ecclesiam *Herefordensem* translatus est [1] *Bangorensis*. Hoc anno, in quodam tractatu de pace, concessæ erant treugæ inter duo regna, à festo nativitatis Sancti *Joannis* Baptistæ usque ad idem festum anni sequentis.

Quo in tempore dux *Britanniæ* dominus *Joannes* [2] *Monford*, habens secum filium regis EDWARDI scilicet, comitem *Cantebriggiæ*, comitesque *Marchiæ* de *Warweyk*, de *Stafford*, & dominum *le Despenser*, cum multis aliis viris bellicosis, in partes *Britanniæ*

---

1 Episcopus *Bangorensis*, *W.* 2 *Monfort Id. quod idem.*

transfretavit. Quibus non multum post reddita fuit villa Sancti *Matthæi* supra mare, & duo castra scilicet de *Brest* & *Orreye*, villam de *Kemperleye* ab eis obessam, in qua erant fere omnes majores *Britanniæ*, indubitanter cepissent, nisi quidam Miles portans nova de treugis supervenisset, præcipiens eis ex parte regis *Angliæ*, ut dimissa obsidione, ad *Angliam* festinarent. Quo audito, soluta obsidione tristes & anxii recesserunt. Quo etiam tempore insula de *Canstantyn*, in qua situatur castrum Sancti Salvatoris, diu obsessa à *Francigenis*, eis redditur cum suis pertinentiis universis, in non modicum regni *Angliæ* detrimentum.

Pestilentia. Hoc anno erant calores nimii, pestilentia quoque pergrandis tam in *Anglia*, quam in aliis diversis mundi partibus, tunc temporis inolevit, quæ infinitos utriusque sexus subita morte consumpsit. Item hoc anno obiit dominus *Robertus* [1] *Wyfeld* episcopus *Sarum*, cui successit magister *Radulphus* [2] *Argum*. Decessit etiam hoc anno dominus *Edwardus le Despenser*, & in Monasterio de *Teukesbury* traditur sepulturæ. Durante ista epidemia dominus Papa, ad instantiam Cardinalis *Angliæ*, concessit omnibus decedentibus in *Anglia* qui de peccatis suis contriti fuerunt & confessi, plenam remissionem, per duas bullas, sex mensibus duraturam. Hoc anno comes de *Penbroke*, per *Bertrandum Claykyn* redemptus, inter *Parisium* itinerando & *Calesiam* versus *Angliam*, die Sanctæ *Etheldredæ* virginis, diem clausit extremum. Tradunt aliqui illum dictam virginem multipliciter offendisse: ideoque talia infortunia suis diebus [3] festivis sibi asserunt contigisse. Item mense Novembris occurrunt apud villam de *Bruges* dux *Lancastriæ* & dux *Andegaviæ*, cum suis Prælatis & magnatibus utriusque regni, ad tractandum de pace.

Comes de Pembroke moritur.

---

1 *Wivil.* 2 *Argins, W.* 3 Festinis, *Id.*

ANNO

[1] Capitulum 48.

ANNO DOMINI M.CCC.LXXVI, & regis *Anglorum* EDWARDI tertii anno L, in principio mensis Maii, idem rex EDWARDUS fecit magnum Parliamentum apud *Westmonasterium* celebrari. in quo, more solito, à Communitate quoddam subsidium petiit sibi concedi pro defensione sui regni ; sed illi de Communitate respondentes dixerunt, se fore quotidie talibus impositionibus, sive actionibus, multipliciter fatigatos, nec tale onus diu posse ferre, absque maximo detrimento dicebant. Nam liquido eis constabat regem pro defensione sui & sui regni sufficienter habere, si regnum foret bene & feliciter gubernatum ; sed quamdiu tale regimen per malos Officiarios habeatur in regno, nunquam illud rerum copia vel divitiis abundabit. hoc itaque se offerebant certissime probaturos ; & si post probationem hujusmodi, inventum fuisset regem ulterius indigere, ipsum libenter juxta eorum facultates juvarent. Postea vero, plura erant delata de duce *Lancastriæ*, & de aliis Officiariis regis ; & potissime de domino de *Latymore* ipsius Camerario, de pessima gubernatione circa regem & regnum. Quare dux *Lancastriæ*, dominus de *Latymore*, & alii magni Officiarii regis, erant amoti ; & in eorum loco alii subrogati. Item, ad petitionem Communitatis, extitit ordinatum, quod certi episcopi & comites, ac alii domini laudabiles, regem & regnum de cetero gubernarent ; eo quod rex in senium jam vergebat ; sed ista ordinatio vix per tres menses duravit. Deinde isti de Communitate de quadam *Alicia* [2] *Perers* graviter sunt conquesti, quæ nimis familiaris erat domino regi EDWARDO. Hæc enim fuerat accusata de plurimis malis, quæ per eam & ejus fautores fiebant in regno. nam supra modum mulierum nimis est supergressa ; sui etenim sexus & fragilitatis fæmineæ immemor, nunc juxta Justitiarios regios residendo, nunc in foro ecclesi-

Parliamentum *Westmonasterii.*

Alicia Perers.

---

1 Ex *MS.* 2 *MS.* legit *Perers*, *W.* vero *Peres.*

siastico

astico juxta Doctores sedendo, & pro defensione causarum suarum suadere, ac etiam contra jura postulare minime verebatur: unde propter scandalum & dedecus, quæ inde regi EDWARDO plurimum [1] resultabant, petierunt ab illo, eam penitus amoveri. Item in isto Parliamento quædam sinistra de quodam *Ricardo Lyons*, & *Adam Bury* [2] Mercatore *Londoniensi* fuerunt in lucem deducta. Primus vero, mediante pecunia, ab hujusmodi clade valde sagaciter, immo prudenter evasit. Secundus, nempe ad sibi imposita stupefactus protenus de regno aufugit. Præterea inter istos de Communitate affuit, quidam Miles sapiens, facundus & eloquens nomine *Petrus de la* [3] *Mere*. in cujus ore sententia omnium dependebat. Hic vero, prout erat informatus, contra prædictam *Aliciam* & quosdam alios de consilio domini regis quædam, secundum quod egerunt, in publicum deduxit; qui propterea, ad instantiam præfatæ *Aliciæ*, apud *Notingham* erat perpetuo carceri adjudicatus. in quo, licet ejus amici sæpius supplicassent pro eo, biennio tamen manebat incarceratus.

Petrus de la Mere.

Octavo die Julii, durante adhuc Parliamento apud *Westmonasterium*, in Palatio regis defunctus est Princeps *Walliæ*, primogenitus regis EDWARDI, videlicet in die Sanctæ Trinitatis. Quo die, ob reverentiam tanti festi, ubicunque foret in orbe, maximam solemnitatem quolibet anno consueverat celebrare. Cujus fortunam militiæ, tanquam alterius *Hectoris*, omnes gentes tam Christiani quam Pagani, dum vixit [4] sanus, plurimum formidabant [5]. Corpus vero ejus in Ecclesia CHRISTI *Cantuariensi* honorifice sepelitur. Quo extincto, profecto extinctus est cum eo effectus Parliamenti, nam illi de Communitate, cum quibus ipse tenebat, non sunt talem exitum dicti Parliamenti sortiti, qualem pro meliori habuisse sperabant.

Edvardi Principis obitus & elogium.

Cantuaria sepelitur.

1 Resultabantur, MS. 2 Mercatoribus *Londoniensibus W.* 3 *Mare W.* 4. Incolumis *W.* 5 Merito addit *Walsing. Eo igitur obeunte*, omnis obiit spes *Anglorum. quo quidem superstite nullius hostis incursum, quo præsente nullius belli* congressum *Anglici timuerunt. Qui nunquam, eo præsente, passi probra male gesta sive deserta militia: qui nullam gentem adiit, quam non vicit; nullam civitatem obsedit, quam non cepit.*

Hoc

Hoc etiam anno, circa principium mensis Julii, homines & tenentes comitis de *Warwick* contra Abbatem & conventum de *Evesham* & eorum tenentes nequiter & malitiose insurrexerunt. Abbatiam cum villa destruere conabantur. homines vero illorum quosdam verberibus multimode afflixerunt, quosdam letaliter extinxerunt; venientesque ad eorum maneria clausuras [1] porcorum fregerunt, & incendio combusserunt; feras quoque occiderunt, nihil parcentes; capita etiam vivariorum frangentes, aquas excurrere permiserunt, pisces ceperunt, & secum asportarunt. Damna enim dictis locis, immo dispendia gravissima, intulerunt; pro certo dictam Abbatiam cum suis membris, secundum quod tunc verisimile videbatur, finaliter destruxissent, nisi rex manus adjutrices citius apposuisset, mittendo Litteras ad præfatum Comitem, præcipiens ut hujusmodi malefactores ac pacis perturbatores compesceret. sicque timore regis, & amicis mediantibus pax inter ipsos fuerat reformata. Volunt quidam, quod propter istam brigam rex per illos in Parliamento constitutos noluit gubernare; unde filium suum, ducem *Lancastriæ*, ad sui & regni regimen reassumpsit. qui usque ad mortem regis sic stetit.

Insultus Abbatiæ de Evesham factus.

Eodem anno, statim post purificationem Sanctæ *Mariæ*, apud *Westmonasterium* celebrato quodam Parliamento rex petiit subsidium à clero & populo sibi dari: subsidium tunc erat sibi concessum; videlicet, quod à qualibet Laica persona utriusque sexus, annos XIV excedente, perciperet quatuor denarios, exceptis notorie pauperibus, qui publice mendicarent. Et de qualibet Ecclesiastica persona promota XII denarios, & de singulis aliis non promotis IV denarios, exceptis Fratribus quatuor Ordinum mendicantium.

Parliamentum Westmonast.

Per idem tempus surrexit in Universitate *Oxoniensi*, quidam [2] borealis Magister *Joannes* [3] *Wyclif* secularis & doctor in Theologia, tenens publice in Scholis & alibi conclusiones erroneas & hæreticas, ac statui universalis

Joannes Wiclivius.

1 *Lege*, parcorum. 2 Borialis *MS*. 3 *Wicklef W*.

Ecclesiæ

Ecclesiæ contrarias & absurdas; præcipue quoque contra Monachos & alios Religiosos possessionatos male sonantes: unde ut suam hæresin fortius palliaret, ac sub [1] quæsito colore latius dilataret, adscivit sibi comites unius sectæ in simul *Oxoniæ* & alibi commorantes longis vestibus de russeto indutos, nudis pedibus incedentes, tales errores in populo ventilantes, palam & publice in eorum sermonibus prædicantes. Ista vero inter cetera

Wiclivii Doctrina. tenuerunt ad unguem sibi: quod eucharistia in altari post Sacramentum verum corpus CHRISTI non sit, sed ejus figura. Item quod ecclesia *Romana* non est caput omnium ecclesiarum, plusquam una alia ecclesia; nec major potestas per CHRISTUM data fuit *Petro* quam cuilibet altero apostolo. Item quod Papa *Romanus* non habet majorem potestatem in clavibus ecclesiæ, quam quiscunque alius in ordine sacerdotii constitutus. Item, quod si [2] Deus est, domini temporales possunt legitime & meritorie auferre bona fortunæ ab ecclesia delinquente. Item si dominus temporalis noverit ecclesiam delinquentem, tenetur sub pœna damnationis ejus ab ea temporalia auferre. Item quod evangelium sufficit ad regulandum in vita ista quemlibet Christianum. Et quod omnes aliæ regulæ Sanctorum, sub quarum observantiis degunt diversi religiosi, non plus perfectionis addunt Evangelio, quam albedo parieti. Item quod Papa, nec aliquis alius Prælatus, deberet habere carceres ad puniendum delinquentes, sed quilibet delinquens posset libere quocunque vellet transire, & facere quæ sibi placeret. Hæc & plura alia publice, in subversionem nostræ fidei asserunt & affirmant; in tantum quod domini & magnates terræ, & multi de populo, ipsos in suis erroribus favent & fovent; eo quod tantam potestatem, ad auferendum temporalia à viris ecclesiasticis, ipsis ascribunt: propter quod istæ conclusiones coram Papa in audientia exhibitæ & lectæ, XXIII earum, tanquam hæ-

Damnatur. reticas & vanas ipse Papa damnavit, dirigensque Bullas suas hoc anno domino archiepiscopo *Cantuariensi* &

1 Exquisito, *Id.* 2 Dominus, *W.*

episcopo

episcopo *Londoniensi*, ut ipsarum auctoritate dictum Magistrum *Joannem* facerent arestari, & super conclusionibus diligenter examinari. Quo facto, atque habita declaratione super ipsis, quamvis ficte dictus dominus archiepiscopus sibi & omnibus aliis super illa materia, præsente domino duce *Lancastriæ*, indixit silentium, prohibens quod de cetero illam materiam nullatenus tangeret aut tractaret, neque illam permitteret alios ventilare. Qui tam ipse, quam alii aliquamdiu siluerunt; tandem, contemplatione temporalium dominorum, easdem opiniones, immo illis pejores, post modum reassumentes, diutius in eorum malitiis perstiterunt. Nec ab inceptis persuasionibus destiterunt, quamvis à multis pro hujusmodi ut desisterent, fuerant sæpius requisiti.[1]

Silentium illi indicitur.

Eo vero die, quo præmissa *Londoniis* erant peracta, propter quoddam verbum injuriosum à duce *Lancastriæ* episcopo *Londoniensi* prolocutum, confestim *Londonienses* unanimiter consurgentes, assumptisque armis ipsum ceteris postpositis occidere proponebant. Sed dictus episcopus, ne hoc fieret, omnino prohibuit; & nisi episcopus tunc præsens ibidem fuisset, hospitium [2] suum de *Savoye* velociter combussissent: vix tamen ab illo proposito potuit eos episcopus refrænare. tandem ad ipsius nutum pacifice quieverunt. Dux vero, audito tumultu, statim consurgens à prandio ad Manerium de *Kenyngstone*, ubi tunc *Ricardus* filius principis [3] casualiter morabatur, festinus accessit [4]. Alia etiam opprobria sibi per vicos fecerunt. qua de causa odiosum animum diu contra eos gerebat; in tantum, quod Majorem & seniores eorum qui præfuerunt tunc fecit deponi, & in loco illorum alios subrogari.

Tumultus contra D. Lancastriæ.

Hoc etiam anno, statim post festum Sancti *Michaelis*, *Ricardus*, filius Principis, factus est Princeps *Walliæ*. cui rex EDWARDUS contulit ducatum *Cornubiæ* & comitatum *Cestriæ*. Eo anno, vicesimo secundo

Richardus Princeps Walliæ.

1 Hi vocabantur à vulgo *Lollardi*. *W.* 2 Dicti ducis. *Id.* 3 *Cum matre sua* casualiter, *Id.* 4 Coram quibus de opprobriis illis illatis horribiliter sunt conquesti. *Id.*

S die

die Julii, *Avinonia* obiit dominus *Simon Langham*, Cardinalis *Angliæ*. Circa principium mensis Octobris Papa *Gregorius* transtulit se, cum Curia sua, de *Avinonia* versus *Romam*.

ANNO DOMINI M.CCC.LXXVII, & regis *Anglorum* EDWARDI tertii anno LI & ultimo, XXI die Martii dominus *Joannes Ministreworth*, Miles, *Londoniis* primo fuit tractus, deinde suspensus, & postea decollatus: Postremo vero corpus ejus quadripartitum ad quatuor civitates famosas in *Anglia* mittebatur per partes, caput vero ejus super pontem *Londoniensem* erat affixum. fuit namque iste *Joannes* regi & regno infidelis, cupidus, & perversus, eo quod frequenter magnas summas pecuniæ à rege, pro vadiis hominum armorum acceptas, in usus proprios convertebat; propter quod, immo & propter plura alia sibi imposita, timens mortem aliquando incurrere, ad regem *Francorum* latenter aufugit: cui facta fidelitate promisit [1] classem *Hispanicam*, in dedicationem *Anglorum*, ad illorum fines adducere; sed Deus justus, cui nullum latet secretum, juste permisit illum antea intercipi & puniri, [2] ut dolose Dominum suum regem solumque natale nequiter infestando, suum iniquum propositum tam proditorie adimplesset.

Joannes Minsterworth decollatur.

Qualis vir fuerat.

Rex EDWARDUS in festo Sancti *Georgii* Martyris, apud *Wyndeshore*, *Ricardo de Burdewes* heredi suo contulit ordinem Militarem. qui postquam quinquaginta annis & amplius regnasset, XXI die Junii, apud manerium suum de *Schene* diem clausit extremum. corpus ejus apud *Westmonasterium* honorifice est humatum. erat namque iste rex EDWARDUS inter omnes Mundi magnificos gloriosus, & bonitatis immensæ, dictus [3] antonomatice gloriosus, quia virtute gratiæ divinitus sibi concessæ suos universos Prædecessores, viros illustres & nobiles, quadam excellentia præfulgebat. corde magnanimus, quia propter infortunia & incommoda

EDVARDUS rex moritur.

Ejusdem elogium.

1 Classem *Hispanicam* se adducturum ad regnum *Angliæ* invadendum. *W.*
2 Leg. *quam* pro *ut*. 3 Antonomasice graciosus, *W.* Forte, *Antonomastice*.

quæcunque

quæcunque accidentia nequaquam expavit, aut vultum mutavit. belliger insignis & fortunatus, quia in terra & mari in hujusmodi bellicis congressibus triumphali gloria victoriam reportavit; clemens & benignus, familiaris & mansuetus etiam in omnes, tam externos quam internos suos subditos, & alios sub ejus regimine constitutos; Deo devotus, quia ecclesiam Dei, & ejus ministros, in maxima veneratione habebat. In curis temporalibus tractabilis, providens in consilio & discretus, in eloquii suavitate affabilis atque mitis, in gestu & moribus compositus & maturus, afflictis compatiens, in beneficiis conferendis profusus. In rerum affluentia satis modestus, in ædificiis construendis mirabiliter curiosus, leniter ferens damna, deditus aucupationi attentius circa illam vacabat; corpore elegans vultum habens Deo similem, quia tanta gratia in eo mirifice relucebat, ut siquis in ejus faciem palam respexisset, vel nocte de illo somniasset, illo die indubie speravit sibi jucunda solatia & prospera evenire; regnum vero suum, usque in senium, strenue gubernavit. Largus in donis, & prodigus in expensis. Erat enim in universa morum honestate præclarus, unde sub eo vivere erat regnare. In tantum namque ejus fama percrebuit apud barbaras Nationes, ut in ejus magnalia prædicando astruerent, nullam terram sub coelo fuisse, qui tam nobilem regem, tam generosum, aut felicem unquam produxit, vel eo extincto consimilem forsitan posteris suscitabit. Luxus tamen & motus suæ carnis etiam in senili ætate non cohibuit, unde citius, ut creditur, propter illius immoderantiam finivit vitam. Et profecto est hic summe notandum, prout ejus gesta supra testantur, quia sicut in ejus primordio cuncta grata & prospera successive ipsum inclytum reddiderunt; sicque ejus media ætate in summa gloria & honore exuberante felicitate transacta; ita vero eo ab senilem ætatem vergente, & ad occasum tendente, peccatis exigentibus, paulatim illa felicia decrescebant, infortuniaque infausta enormia,& alia incommoda,crebescentibus malis pullulare cœperunt. & quod gravius est, longam continuationem diu postea habuerunt.

Expliciunt gesta Regis EDWARDI *tertii. Incipiunt gesta Regis* RICARDI *secundi, filii illustrissimi principis* Edwardi, *qui Regem* Franciæ *captivavit.*

ANNO DOMINI M. CCC. LXXVII, RICARDUS de *Burdeaus* filius domini *Edwardi* illustrissimi, & nostro tempore incomparabilis, Principis *Walliæ*, heredis & primogeniti excellentissimi regis *Angliæ* domini EDWARDI tertii nuper defuncti, in principio undecimi ætatis suæ anni, XVII calendas Augusti, videlicet, in vigilia Sancti *Kenelmi* Regis & Martyris, à domino *Simone* Archiepiscopo *Cantuariensi*, apud *Westmonasterium*, cum maxima celebritate, coronatur in regem totius monarchiæ regni *Anglorum*. cui *Londonienses*, in sua coronatione, maximum honorem præbuerunt. infra quam solemnitatem quatuor exaltavit in comites, videlicet avunculum *Thomam de Woodstock* ad *Buckingham*, dominum de *Percy* ad *Northumbriam*, dominum de *Moubray* ad *Notyngham*, & quendam [1] Militem *Vasconiæ*, magistrum suum, ad *Huntindoniam*.

Ricardus II coronatur.

Hoc anno, circa nativitatem Sancti *Joannis*, à tractatu pacis totaliter est recessum; nam *Franci* pacem noluerunt habere, nisi concordia pro majori parte juxta voluntatem eorum transisset: & si fuisset concordatum, non modicum damnum esset regno *Angliæ* generatum. Eodem tempore, statim post mortem regis, *Franci*, cum multis galeis & navibus intrantes mare, venerunt ad villam de *Rie*, juxta Monasterium de *Bello*, & applicuerunt ad terram, ipsamque villam deprædantes combusserunt & destruxerunt usque ad solum. & sic recedentes duxerunt secum plures utriusque sexus captivos,

Franci infestant *Angliam*.

1 Sc. *Gisardum*, seu *Guiscardum*, de *Angolisme*.

&

& reliquos quos repererunt occiderunt. Et postea intrarunt Insulam *Vectam*, ubi postquam aliqua loca spoliassent & concremassent, accipientes mille marcas pro redemptione ipsius, redierunt ad mare; & continue, usque ad festum Sancti *Michaelis* circuierunt, per maritima loca *Angliæ* comburentes & vastantes loca plurima, & maxime in partibus australibus, interficientes quosque poterant invenire, capientesque prædas animalium & aliarum rerum, & aliquando prisonarios, damnum modicum reportarunt, quia parvam resistentiam habuerunt. Istis enim XL. annis elapsis, ut creditur, non fuerunt in *Anglia* tot mala facta per inimicos, sicut in illo quarterio fuerant perpetrata. *Vectam J. capiunt.*

¶ Post coronationem regis, facti ex communi assensu deputati fuerunt, ad gubernationem regis & regni, ipso in minori ætate manente, duo episcopi, duo Comites, duo Barones, duo Baronetti, duo Bachelarii Milites, cum uno juris terreni perito. Ordinatum etiam fuit, quod isti quolibet anno erunt amoti, & alii in loco eorum electi. *Deputati ad regnum gubernandum.*

Hoc anno *Joannes Haukwood*, de quo mentio supra fit, duxit in uxorem filiam domini [1] *Bernabo* domini *Mediolani* scilicet Bastardam, cum qua idem dominus contulit dicto *Joanni* ad valorem X. M. Florenorum annui reditus; & ex tunc aliquas commitivas non duxit, ut prius. *Joannes Haukwood.*

Eodem anno, in quindena *Michaelis*, erat Parliamentum *Londoniis* convocatum, quod fere usque ad natale DOMINI perduravit. In quo Parliamento concessæ erant regi à Clero duæ decimæ, simul in principio mensis Martii persolvendæ; & à laico populo duæ quintodecimæ, in festo Purificationis similiter solvendæ, ad regni defensionem & inimicorum expugnationem. Hoc etiam anno, statim post festum omnium Sanctorum, dominus *Thomas de Woodstock*, comes de *Buckingham*, dux *Britanniæ*, dominus *Latemere*, & dominus *Robertus de* [2] *Walys*, Prior Hospitalis Sancti *Joannis Angliæ*, *Parliamentum Londoniis.* *Angli intrant Mare.*

1 F. *Barnabone.* 2 *Knolles*, W.

cum

cum electa multitudine armatorum, mare sine equis intraverunt; unde, in nocte Sancti *Martini*, tanta vis venti & pluviæ [1] accedebat, quod fere omnia ornamenta navium eorum defregit. sic quod coacti sunt redire ad terram. sed navibus eorum reparatis remearunt ad mare, & cito ante Natale DOMINI revertentes nihil vel modicum profuerunt.

Gregorius Papa XI *Romæ* moritur.

ANNO DOMINI M.CCC.LXXVIII, *Gregorius* Papa undecimus, XXVII die mensis Martii, moritur apud *Romam*. post cujus mortem, Cardinalibus pro electione novi Papæ in Conclave ingressis, magna multitudo communitatis urbis *Romæ*, sumptis armis Palatium invadentes, quasi voce minatoria clamaverunt, *Italicum* se velle in Papam habere; unde Cardinales, timentes sibi vim inferri, quendam Cardinalem *Romanum* decrepitum, ad sedandam eorum seditionem & clamores, in sublimi ponentes, finxerint se elegisse in Papam: & tunc, post recessum populi, Archiepiscopum *Barensem*, de Regione *Neapolitana* oriundum, Cancellarii in Curia vices gerentem, VIII die mensis Aprilis, concorditer elegerunt. qui *Urbanus* sextus nominatus, XVIII die ejusdem mensis, videlicet die Paschæ, ad gradus ecclesiæ Sancti *Petri* fuit solemniter coronatus & consecratus: sicque Pontificalibus indutus Cardinalibus omnibus, qui tunc erant in Curia præsentes, comitantibus, statim equitavit ad ecclesiam *Lateranensem*; ubi missa ab eo cantata ad Palatium remeavit. cum quo ipso die omnes Cardinales extiterunt, & postea canonicam obedientiam sibi facientes, ac supplicationes varias porrigentes, cum eo steterunt in pace; succedenti tamen tempore, cum iste *Urbanus* voluisset, quod Cardinales sui suas magnas pompas dimisissent, & cum moderata familia ac cum cibis ac potibus moderatis vixissent, suosque titulos reparassent construxissent & in eis habitassent, videbatur eis grave, quod nitebatur eis imponere, circa nativitatem Sancti *Joannis* secreto ad invicem con-

1 Sic MS. Sed leg. suspicor; *accidebat*.

spirabant,

spirabant, & contra eum rebellare unanimiter disponebant; clamque recedentes ab eo in regionem *Neapolitanam* aufugerunt. quos regina ejusdem, in quoddam Castrum recipiens eos contra dictum *Urbanum* diu favebat. Asserebant enim isti Cardinales eum verum Papam non esse, quia, ut dixerunt, nisi fuisset propter metum mortis eum minime elegissent; sicque Cardinalem *Gebennensem* vulgariter nuncupatum, filium quondam comitis *Gebennis*, consanguineum regis *Franciæ* de novo elegerunt, ipsum *Clementem* VIII nominantes, dictoque regi *Franciæ* pro auxilio impendendo litteras direxerunt. Cui *Clementi* Schismatico, ejusque Cardinalibus, rex *Franciæ* cum omnibus sibi adhærentibus consilio & auxilio, in quantum valet, succurrit; & ita horribile schisma in capite universalis ecclesiæ est exortum. Papa vero circiter XX Cardinales de novo creavit, & Cardinales schismaticos excommunicavit, omnibus beneficiis privavit, & ad omnimoda beneficia in posterum obtinenda inhabilitavit.

Schisma in ecclesia *Romana*.

Eodem anno, circa principium mensis Aprilis, intrarunt mare sine equis domini comites *Arundelliæ* & *Sarum*, cum armatorum multitudine copiosa; qui circa festum Pentecostes, absque damno nostris inimicis illato, ut dicitur, sunt reversi. in quorum primo ingressu in mare, dum duo Fratres, videlicet domini *Philippus* & *Petrus Courteneye*, se nimis indiscrete inter paucas naves [1] ingresserunt, subito supervenit una magna Classis *Hispanica*, cui quum non fuerunt potentes resistere, frater *Philippus*, cum de suis aliquot perdidisset, graviter vulneratus aufugit; & *Petrus*, inter naves inimicorum conclusus, cum diu intra hostes suos viriliter & nobiliter dimicasset multis vulneribus circumfusus, tandem capitur, & cum paucis militibus, quo nescitur, abducitur. ante cujus captionem, in navi ipsius *Petri*, omnes valentes Armigeri de comitatu *Devoniæ*, & *Somersetenses* occisi fuerunt & submersi. quod nobis in magnum damnum tendebat.

Angli iterum mare intrant.

1 Ita MS. *quid si legamus?* ingesserunt; Sed ἐπέχω.

Eodem anno consequente post nativitatem Sancti *Joannis* intravit mare, similiter sine equis, dominus dux *Lancastriæ*, comes de *Bokyngham* frater ejus, comites de *Warwick* & *Staffordiæ*, & alii multi magnates & domini, cum innumerosa multitudine armatorum. Et applicantes in *Britanniam*, villam de *Saynt Malows* bene per mensem continuo obsiderunt, & tandem eorum obsidio per inertiam & negligentiam erat delusa; & sic in *Angliam* redierunt, modicumque suis adversariis nocuerunt.

Maclovium frustra obsessa.

Libertates ecclesiæ *West.* violatæ.

Eodem anno, in crastino Sancti *Laurentii*, filii *Belial*, filii scelerati de familia regis, nescientes Dominum, nec ei dantes honorem, sibi plures iniquitatis filios adunantes in ecclesiam Abbatiæ *Westmonasterii* inter magnæ missæ solemnia armati intrarunt; & in quosdam valentes armigeros, videlicet [1] *Schakel* cognomine, & *Robertum* [2] *Hawleye*, qui ut credebatur injuste persecuti, de Turri *Londoniensi* ob refugium illuc confugerant, impetum facientes, dictum *Robertum*, eis aliqualiter ut potuit resistentem, unanimiter insequuntur, ac ipsum in choro, coram stallo Prioris, turpiter & nequiter occiderunt. nec non quendam Clericum, ministrum ejusdem ecclesiæ, eis suggerentem ut ob Dei reverentiam pepercissent, trucidaverunt. Sicque immunitatem & privilegia ecclesiæ antedictæ, per plures *Romanorum* Pontifices & reges *Angliæ* confirmata, quæ per multorum annorum curricula usque ad id temporis inviolata manserant & illæsa, isti malefactores frangentes, dictum *Schakel* ab ecclesia extraxerunt, & secum ad præfatam Turrim *Londoniensem* reducentes in carcere retruserunt. Hujus enim Comitivæ nefandæ quidam milites scilicet dominus *Radulphus de Ferrariis*, senex dierum malorum inveteratus, ac dominus *Alanus* [3] *Boxhulle* turris prædictæ capitaneus, extiterunt ductores & duces; ut de eis dicatur illud Evangelii, *milites quidem hæc fecerunt*.

1 *Joannem Schakel*, W. 2 *Haule*, Id. 3 *Buxille*, W. in *Hyp. N.*

Hoc

Hoc eodem anno, XII Kal. Novembris, rex RICARDUS apud *Gloceſtriam* ſuum Parliamentum incepit tenere; nam certi domini de *Anglia* timentes *Londonienſes* propter memoratum factum nefandum in eccleſia *Weſtmonaſterii* commiſſum, diſſuaſerunt domino regi ſuum Parliamentum ea vice apud *Weſtmonaſterium* celebrare; ut ſuum iniquum propoſitum, contra libertates eccleſiæ *Anglicanæ* deſtruendas conceptum liberius ducerent ad effectum. In hoc enim Parliamento aliqui Principes & domini, qui forte illius facti erant conſcii, convenerunt in unum aſſociantes declinare, videlicet Doctores & [1] Magiſtri prurientes auribus, ex quibus *Wycliffe* ſuperius nominatus, cum aliis hujuſmodi, extitit principalis; qui eis in iſta materia malignum conſilium præbuerunt, ſicque ad invicem conſpirantes in quantum poterant laborarunt omnes immunitates & privilegia eccleſiæ *Weſtmonaſterienſis*, & aliarum eccleſiarum, ſimiliter extirpare & penitus enervare. in tantum vero tunc contra eccleſiam ſævierunt, quod nullus erat auſus publice Abbati *Weſtmonaſterienſi* conſilio vel auxilio in iſta cauſa aſſiſtere, ſeu aliquem ſermonem pro eo proferre. Sed Deus, qui eccleſiam ſuam ſupra firmam petram fundavit, non permiſit malignorum conſilium contra eam finaliter prævalere; immo fideles populos adverſus inimicos ipſius fecit exſurgere, qui cum eccleſia eis fortiter reſtiterunt. Et ita Deus tandem cor regis in clementiam convertebat, quod eccleſiam prædictam libertatibus, immunitatibus, & privilegiis gaudere permiſit, & ea de novo etiam confirmavit.

Parliamentum *Glovernia*.

Eccleſia *weſt.* privilegiis ſuis reſtituta.

Hoc anno, menſe Januarii, obiit Frater *Joannes Brinkeleye*, Abbas Monaſterii de *Burgo Sancti Edmundi*; poſt cujus mortem cito non expectato electo, ut cavit jus commune, dominus Papa contulit Abbatiam Monaſterii ipſius fratri *Edmundo Brounfeld*, monacho ejuſdem Monaſterii, ſacræ Paginæ profeſſori, procuratoris ordinis Nigrorum monachorum regni *Angliæ* in

Joannes Brinkeley obit.

1 Magiſtros *MS*. Deſpiciat Lector. mihi certe, poſt τὸ *declinare*, aliquid deeſſe videtur.

Curia *Romana* gerenti officium. quæ quidem provisio, seu collatio, postea præfato monasterio versa est in maximum detrimentum.

Inundationes aquarum maximæ.

Maximæ inundationes aquarum, venti etiam & tonitrui tempestates, in principio Parliamenti, tenti apud *Glocestriam* extiterunt; ita quod nulli, nisi per navem, vel equos, illuc patebat accessus: & vix transiit dies, quousque Parliamentum esset finitum, quin in eo pluebat.

[1] Capitulum 2.

Parliamentum *London*.

ANNO DOMINI M.CCC.LXXIX, inter Paschen & Pentecosten, rex aliud Parliamentum *Londoniis* tenuit; in quo unum subsidium fuerat concessum. Eodem anno, circa festum nativitatis Sancti *Joannis*, *Clemens*, Papa schismaticus, latenter de *Italia* fugiens, ad *Avinioniam* pervenit. ubi cum suis Cardinalibus schismaticis Curiam suam tenet.

Clemens Antipapa.

Britannia ad *J. de Monte-Forti* revertit.

Isto anno, circa idem tempus, omnes Barones *Britanniæ*, præter quatuor, cum tota ferē communitate ipsius, nolentes falsitatem & tyrannidem regis *Franciæ* & suorum ulterius sustinere, quasi subito & insperate ad suum rectum dominum *Joannem de Monte-Forti* se converterunt. Super qua materia miserunt statim multos valentes Ambassiatores, tam milites quam alios cum literis ad regem *Angliæ*, & dictum dominum *Joannem de Monte-Forti* Ducem *Britanniæ*, ad notificandum eis voluntatem eorum; super quorum legatione habitis diligenti tractatu ac deliberatione & exactione maturis, tandem, facta sufficiente securitate ex parte Baronum *Britanniæ* consensum est, ut prædictus Dux cum certa potentia ad terram *Britanniæ* se transferret; quod & cito post fecit.

Edmundus Brounfeld.

Circa hoc tempus dictus Frater *Edmundus* [2] *Brounfeld* in *Anglia* secreto applicuit, & infra modicum tempus XIII. Monachos de dicto Monasterio Sancti *Edmundi* ad suum consensum attraxit. Quorum fretus con-

1 Ita *MS.* 2 *Brumfielde*, *W.*

silio

silio & auxilio [1] ecclesiam Sancti *Edmundi* & nactus possessionem, ibidem fuerat installatus. Quod videntes Prior & alii fratres dicti Monasterii ferventer erga dominum regem & ipsius concilium prosequuntur, & statim missum est, & auctoritate regis dictus *Edmundus* capitur, & coram regis concilio accersitur; ac sibi, quod dictam Abbatiam impetrasset, contra regis statuta edita contra hujusmodi impetrantes, opponitur. propter quod infra Turrim *Londoniensem* recluditur; & post certum tempus ad castrum de *Natingham* transfertur, ibidem sub custodia remansurus. Monachi vero, qui in istis sibi consenserant, præter duo vel tres qui evaserunt, jussu Concilii domini regis ad diversa Monasteria *Angliæ* sunt dispersi. & ita pro hujusmodi impetratione, & collatione magna perditio atque damnum Monasterio præfato evenit, quod non modicum est dolendum. Ideoque ista resistentia in hac parte est facta, ne provisiones Monasteriorum ad collationem Curiæ *Romanæ*, sicut Episcopatuum, in posterum volverentur. nec Papa, ad preces regis, voluit confirmare electum Monasterii supradicti.

Dissentio inter reges Fran. & Navar.

Circa annum præcedentem orta est magna dissentio inter regem *Franciæ* & *Navarræ*; unde rex *Navarriæ* tradidit ad tempus regi *Angliæ* villam suam de [2] *Chirburgh* cum castello in *Normannia* supra mare. ad quorum custodiam & defensionem rex *Angliæ* misit certam potentiam hominum armatorum, ad deprimendum *Francorum* & *Normannorum* malitiam. Unde hoc anno, circa mensem Octobris, fere tota fortitudo bellicosorum totius *Normanniæ* congregati voluerunt inprovisо nostros apud *Chyrburgh* intercepisse; sed nostri, de eorum insidiis præmoniti, seipsos contra eos viriliter defendebant, unde inter eos diu gratia mediante nostri tunc fuerunt victores: licet multi eorum fuerant graviter vulnerati. & fere omnes majores ac famosiores totius *Normanniæ* in illo conflictu fuerunt occisi. Et dominus

1 Forte Legend. *Ecclesiam* S. Edmundi intrat, *&* *nactus* *possessionem*.
2 *Scherburgh* & *Cherburgh*, *W.*

Oliverus Cleykyn, tunc captus erat ibidem, & captivus adductus in *Angliam*.

Comes S. Pauli. Hoc anno Comes Sancti *Pauli de Picardia*, qui anno DOMINI M.CCC.LXXIV juxta *Calesiam* ab *Anglicis* captus erat, & usque ad hoc tempus in [1] *Angliam* permansit captivus, duxit in uxorem pro redemptione sua sororem regis *Angliæ* ex parte matris, filiam quondam domini *Thomæ Holand.* & sic in terram suam liber abire permittitur. Hoc etiam anno obiit *Henricus* rex Hispanorum intrusor, & filius ejus coronatur pro eo in regem.

Jo. de Arundel. Eodem anno in principio mensis Decembris dominus [2] *Joannes de Arundel*, frater comitis de *Arundelle* cum electa multitudine armatorum, habentes secum equos, ad ducem *Britanniæ* destinati, apud portum de *Plimmouth* mare intrarunt; unde subito & insperate, in crastino Sancti *Nicolai*, cum tunc esset nimia in terra serenitas, oritur eis tempestas sævissima, à turbine procellarum pluviæ & venti procedens; sic quod quasi arte diabolica naves ab invicem pro perpetuo disperguntur. & vi tempestatis illius aliquæ naves ad terram in *Hibernia*, aliquæ in *Wallia*, aliquæ in *Cornubia*, & aliæ in diversis aliis locis differuntur; & ibidem rumpuntur. sic quod omnes, præter paucas, illo turbine perierunt; & mille, & ultra, personæ hominum in mari similiter fuerunt submersi. Inter quos dictus dominus *Joannes Arundelle*, dux & Princeps illius exercitus, illo naufragio mortem sustinuit; ac multi alii strenui milites & armigeri, in diversis maris partibus, demerguntur. fere etiam omnibus eorum equis & rebus perditis & submersis. Pro

Parliamentum London. quo quidem infortunio, in octavis Sancti *Hillarii*, Parliamentum *Londoniis* convocatur. In quo Parliamento, inter alia, concessa fuit domino regi una Decima ab omnibus viris Ecclesiasticis, tam presbyteris stipendiariis quam beneficiatis, solvenda: & una quintadecima de populo seculari.

---

1 *Anglia*. 2 *L. Joannes Arundel*, fratris Comitis de *Arundelle*, *& alii*.

ANNO

ANNO DOMINI M.CCC.LXXX, circa principium, *Symon* Archiepiscopus *Cantuariensis* officium Cancellarii *Angliæ* super se assumpsit; de quo officio dominus *Ricardus Scrop*, per invidiam aliquorum, erat amotus. Dominus *Robertus Halys*, Prior Hospitalis Sancti *Joannis* in *Anglia* Thesaurarius etiam tunc efficitur. Quæ quidem officia vitæ utriusque, pro dolor! finem accelerabant.

Circa principium mensis Maii comes *Marchiæ* cum certa potentia pugnatorum in *Hiberniam* transfretavit, ad domandum feritatem *Hibernicorum*, qui pro majore parte omnes terras Comitatus sui *Holvestor* per longa tempora occuparunt. qui, Deo cooperante, felicem expeditionem nactus, infra spatium medietatis unius anni X vel XI reges sibi subjecit & interfecit, & terras quas injuste occuparunt, recuperavit. habuit enim ante recessum suum de *Anglia* à rege & Parliamento licentiam, per spatium trium annorum, ibidem morandi; & contra regis inimicos & suos guerram fovendi. Comes *Marchiæ Hibernos* domat.

Septima die mensis Junii, commissum est duellum, inter dominum *Joannem* [1] *Hannesleye* Militem & *Robertum Katerinton* Armigerum, in paviamento juxta aulam domini regis apud *Westmonasterium*, in præsentia ipsius regis ac ducis *Lancastriæ* aliorumque plurimorum dominorum regni, nec non populi multitudinis numerosæ; in quo duello dictus [2] *Robertus* fuit occisus. Materia vero hujus duelli hæc erat, videlicet, quod præfatus *Joannes* miles imposuit dicto *Roberto*, quia dum esset subcapitaneus castri *Sancti Salvatoris* in Insula de *Constantyn*, idem castrum in manus regis *Franciæ* false & proditorie reddidit, ubi ad defensionem illius satis esset sufficiens, ut Miles asseruit, unde magna fuit evidentia quod militis causa erat vera, ex quo mors alterius sequebatur. Duellum.

Mense Julii comes de *Bockingham*, habens secum in comitiva sua strenuos & sapientes milites, dominos *Ro-* Suppetiæ in *Britanniam* missæ.

---

1 Vel, *Annesley*. 2 *Thomas*, *W*.

bertum

bertum Knolles & *Hugonem Calverleye* & alios diversos Magnates & Dominos, stipatos multis strenuis viris & bellicosis, equos ducentes, in auxilium ducis *Britanniæ*, per *Calesiam* transfretavit in *Franciam*, qui, per longitudinem fere & latitudinem regni illius equitantes, multas strages cremando & occidendo fecerunt; sic quod, domino duce, circa principium mensis Octobris, in *Britanniam* pervenerunt. sed non sicut crediderant à duce *Britanniæ* erant recepti; nam secundum consilium ipsius ducis circa villam de *Naumtes*, quæ sibi erat rebellis, posuerunt obsidionem per terram, dictusque dux eis promisit auxilium ad obsidendum dictam villam per aquam; sed id auxilium adhuc non venit. In qua obsidione nostri omnes equos suos, propter frigus & defectum victualium, præter paucissimos, perdiderunt; & ultra mille homines, quorum aliqui diversimode fuerunt occisi, aliqui variis infirmitatibus moriebantur, similiter amiserunt; sic quod maximas miserias fere per totam hiemem in dicta obsidione sustinuerunt: ita quod illi qui remanserant vivi turmatim, quasi pauperes & mendici, extinctis majoribus dominis ad *Angliam* recesserunt, nihil mali per eos adversariis suis illato.

Galli Thamesim intrant.

Galeæ de *Francia*, mense Augusti, intrantes *Thamesiam*, usque ad villam *Gravessende* venerunt, ubi [1] aliquas domos combusserunt, ac in partibus oppositis dictæ villæ tam in *Essexia* quam in [2] *Cantia* in diversis locis cremantes & deprædantes, habentes secum prisonarios & multas prædas, recesserunt indemnes.

Scoti Mercatus Boreales spoliant.

Circa idem tempus, circiter XIV vel XV. mille pugnatorum, de *Scotia* ad mare applicantes in terram, in partibus borealibus *Angliæ* diversos mercatus & nundinas spoliantes, plurimos occiderunt, & capientes secum spolia multa ad naves suas sine damno sunt reversi in mare. Propter quod factum dux *Lancastriæ*, comites de *Warwick* & *Stafford*, cum aliis dominis, circa festum *Michaelis* mittuntur cum magno apparatu ad partes *Scotiæ*, ad tractandum cum eis de pace. In tractatu

1 Aliquos, *MS.* 2 *Cancia. MS. & sic semper.*

captæ

captæ sunt treugæ inter utrumque regnum, usque ad festum Paschæ tunc proximo sequuturum. Quolibet anno, quasi X annorum proximo elapsorum, habebatur inter eos & regem *Angliæ* propter hujusmodi irruptiones unus tractatus vel duo; & tamen, non obstantibus treugis captis in hujusmodi tractatibus, fere quolibet anno magna damna nostris Borealibus intulerunt.

In principio mensis Novembris, statim post festum Omnium Sanctorum, rex Parliamentum suum tenuit apud *Northamptoniam*. In quo Parliamento concessum fuit regi unum subsidium consimile fere, quale fuit sibi concessum anno M. CCC. LXXIX, videlicet, de qualibet persona regni *Angliæ*, majoris ætatis XVI annorum, XII denarios, exceptis notorie mendicantibus; & de qualibet persona ecclesiastica promota, VI solidos VIII denarios, & de quolibet sacerdote stipendiario IIIs. IV*d*. Parliamentum *Northamptoniæ*.

Circa ista tempora orta est magna dissentio inter comitem *Flandriæ* & communes ejusdem; ita quod *Gandavenses* & reliqui Communes insurrexerunt contra comitem, stante villa de *Bruges* cum aliis dominis terræ cum eo: multaque prœlia inter eos frequenter committebantur, & aliquando comes victoriam habuit, aliquando Communes victoriam reportarunt. sic quod maxima multitudo populi ex utraque parte erat occisa. & [1] comes multa pulchra castra & ædificia, quæ erant tam comitis quam aliorum dominorum illius terræ, tenentium cum eo, prostraverunt usque ad terram. Comes *Flandriæ*.

Ante natale DOMINI venit *Romam* ad Papam *Urbanum* Imperator *Constantinopolitanus* Paganus ad percipiendum fidem Christi, & à dicto Papa fuerat baptizatus, quartamque lectionem in matutinis coram Papa nocte Natalis DOMINI legit in Græco. Imperator *Constantinopolitanus*.

Circa istud tempus Ambassiatores mittuntur ad villam de *Bruges* in *Flandriam* & in *Alemanniam*, ad tractandum cum Imperatore *Alemanniæ* pro matrimonio celebrando inter regem *Angliæ* & sororem Imperatoris prædicti. Circa principium mensis Martii redeunt in *Angliam*

1 Illud *Comes* delendum existimo.

gliam dicti Ambassiatores, ducentes secum quendam Cardinalem ac ducem quendam, cum aliis dominis, pro parte Imperatoris *Alemanniæ*, ad tractandum cum consilio regis *Angliæ* pro matrimonio supradicto. Dictusque Cardinalis, ut dicebatur, excedens limites potestatis sibi commissæ per Papam, potestatem quam non habuit usurpavit, unde maxima summa pecuniæ congregata recessit.

Hoc anno inundationes aquarum nimiæ extiterunt, ita ut à die Sancti *Lucæ* Evangelistæ, usque ad Natale DOMINI, vix dies transiit quin pluebat: sic quod, hoc anno, modicum de frumento fuerat seminatum. Circa ista tempora Papa *Urbanus* XXIV Conclusiones erroneas, quas *Wyclif* & ejus discipuli tenuerunt, damnavit. Eodem anno, mense Augusti; concepto dolore de adventu exercitus *Anglicorum* in *Franciam*, ut dicebatur, *Carolus*, rex ejusdem statim moriebatur, & [*Carolus*] filius ejus, puer circiter XII annorum agens ætatatem, in regem ejusdem regni erigitur, & etiam coronatur. Circa idem tempus obiit vir prudens armatorum *Bertrandus Cleykyn*, Constabularius *Franciæ*. Mense Martii ejusdem anni dominus *Thomas Hatfeld*, episcopus *Dunelmensis*, moritur senex multorum Dierum.

Wicclivii errores damnantur.

FINIS.

JOANNIS BOSTONI,

Monachi Buriensis,

SPECULUM

Cœnobitarum.

Nunc primo editum ab

ANTONIO HALLIO.

OXONII,

E THEATRO SHELDONIANO,

A. D. M.DCC.XXII.

BROWNO WILLISIO,

De *Whaddon-Hall*

In Agro *Buckinghamienſi*,

ARMIGERO,

Viro Rerum Cœnobiticarum

ut &

Omnis Antiquitatis Britannicæ

peritiſſimo, hoc *Speculum*,

Obſervantiæ ergo,

D. D. D. C. Q.

ANT. HALLIUS.

JOANNIS BOSTONI

Speculum.

COENOBITARUM.

Vates cunctorum sunt antiqui Monachorum
Auctores dicti, vatum natique relicti.
Et sunt auctores Monachorum posteriores
Christus Sanctorum, cœtus quoque discipulorum.

* [1] Religionis Monasticæ, utique minus ipsam ceteris religionibus matrem & auctricem, nequaquam aliarum religionum normas æstimant tempore præcessisse. sed beatum Benedictum primum patrem constituunt Monachorum. ad quod ponendum tales movere creditur, quia & idem beatus Benedictus Monachorum regulam salutarem composuit, quam etiam modernis temporibus Monachi profitentes sequuntur, & secundum probationem singuli conversantur. Et sic, nec Monachos in communi regulariter viventes ipsum beatum Benedictum arguunt præcessisse; & per consequens in antiquis Patribus Canonicatus potius quam Monachatus exordium præfuisse. Nam per centum fere annos, ante tempora beati Benedicti, Ordo Canonicorum per beatum Augustinum fuit institutus, ut habetur in vita sua.

Sed quod beatus Benedictus non fuit primus, qui istam vitam communem instituit, patet in secundo libro Dialogorum beati Gregorii; ubi legitur, quod Monachi cujusdam Monasterii, post mortem sui Abbatis, beatum Benedictum ab [2] eremo vocaverunt, & in Abba-

1 Deest unus aut alter versiculus. 2 Heremo, *MS.*

tem

tem suum præfecerunt. Similiter scribitur in quodam sermone beati Odonis, Abbatis Cluniacensis, quod plures sancti Patres, hujus sanctæ institutionis decretores, ante hunc beatum Benedictum, regulæ Monasticæ [1] munia sanxerunt.

Ex quo igitur probatur eum non fuisse vitæ Monasticæ primum institutorem, videndum est à quibus, & à quo tempore, hæc institutio & cœlestis Disciplina primum habuit originem. Secundum etenim Magistrum in Historiis, & Radulphum super librum regum, hujus plantationis fructiferæ conversationis primus institutor fuit Samuel in Veteri Testamento. Et, ut ait [2] Chrysostomus in quadam [3] Homilia, & [4] Ieronymus in Epistola ad Rusticum, præcipui inventores & cultores Monachatus fuerunt filii Prophetarum in Veteri Testamento, qui ædificabant casulas prope fluenta Jordanis; &, [5] turbis & urbibus derelictis, polenta & herbis agrestibus victitabant. Et idem Ieronymus in Epistola ad Paulinum, nos habemus, inquit, propositi nostri Principes, Apostolos, Antonium, [6] Hilarionem & [7] Macarios; &, ut ad scripturarum auctoritatem redeam, noster princeps Helias, noster [8] Helisæus, nostri duces filii Prophetarum, qui habitabant in agris & solitudine, & faciebant sibi tabernacula prope fluenta Jordanis. De iis fuerunt filii Rhecab, qui vinum & [9] siceram non habebant, qui morabantur in tentoriis & tabernaculis, qui etiam per Jeremiam Dei voce laudantur, & promittitur eis, quod non deficiet de stirpe eorum vir stans coram domino, Jerem. 35. Hi namque ab exercitu [10] Chaldæorum, vastante Judæam, post solitudinis libertatem, Urbes introire compulsi sunt. Et Cassianus libro primo de institutis Monachorum, hoc, inquit, habitu Monastico illos ambulasse, qui in Veteri Testamento fundavere primordia, Heliam scilicet & Helisæum Divinarum Scriptura-

1 Nimia, *MS.* 2 *Crisostomus*, *MS.* 3 Omelia, *MS.* 4 *Ieronymus*, *MS.* 5 Trabis *MS.* vel legi potest *turmis*. sic enim loquuntur scriptores hujusmodi. 6 *Hylarionem*, *MS.* 7 *Macharios*, *MS.* 8 *Heliseus*, *MS.* 9 Sciceram, *MS.* 10 *Caldeorum*, *MS.*

rum

rum auctoritate monstratur: ac deinde principes auctoresque Testamenti Novi, Joannem Baptistam videlicet, ceterosque ejusdem Ordinis viros totaliter incessisse cognoscimus. Et idem Cassianus in Collationibus Patrum, Collatione Piamonis, capitulo quarto quinto & sexto. In Helia quoque Propheta Monochatus exordium habuit in Veteri Testamento, quando super filios Prophetarum, qui de mundo ad ejus Magisterium confugerant, juxta Jordanem, Domino jubente, secedens, in torrente Carith gubernationem & principatum tenuit, & super eos Abbas & Pater extitit. Narrat insuper Josephus libro Judaicæ captivitatis secundo, & Historiis Antiquitatum decimo octavo, qualiter [1] Essæi de genere Judæorum, ante incarnationem DOMINI, vitam duxerunt quasi monasticam. Vide ibi processum, & in Historia Scholastica super Evangelium, & in Speculo Historiali, & bene facit ad propositum. sed melius & plenius in Josepho. De quorum secta, tunc temporis perfectissima, erat ille Sanctus Carioth Abbas, qui sicut dicit Magister in Historiis, in quadam indicentia, unus erat eorum qui cum Christo surrexerunt. quo mortuo, quidam Monachi ejus, inconsolabiliter dolentes mortui sunt, & adhuc compaginati videntur.

Verum quia de Origine Monachatus, & quemadmodum ejus [2] typus in Patribus Veteris Testamenti præcesserit, ostensum est; qualiter in Patribus Novi Testamenti, quod in antiquis præfiguratum est, compleatur restat ut pariter videatur; Lex enim, & Prophetæ usque ad Joannem Baptistam permanserunt. Joannes autem, utriusque Testamenti quasi Mediator, prioris quidem ceremoniis finem imposuit, Novique Testamenti & Baptismalis Gratiæ præco fidelissimus extitit. qui nec dum natus, sed adhuc matris utero clausus, in Adventum DOMINI sui jam concepti gestiens, sicut Præco certissimus extitit Humanæ Redemptionis. Sic puer adhuc in teneris annis constitutus, turmas hominum fugiens, de-

1 *Esoy. MS.* 2 Tipus, *MS.*

sertum petendo, primus Institutor est, in Novo Testamento, & Auctor Monasticae Religionis, prout testatur Cassianus libro primo & secundo de Institutis Monachorum. Istud etiam vitae propositum, sacram videlicet religionem Monachorum, Christus auctor veraciter instituit & [1]authenticavit, quando primum antiquis Patribus Veteris Testamenti, revelante Spiritu Sancto, observandum & instituendum innotuit. Deinde tempore Gratiae Jesus, cum Discipulis in terra conversando, ad renuntiationem rerum secularium eos eorumque sequaces provocans, ut relictis omnibus eum sequerentur, ait, Matthaei tertio: Venite post me, faciam fieri piscatores hominum, & cetera. & Matthaei decimo nono: si vis perfectus esse, & cetera. Item si quis vult post me venire, & cetera. Vide [2] Glossam istorum [3] in libro Prosperi secundo & [4] complativa & in Glossa * Numeri Capitulo decimo octavo. & in Epistola * ad Furnenses, & in Proverbiis * & in Epistola ad [5] Timotheum capitulo Sexto, & in Glossa in quadam Homilia Bedae super Matthaeum, & in quodam sermone beati Leonis Papae super illud, Beati pauperes spiritu, & in Epistola ad Romanos, capitulo decimo quinto, & in Glossa & in Actibus Apostolorum capitulo quarto. Et in libro Cassiani decimo de Institutis Monachorum. Istud quoque propositum vitae in Evangelio primum secutus ille Petrus ad DOMINUM fiducialiter pro se suis Discipulis & Coenobitis ait, Matthaei decimo nono: Ecce nos reliquimus omnia, & cetera. quid ergo erit nobis. Et DOMINUS ad hujusmodi homines: Vos, inquit, qui secuti estis me, centuplum accipietis, & vitam aeternam possidebitis. Audita igitur Divina promissione, non solum Coenobitae sequaces Patrum de Veteri Testamento, & Joannis Baptistae in Novo Testamento, verum etiam fideles quique per Christum conversi, omnia relinquentes

---

1 Auctenticavit, *MS. non male*; semper enim Codex hic legit *auctor*, *auctrix*, *auctoritas*. Et recte omnino. 2 Glosam *MS.* 3 Hic & paulo infra paucissima desiderantur, quae facile conjectando suppleri possent. Sed ad reliqua propero. 4 *F.* Contemplativa. 5 *Thimotheum*, MS.

quae

quæ possidebant, DOMINUM tota mentis intentione sequebantur. Post Ascentionem vero ejusdem, sicut habetur in Actibus Apostolorum, fideles, quotquot per Prædicationem Apostolorum fidem DOMINI suscipiebant, venditis suis omnibus, pretium eorum ad pedes Apostolorum ponebant. Et sic rebus seculi funditus expediti in socialem vitam cum Apostolis & Cœnobitis transibant, & omnem curam Apostolicæ diligentiæ & sollicitudini committebant. dividebatur enim omnibus illis ab Apostolis, prout cuique opus erat. De quibus Apostolus Paulus, ad Romanos decimo quinto, ait: Nunc proficiscar [1] Jerosolymam ministrare sanctis; Glossa, qui rerum suarum pretia ad pedes Apostolorum posuerunt, & cetera.

Talem vitam & regulam duxerunt Apostoli & Cœnobitæ in primordio primitivæ Ecclesiæ, videlicet in communi & sine proprio vivebant. & nullus eorum suum aliquid esse dicebat; sed erant illis omnia communia, nec quisquam egens erat inter illos, ut scribitur Actuum quarto, & 12. q. 1. Dilectissimis. Ista consuetudo vivendi in primitiva Ecclesia non diu perduravit post Ascentionem DOMINI. Nam Apostolis per [2] martyrium de medio sublatis, multi retrocedentes cœperunt rursus seculi res ambire, easque non in communi, sicut prius cum Apostolis & Cœnobitis, sed proprio jure possidere. & ita cœpit fervor communiter vivendi nimium tepescere. Quamplures tamen Sancti Patres & probatissimi Monachi, quibus adhuc inerat fervor Apostolicus, sancti Spiritus aspirante gratia, nolentes [3] Apostatare, ad seculi curas non redibant. Sed congregati in unum, sicut prius, communiter vivere satagentes, sub unius eorum, qui ad hoc electus fuerat, Magisterio, ut eos Apostolorum vice regeret, pristinam religionem restaurare cupiebant. & non solum illa magnifica retinebant, quæ primitus Ecclesia vel turbæ credentium in Actibus Apostolorum leguntur celebrasse; verum etiam [4] multo his sublimiora

1 *Jerosolimam*, *MS.* 2 Martirium, *MS.* 3 Apostotare, *MS.* 4 Vid. Pagg. 163, 169.

cumelaverant. Eusebius enim narrat in Historia Ecclesiastica, libro secundo, beatum [1] Marcum Evangelistam primum ad Ægyptum perrexisse, & ibi Evangelium prædicasse, & ecclesiam apud Alexandriam constituisse: cujus sobrietatis exemplo, primo ingressu ejus maxima multitudo virorum & mulierum credidit, & ab eo Normam vivendi suscepit; quorum exemplis per universum mundum adolevit Sancta institutio Monachorum. Philo etiam Judæus, vir discretissimus, tempore Neronis, conversationes eorum, qui per beatum Marcum crediderant, & abstinentiam, & [2] vitam eorum, qui vitæ Monasticæ inserviebant, librorum memoriæ commendabat. in quibus evidentissime abstinentium vitas, qui in monasteriis degunt, describit ad liquidum; & specialiter in libello de Vita Theoretica, quem Supplicium attitulavit. Dicit enim quod renuntiaverunt omnibus facultatibus suis, qui se ad hujusmodi vitam dederunt; & omnes vitæ sollicitudines procul abjiciebant, & secedentes in secretiora suburbium loca, vel in agros, summæ abstinentiæ vitam agebant. In Ægypto namque per singula quæque territoria in [3] hortulis, vel in exiguis quibusque agellulis, habitabant copiosius. Fuit autem in singulis locis Domus orationi consecrata, in qua sacerdotes castæ vitæ Mysteria consecrabant. Illi Patres antiqui, qui in eruditionibus sapientiæ, & in profundiore intelligentia sacrorum voluminum conversabantur tanquam copiosis dapibus scripturis inhiantes expleri nequibant. ita ut, nec quarto nec quinto, sed sexto demum die necessarium corpori sumebant cibum: vinum quidem nec in gustu; sed nec quamlibet carnem, vel sanguinem, & cetera. Hæc Eusebius in Ecclesiastica Historia libro secundo. Hæc & multa alia scribit Eusebius in Historia Ecclesiastica. & Cassianus in libro de Historiis Monachorum, & Zosomenus in Tripartita. De his etiam scribit beatus Jeronymus in Epistola ad Eustochium sic dicens: Cœnobitarum in Ægypto commorantium, & cetera. Vide in libro Epistolarum Jeronymi.

1 *Marchum*, MS. 2 Vita MS. 3 Ortulis, MS.

Item

Item Cassianus, in libro de Institutis Monachorum, conditiones & observantias antiquorum Patrum describit. quædam Ægyptiorum, quædam [1] Tabenensionatarum Regulis admiscens: quorum Thebaide fuit Cœnobium, in quo plusquam quinque millia Fratrum ab uno regebantur Abbate, & cetera. Vide ibi Observantias. De moribus autem & conversatione Monachorum in ecclesia primativa, siquis voluerit planius & exploratius edoceri, legat librum Cassiani de Institutis Monachorum, & Collationes eorum XXIV. & librum Philonis de Vita Theoretica. De uno tractat Eusebius in Historia Ecclesiastica, & Epiphanius in Tripartita; in quibus Monasticæ Institutionis Principium & origo, Apostolicæ quia & Evangelicæ Traditiones plenius continentur. Inter illos namque Patres Monasticæ religionis, qui illam communem vitam, ab Apostolis traditam, retinentes eo tempore rursus dedicaverunt, præcipui erant: Antonius, Hilarion, Macarii duo, Pachomius, Aurelius, Joannes Pater trium millium Monachorum, Serapion Pater trium millium Monachorum, Dioscorus, Pater centum Monachorum, Julianus Pater decem millium Monachorum, Amos trium millium Monachorum, Paulus quingentorum Monachorum, Theonas trium millium Monachorum, Basilius, Fructuosus, Ferreolus, Eugippius, Isidorus, Aurelianus, Joannes, Cassianus, Jeronymus, quamplures alii Sancti Patres, qui, vita & doctrina morum corruptionibus obviantes, non solum illa magnifica ab Apostolis tradita restituerunt verum etiam Regulas acriores asperioresque, de quibus omnibus supra dictum est, pro devotione amplianda & perenni gloria impetranda diversis locis & temporibus ediderunt. Legitur beatum Jeronymum, post tempora Apostolorum, Ambrosium & Augustinum ætate præcessisse, peragratisque prius Cœnobitarum & [2] Eremitarum per Deserta cœnobiis & cellulis, apud Bethleem Monasterium instituisse, ibique vitam duxisse Monachicam, omnia cum Fratribus communia possidendo, primitivam Ecclesiam & Patres

---

1 *F.* Tabennesiotarum. 2 Heremitarum, *MS.*

antiquos imitatum fuisse. Tandem, [1] evangelici praecepti strenuissimus auditor & executor, beatus successit Benedictus, qui quasi quoddam [2] Sidus coeleste praeclarus enituit. Hic circa annum Domini quingentesimum sextumdecimum in Coenobio Monastico apud Montem Cassinum in Christi militia dimicator erat strenuus, & cetera. Regulam scripsit laudabilem & ab universa Ecclesia approbatam, ut testatur Papa Innocentius secundus 16. q. 2. capitulo, Perniciosam. ubi etiam approbatur Regula beati Basilii, & Regula beati Augustini, & cetera. Ecce quod superius in Patribus Veteris Testamenti de Coenobitis praefiguratum fuisse dicitur, jam in Joanne Baptista, Christo, & Apostolis inchoatum, & institutum esse monstratur, & ab eorum sequacibus ferventer & devote fore prosecutum. quorum Institutionem commendando sic scribit Januensis in Libro Quaestionum de [3] Antichristi dicens: Ordo, inquit, Coenobitarum imaginem habet Spiritus Sancti, & cetera.

Ex praemissis ergo sufficienter & plane patet, quod tempore Apostolorum coepit Ordo Monachorum pullulare, [4] aut ut verius dicam, reviviscere, quem à beato Helia & Helisaeo, & filiis Prophetarum, testante Jeronymo, novimus processisse. Coenobitae ergo ante Legem, Abraham; sub Lege, Moysen, Samuel, Heliam, Helisaeum; sub Evengelio, Joannem Baptistam, Christum, & Apostolos, Antonium, Hilarionem, Basilium, Jeronymum, & plures alios; &, ultimum legislatorem eorum Institutionis, beatum Benedictum, praeduces & advocatos in extremo Examine habituri sunt.

NOmina Sanctorum subscribuntur Monachorum,
Sub normis quorum plures vixere virorum
Sancti monstrantur, ac scriptis intitulantur,
Coelo laetantur: his plures sanctificentur.

SUbscripta Nomina collecta sunt ex Opusculis Jeronymi & Libris Cassiani de Institutis Patrum & Colla-

---

1 Ewangelici, *MS.* 2 Sydus, *MS.* 3 Antechristo, *MS.* 4 Et, *MS.*

tionibus eorum XXIV, de Historia Tripartita & Historia Scholastica, & de Historia Longobardorum & Historia Bedæ de Gestis Anglorum, & de Speculo Historiali, ex Libris Gennadii & Isidori de Viris Illustribus, ex libro Heraclidis, qui dicitur Paradisus, ex Legenda aurea & Legendis Originalibus, ex libris Dialogorum beati Gregorii & Dialogorum [1] Posthumiani Severi & Galli, & ex Martyrologio.

Sanctus Longinus, qui lancea latus Christi aperuit, Monasticam vitam duxit in Cæsarea Cappadociæ viginti quatuor annis. deinde pro fide Christi martyrizatur Anno Domini 54. Sanctus Frontonius Monachus & Episcopus Petrogoricensis, à beato Petro Apostolo ordinatus, cum septuaginta Monachis juxta flumen [2] Dordoniæ Monasticam vitam duxit, anno Christi 44. Sanctus Helenus Monachus & Episcopus tempore Aurelii Commodi. Sancta Eugenia, [3] simulans se virum, cum Sanctis [4] Procho & Jacincto in Monasterio Sancti Heleni tenditur. Anno autem tertio conversionis eorundem, Sancta Eugenia præficitur ibidem in Abbatem. Deinde cum Sanctis Procho & Jacincto martyrizatur, circa annum Domini 180. Sancta Maria, dictus Marinus Monachus. Sancta [5] Euphrosyna, similiter sexum suum celavit inter Monachos, fingens se Smaragdum nominari, vixitque in Coenobio CCCLII Monachos [6] habens. Sanctus Zosimus, qui sepelivit Mariam Ægyptiacam. Sanctus Julianus Monachus & Martyr Pater decem millium Monachorum. Sanctus Maurus Monachus & Martyr. Sanctus Antonius, Monachus & Pater multorum Monachorum. Sanctus Paulus, dictus simplex, discipulus ejusdem, Sanctus Amos, Pater trium millium Monachorum. Sanctus [7] Macarius Alexandrinus Monachus & Presbyter, Discipulus Antonii. Sanctus Evagrius, discipulus Macariorum. Sanctus Hilarion, discipulus Antonii, & postea Pater extitit multorum Monachorum. Sanctus Helias, Pater centum &

1 Postumani, *MS.* 2 An Jordaniæ? 3 Similans, *MS.* 4 Rectius fortasse Proto & Hyacintho. 5 Eufrosina, *MS.* 6 Forte, habente. 7 Macharius, *MS.*

qua-

quadraginta Monachorum. Sanctus Prior. Sanctus Pitirion, discipuli Antonii. Sanctus Isidorus Monachus, Presbyter & Abbas, Pater M. Monachorum. Hic Monasterium suum undique munire curabat; & omnia necessaria intrinsecus procurabat, ut nullus Monachus egrediendi haberet occasionem. Sanctus Moyses, Monachus & Episcopus Saracenorum. Sanctus [1] Orus Monachus & Pater multorum Monachorum apud Thebaidam, qui litteris optime fuit eruditus. Sanctus Serapion, Monachus & Episcopus, Pater X. M. Monachorum. Hic peritissimus erat scientia litterarum, scripturasque omnes tenaciter & memoriter recolebat. Sanctus Theonas Pater fuit III. M. Monachorum, scientissimus Ægyptiacarum, Græcarum, Latinarumque litterarum. legitur enim triginta annis silentium tenuisse, & post triennium factus fuit Abbas Monachorum. Sanctus Dioscorus, Monachus & Presbyter, Pater centum Monachorum. Sanctus Arsenius, ex senatore Monachus, & Abbas. Sanctus Pasuncius Presbyter & Abbas. Sanctus Pachomius Presbyter & Abbas, Pater multorum Monachorum, cui angelus tradidit Regulam. Hic scripsit multa. Sanctus Pachomius [2] Sithioticus Monachus. Sanctus Theodorus, discipulus Pachomii. scripsit multa. Sanctus [3] Oresiesis Monachus in scripturis ad perfectionem [4] intractus. Sanctus [5] Eronius Abbas & Pater ducentorum Monachorum. Sanctus Eulalius. Sanctus Isaac, Presbyter & Abbas. Sanctus Micius, Monachus & Abbas. ad cujus preces sol stetit in gradu suo per duas horas; nec prius occubuit, quam Sanctus Micius, in itinere constitutus, perveniret ad Hospitium. Sanctus Piamon Presbyter & Abbas. Sanctus Eulogius Monachus & Presbyter Scholasticus extraordinarius. Sanctus Marcus, qui litteram o reliquit imperfectam propter obedientiam. Sanctus Silvanus Abbas. Sanctus Paulus de Libya, Pater quingentorum Monachorum. Sanctus Joannes, Pater CC. Monachorum, Episcopus fuit, & multa futura prædixit,

1 Or, MS. 2 F. Scythioticus, vel Scythiacus. 3 In Codice Regularum Holsteniano, Oresiesius. 4 Legendum, instructus. 5 Vel Eronius.

&

& multa scripsit. Sanctus [1] Eugippius Abbas, scripsit Regulam Monachorum & alia. Sanctus Dionysius Abbas scripsit multa. Sanctus Apollonius, Pater circiter quingentorum Monachorum. Origenes Doctor, & discipulus Antonii. Didymus Monachus, ab infantia coecus. sed tamen litteris optime eruditus, multas Scripturas interpretatus est: & edidit librum de Spiritu Sancto, & alia. Sanctus [2] Ephræm. Sancta Margareta, dictus Pelagius Monachus. Ammonius, Origenis Didymique discipulus, qui aurem sinistram sibi amputavit, ut Episcopatum, ad quem electus fuerat, reprobus haberetur. Sanctus Basilius, Doctor Sollemnis. Sanctus Gregorius Monachus, & Episcopus [3] Nazianzenus. Sanctus Martinus Monachus & Episcopus Turonensis, Pater LXXX Monachorum; ad cujus obitum convenerunt II M Monachi. Petronius Doctor. Leporius scripsit multa. Vigilius scripsit Regulam Monachorum. Ursinus Doctor. Faustus, Abbas Lirinensis & Episcopus Galliæ, scripsit multa. fuit & alius Faustus Monachus, sed Hæreticus, contra quem scripsit beatus Augustinus. Leander Monachus & Episcopus scripsit multa. Sanctus Eutychius Abbas, primus Institutor Consuetudinum, quæ in Monasteriis hactenus servantur. Joannes [4] Gerundensis Monachus & Episcopus scripsit Regulam Monachis, & alia multa. Eutropius Monachus & Episcopus scripsit multa. Sanctus Jeronymus Monachus & Presbyter [5] Cardinalis. Sophronius Monachus multa scripsit. Sanctus Joannes Damascenus Monachus multa Scripsit. Sanctus Germanus & Episcopus Altisiodorensis. Sanctus Lupus Monachus & Episcopus [6] Tricassinus. Sanctus Mamertinus Monachus & Abbas. Sanctus Marianus. Sanctus Eusebius Monachus & Martyr. Sanctus Heraclides scripsit librum, qui dicitur Paradisus. Sanctus Nonus Monachus & Episcopus. Sanctus [7] Helpidius Abbas. Sanctus Eusebius, Potentianus, Vincentius & Peregrinus, Monachi & Martyres. Sisinnius, discipulus Helpidii.

---

1 Egippius, *MS.* 2 Effrem, *MS.* 3 Nazanzenus, *MS.* 4 Gerundinensis, *MS.* 5 Fallitur. 6 Trecassinus, *MS.* 7 Elpidius, *MS.*

Sanctus

Sanctus Sabas Abbas CL Monachorum. Sanctus Honoratus Monachus & Episcopus Arelatensis. Sanctus Hilarius Monachus & Episcopus Arelatensis. Sanctus Eucherius Monachus & Episcopus Lugdunensis. Sanctus Simeon,[1] qui stetit in columna. Sanctus Fulgentius Monachus & Episcopus. Sanctus Venantius, Monachus & Abbas Turonensis. Sancta Theodora, dicens se Theodorum, vixit inter Monachos, pro qua Deus fecit mirabilia. Sanctus Leonardus Abbas Lemovicensis. Sanctus Severinus, Abbas Agaunensis. Sanctus Maxentius, Abbas Putanensis. Sanctus Vigor, Bajocasinus Episcopus. Sanctus Karilephus Abbas. Sanctus Avitus Abbas. Sanctus Maximinus Abbas Miciatensis. Sanctus Maximus Monachus & Martyr. Sanctus Keyninus Abbas de Hibernia. Sanctus Albinus, Abbas deinde Episcopus Andegavensis. Sanctus Eparchius Monachus Sedaciatensis. Sanctus Nicetius Abbas & Episcopus Treverorum. Sanctus Aredius discipulus ejusdem. Sanctus Hilarius Monachus & Martyr. Sanctus Barlaam & Josephat. Sanctus Adolius. Sanctus Philoronius, Monachus & Presbyter in regione Galatiæ. Sanctus Allodius Abbas Altisiodorensis. Sanctus Timotheus Abbas Antiochiæ. Cassiodorus ex Senatore Monachus. Sanctus [2] Euthymius Abbas. Sanctus Theotestis Abbas. Sanctus Cyprianus Abbas [3] Petrogoricensis. Sanctus Theodosius Abbas. Sanctus Droconeus Abbas, discipulus Germani. Sanctus Leonigildus Monachus & Martyr. Sanctus Veridicus Monachus & Presbyter, & Abbas Parisiensis. Sanctus Marcianus Abbas de Bethleem, tempore Sabæ. Sanctus Menelius Abbas [4] Avernensis. Sanctus Romanus Monachus & Abbas Lugdunensis. Sanctus Romanus Monachus, qui beato Benedicto in initio adjutor & cooperator extitit; & postea per revelationem Gallias petens Coenobium construxit in pago Altisiodorensi, in loco qui Fons-Rogi nuncupatur.

Sanctus Benedictus Abbas, ultimus compositor Re-

1 I. e. Stylita. 2 Eutimius, *MS.* 3 Petragoricensis, *MS.* 4 An Auvernensis, vel Alvernensis?

gulæ

gulæ Monachalis. Hic, relictis studiis litterarum liberalium, eremum adiens, habitum Monachalem à quodam Monacho, Romano nomine, suscepit, vitamque duxit Anachoreticam per tres annos. Deinde, clarescentibus vitæ ipsius miraculis, post mortem Abbatis cujusdam Monasterii, electus est à Fratribus ibidem in Abbatem; qui cum moribus eorum concordare nolebat, venenum igitur obtulerunt, ut vitam citius terminaret. Quod vir Dei percipiens, fugato crucis signaculo oblato sibi veneno, ad eremum rediit. ubi sociatis Fratribus, Abbas effectus, de prædecessorum suorum Regulis & statutis efficaciores tolerabilioresque observantias excerpens, in asperis super omnia mitigationis moderamine perfusus, Regulam scripsit salutarem & ab ecclesia Dei præ aliis approbatam. Vide de Sancto Benedicto in secundo libro Dialogorum beati Gregorii, in Historia Longobardorum quatuor locis, & in Chronicis Sigeberti. Sanctus Maurus, discipulus sancti Benedicti. Sanctus Constantinus, Abbas Cassinensis, discipulus sancti Benedicti. Sanctus Valentinianus Abbas Lateranensis, discipulus sancti Benedicti. Sanctus Theodorus Abbas Lateranensis, & discipulus sancti Benedicti. Sanctus Germanus, Episcopus Parisiensis. Sanctus David, Episcopus Menevensis. Sanctus Columba Abbas. Sanctus [1] Dionysius, Monachus, Papa & Martyr. Sanctus Aidanus, Monachus & Episcopus. Sanctus Brendanus Scotus, Pater III. M. Monachorum. Sanctus [2] Mathicoes discipulus ejusdem, & postea Episcopus. Sanctus Sampson Abbas & Episcopus Dolensis. Sanctus Wynwaloeus Abbas apud Pontinum. Sanctus Echobinus, discipulus ejusdem. Sanctus Maglorius Monachus & Episcopus Dolensis. Sanctus Paulus Monachus & Episcopus Leonensis. Sanctus Basolus Monachus [3] Rhemensis, & postea Anachoreta. Sanctus Amandus Monachus & Episcopus Trajectensis. Sanctus Honoratus Abbas Sindensis, Pater ducentorum Monachorum. Sanctus Libertinus, di-

1 Dionisius, *MS.* 2 Legi potest, Machicoes. 3 Remensis, *MS.*

scipulus ejusdem. Sanctus Monachus [1] Ortolanus Findensis Monasterii. Sanctus Equitius Abbas. Sanctus [2] Nomiosus Prior Monasterii in monte Soractis. Sanctus Anastasius Abbas Monasterii sub Pentonia juxta urbem Nepesianam. Sanctus Herculanus Monachus & Episcopus Perusinæ civitatis, & Martyr. Sanctus Isaac, Monachus de Italia. Sanctus [3] Eutychius Abbas in partibus Nursiæ. Sanctus Benedictus Monachus de Campania. Sanctus Florentius Monachus Nursiæ. Sanctus Eleutherius, Abbas Spoletanus. Sanctus Maximianus Monachus & Episcopus Syracusanus. Sanctus Valentius Abbas cujusdam Monasterii in Roma. Sanctus Spes Monachus de Caperetia.

Sanctus Gregorius Monachus & Papa. Sanctus Antonius, Minor. Sanctus Merulus, Monachus & Collega beati Gregorii Papæ. Sanctus Joannes Monachus, & Collega beati Gregorii Papæ. Sanctus Leonardus Monachus Corbiacensis. Sanctus Lannoivarus Carnotensis Monachus. Sanctus Hospitius Monachus & Abbas. Sanctus Columbanus Abbas Luxoviensis. Sanctus Deicolus, discipulus ejusdem. Sanctus Goar Monachus Trevirensis. Sanctus Walericus Abbas Ambianensis, discipulus sancti Columbani. Sanctus Eustasius Abbas Luxoviensis, discipulus ejusdem. Sanctus Attalus, Abbas Bobiensis, discipulus ejusdem Columbani. Sanctus Agilus, Abbas Resbacensis. Sanctus Audomarus Monachus & Episcopus [4] Teniacensis.

Sanctus Augustinus Abbas Romæ, & Archiepiscopus Cantuariensis. Sanctus Laurentius Monachus, & Archiepiscopus Cantuariensis. Sanctus Mellitus Monachus & Episcopus Lundoniensis & Archiepiscopus Cantuariensis. Sanctus Justus Monachus & Episcopus Roffensis. Sanctus Honorius Monachus & Archiepiscopus Cantuariæ. Hi fuere Collegæ sancti Augustini. Sanctus Bertinus Abbas Sithduensis, Pater CL Monachorum. Sanctus Bercharius Abbas Antilarensis & Martyr. Sanctus Anastasius Monachus Jerosolymitanus & Martyr. Sanctus

1 F. Hortulanus. 2 Sive, Nonnosus. 3 Euticius, MS. 4 F. Temesensis.

Wandra-

Wandragesilius Abbas Fontanellensis. Sanctus Ausbertus, discipulus ejusdem; deinde Abbas ibidem, & postea Archiepiscopus Rothomagensis. Sanctus Wulfrannus Monachus Fontanellensis, & Episcopus Senonensis. Sanctus Geremarus Abbas Flaviacensis. Sanctus Philebertus ex milite Monachus, Abbas Resbacensis & discipulus sancti Agili. Sanctus Aychadrus Abbas. Sanctus Leufredus Abbas Ebroicensis. Sanctus Ebbe Abbas & Episcopus. Sanctus Furseus, Monachus Latiniacensis in Gallia. Sanctus Baronthus, Monachus Bituricensis. Sanctus Druthelinus Monachus. Sanctus Hildrebertus Monachus & Episcopus Meldensis. Sanctus Sulpitius Abbas & Episcopus Bituricensis. Sanctus Romaricus, Abbas Luxoviensis. Sanctus Amatus Abbas Luxoviensis. Sanctus Remaclus Monachus & Episcopus Trajectensis. Sanctus Marinus Abbas & Martyr. Sanctus Leodegarius, Abbas & Episcopus Augustodunensis. Sanctus [1] Olwynus. Sanctus Lambertus Monachus & Martyr. Sanctus Adamanus. Sanctus [2] Ymnemodus Monachus, Abbas Agaunensis Ecclesiæ. Ambrosius Monachus, Abbas Agaunensis Ecclesiæ. Sanctus Achinus Monachus, Abbas Agaunensis ecclesiæ. Sanctus Wilfridus, Abbas Ripensis, & Archiepiscopus Eboracensis. Sanctus Ceddus Monachus & Episcopus Provinciæ Orientalium Saxonum. Sanctus Cedda, germanus Ceddi Monachus & Episcopus Lindisfarnensis. Sanctus Salinus Monachus & Episcopus Ambianensis. Sanctus Egbertus Monachus & Episcopus. Sanctus Cedimon Monachus. Sanctus Adulphus, Monachus & Episcopus Trajectensis. Sanctus Botulpus, Abbas de Ikano, germanus ejusdem. Sanctus [3] Aldelmus, Abbas Meldunensis, & Episcopus Scherbornensis. Sanctus Isaac, Spoletanus Monachus. Sanctus Ursus Monachus. Sanctus Walbertus Abbas Luxoviensis. Sanctus Foillanus, Monachus & Martyr. Sanctus Baltfridus, Monachus discipulus sancti Wandragesilii. Sanctus [4] Aigulsus Monachus Floriacensis, Abbas Lirinensis

1 F. Oswinus. 2 F. Hynimodus. 3 Aldhelmus. 4 An Aigulfus?

pensis & Martyr. Hic transtulit Sanctum Benedictum de Monte Cassino ad Floriacum. Sanctus Ægidius. Sanctus Cuthbertus. Sanctus Benignus. Sanctus Cæsarius, Monachus & Episcopus Arelatensis. Sanctus Odo, primus Abbas Cluniacensis. Sanctus Odilo. Abbas Cluniacensis. Sanctus Majolus Abbas Cluniacensis. Sanctus Hugo Abbas Cluniacensis. Sanctus Theobaldus Monachus,& postea Eremita. Sanctus Malachias, Abbas de Bangor,& Archiepiscopus. Sanctus Dunstanus Abbas Glastoniæ, & Episcopus Londoniensis & Wintoniensis, & Archiepiscopus Cantuariæ. Sanctus Ethelwoldus Monachus Glastoniæ Abbas Abendonensis, & Episcopus Wintoniæ. Sanctus Oswaldus Monachus & Episcopus Wigorniæ, & Archiepiscopus Eboracensis. Sanctus Elphegus Abbas Lantoniæ, Episcopus Wintoniensis &Archiepiscopus Cantuariæ. Sanctus Beda Monachus [1] Girwicensis. Rabanus, Alcuinus Claudius, Joannes Scotus,discipuli ejusdem & Fundatores Studii Parisiensis. Sanctus Arnulphus, Abbas sancti Medardi & Episcopus Suessionensis. Sanctus Vulstanus Monachus & Episcopus Wigorniensium. Sanctus Ursmarus Monachus & Episcopus Laubaci. Sanctus Herwynovatus in Lundonia Monachus, & successor ejusdem. Sanctus Bonefacius Monachus Exancestrensis, Martyr. Sanctus Augendus, Abbas Lugdunensis. Sanctus Joannes Syrus, Abbas Pevarensis in Italia. Sanctus Lupicinus, Abbas Lugdunensis. Sanctus Ermelandus, Abbas in Androinsula. Sanctus Crapasius, Abbas Lirinensis. Sanctus Domitianus, Abbas Lugdunensis. Sanctus Necitus Abbas. Sanctus Queranus Abbas in Scotia. Sanctus Caynutus Abbas in Scotia. Sanctus Severinus Monachus de Provincia Tyburtina. Sanctus Severinus Monachus Parisiensis, & postea Solitarius. Sanctus Vulsinus Abbas Westmonasterii, & Episcopus Sherborniæ. Sanctus Hilarianus Monachus & Martyr, & Socius Sancti Donati Episcopi. Sanctus Maximinus, Abbas Aurelianensis. Sanctus Suranus, Abbas Bituricensis & Martyr. Sanctus

1 Berwynensis, *MS*.

ctus Maximus Abbas Lirinensis, & Episcopus [1] Negensis. Sanctus Eburlsus Abbas. Sanctus Liberatus, Abbas & Martyr. Sanctus Rogatus Monachus & Martyr. Sanctus Septimus Monachus & Martyr. Sanctus Marius Abbas Bobacensis. Sanctus Egwynus Monachus & Episcopus Wicciorum, constructor Monasterii de Evesham. Sanctus Theobaldus ex Milite Monachus & Abbas. Sanctus Lanfrancus, Prior Beccensis, Archiepiscopus Canturiæ. Sanctus Anselmus, Monachus Beccensis, & Archiepiscopus Cantuariensis. Sanctus Bernardus Abbas Clarevallensis. Sanctus Alred Abbas [2] Beavallensis. Sanctus Raberius Monachus. Sanctus Milo Monachus. Sanctus Bartholomæus Monachus Dunelmiæ, & postea Reclusus. Sanctus [3] Matulsus Abbas. Sanctus Adrianus Abbas Monasterii Sancti Augustini Cantuariæ. Sanctus Ernaldus Abbas. Sanctus Ansegisus Abbas. Sanctus Ademamus Monachus. Sanctus Wilpertus. Sanctus Magnentius Abbas. Sanctus Adelwaldus Abbas Lindifarensis Ecclesiæ. Sanctus Giffridus Abbas [4] Lindifarensis Ecclesiæ. Sanctus Joannes Abbas, Monachus Nemensis. Sanctus Leo Monachus Monasterii [5] Trecasinensis. Sanctus Lyfardus Monachus Aurelianensis. Sanctus Isaac, Monachus Cordubensis & Martyr. Sanctus Vulmarus Monachus. Sanctus Sygonius Monachus Sigestrensis Monasterii. Sanctus Florentius Monachus Pictavensis. Sanctus Jovinus Abbas. Sanctus Georgius, Monachus & Martyr. Sanctus Syverus Monachus & Martyr. Sanctus Deodatus, Monachus & Papa. Sanctus Victor Abbas Caffinensis, & postea Papa. qui veneno misso in calice dicitur extinctus. Sanctus Theodorus Monachus & Archiepiscopus Cantuariensis. Sanctus Petrus Abbas Monasterii sancti Augustini Cantuariæ. Sanctus [6] Jambertus, Abbas Monasterii sancti Augustini Cantuariæ, & Archiepiscopus Cantuariensis. Sanctus Paulinus Monachus & Archiepiscopus Eboracensis. Sanctus Benignus Monachus Glastoniæ, & discipulus beati Pa-

---

1 Sic MS. 2 F. Reavallensis. 3 An. Matulfus? 4 Lindisfarnensis. 5 F. Legend. Tricassinensis. 6 F. Lambertus.

tricii

tricii majoris, primi Abbatis ejusdem loci. Sanctus Abbo, Floriacensis Abbas & Martyr. Sanctus Herlewinus, ex milite Monachus, Abbas de Becco.

Nomina doctorum subscribuntur Monachorum,
De scriptis quorum laus lucet Theologorum,
Horum scripturis sapientes sunt modo fulti
Ecclesiæ puris, clarent studiis quia multi.

ORigenes Monachus floruit circa annum Domini CCC. LXXII: juxta Vincentium in Speculo Historiali libro XII, capitulo XI. Hic VI.M. & amplius Tractatus scripsit. licet enim in multis erravit, multa tamen utilia reliquit: quorum quædam Ecclesia recipit. Nam Papa Gelasius in Decretis suis illa Opuscula Origenis approbat, quæ beatus Jeronymus non reprobat. scribitur in Historia Mariani Scoti; quod Origenes in scribendo tam sedulus fuit, ut Jeronymus dicat, se legisse VI.M. librorum ejus. Scripsit enim super Genesin Homilias XVII. super Exodum Homilias XIII. super Leviticum Homilias XVI. super librum Numeri Homilias XVIII. super Josue Homilias XXVI. super Judicum Homilias XX. De Elchana tractatum. super Job libros III. super Psalmum XXXVI Homilias V. super Psalmum XXXVII. Homilias II. super Psalmum XXXVIII Homilias II. super ceteris libros V. super Isaiam Homilias IX. super Jeremiam Homilias XIV. super Ezechielem Homilias XIV. super Matthæum libros XXVI. quorum duodecim primi raro inveniuntur. Super Lucam Homilias XXXVIII. Super primum Joannis Tractatum I. Super Epistolam ad Romanos libros X.[1] Peri Archon, in quibus ejus Hæreses inveniuntur. Extat etiam libellus, qui Planctus Origenis dicitur, & à beato Jeronymo translatus inscribitur. De Tunicis & Pelliciis Adæ & Evæ expositionem. Super Isaiam Commentariorum libros XXX. Super Ezechielem Commentariorum libros XXV. De Martyribus ad Ambrosium librum I. De singularitate

1 Periarcon, MS.

Clericorum

Clericorum & cohabitatione mulierum librum I. Item pro seipso librum Apologeticum, i. e. excusatorium. Propterea quintam, sextam, & septimam editionem, quas etiam Ieronymus de ejus Bibliotheca habet, miro labore reperit, & cum ceteris editionibus comparavit. Dialecticam, Geometriam, Arithmeticam, Musicam, Grammaticam, Rhetoricam, Omnesque Philosophorum scientias didicit; & obiit anno ætatis suæ LXIX.

Sanctus Antonius Abbas floruit circa annum Domini CC. LXV. Scripsit Ægyptiace ad diversæ Monasteria Epistolas, quæ in Græcam linguam translatæ sunt. quarum præcipua est ad Arseonitas Monachos.

Sanctus Macarius Ægyptius unam scripsit Epistolam ad Monachos juniores; in qua dicit, inter alia, illum perfecte posse servire Deo; qui conditionem creationis suæ cognoscens ad omnes seipsum inclinaverit labores.

Sanctus Macarius Alexandrinus scripsit, juxta [1] Gennadium, adversus Mathematicos librum I. in quo labore Orientalium quæsivit solatia scripturarum.

Sanctus Evagrius Abbas, discipulus Macarii, scripsit juxta Gennadium Vitas Patrum. Item adversus septem principalium vitiorum suggestiones librum I. Item Coenobitis & [2] Synodochis Doctrinam vitæ communis. Item Anachoretis simpliciter viventibus librum C. sententiarum per capitula digestum. Item eruditis & studiosis Anachoretis librum L. sententiarum. Item ad Virginem Deo sacratam librum, competentem religioni & sexui. Item paucas sententiolas valde obscuras, solis Monachis cognoscibiles. Item vitam sancti Antonii de Græco Athanasii transtulit in Latinum.

Sanctus Moses Monachus, & Episcopus, fecit de Discretione & de Monachi Destinatione vel fine Collationes duas. quas Cassianus scripsit in libro Collationum Patrum..

Sanctus Serapion peritissimus erat scientia litterarum. Scripturas quoque omnes memoriter recolebat; & scripsit adversus Manichæos egregium librum, & de Psal-

1 Genadium, *MS.* 2 Editores Gennadii legunt Synoditis.

morum

morum titulis alium. Item ad diversos utiles Epistolas. Item ad Monachos de vitiis principalibus Collationem unam.

Sanctus Pachomius scripsit Regulam utrique generi Monachorum aptam, quam Angelo dictante didicerat. Item ad Abbatem [1] Syrum epistolam unam. Ad Abbatem Cornelium Epistolam unam. De Pascha Epistolam unam. De Die remissionis Epistolam. De Fratribus extra Monasterium laborantibus unam Epistolam.

Sanctus Theodorus, successor beati Pachomii, scripsit ad alia Monasteria III. Epistolas sanctarum Scripturarum, in quibus frequenter meminit Magistri sui Sancti Pachomii, & doctrinæ ejus & vitæ proponit exempla, quæ ut doceret Angelo administrante didicerat. Fecit etiam unam Collationem de nece Sanctorum Monachorum, à Saracenis occisorum in partibus Palestinæ, juxta [2] Thecuæ civitatem, ubi Amos Propheta ortus fuit. Hanc Collationem scripsit Cassianus in libro Collationum Patrum.

Sanctus Oresiesis, Monachus & Pachomii discipulus, composuit librum totius Monasticæ disciplinæ instrumentis constructum, &, ut simpliciter dicam, in totum pene vetus & novum Testamentum in compendiosis dissertationibus, juxta Monachorum duntaxat necessitatem, invenitur expositum. quem vice Testamenti, prope diem obitus sui, Fratribus obtulit.

Sanctus Isaac fecit duas Collationes de Oratione, & cetera.

Sanctus Ammonius Monachus, Vir discretus & valde eruditus in Philosophia, inter multa ingenii sui monumenta, [3] de Constantia Monachi & Jesu opus elegans composuit; & Evangelicos Canones primus excogitavit.

Didymus Monachus, ab anno ætatis suæ quarto oculorum lumine privatus, sed nec Magistris litterarum traditus, nec unquam elementa prima cognoscens, Testa-

1 Sirum, MS. 2 Thecue, MS. 3 De Consonantia Moisi & Jesu. sic legendum ex Hieronymo.

mentum

mentum vetus & novum de verbo ad verbum interpretatus est; Grammaticam enim Rhetoricam, Musicam, Geometriam & Astronomiam, & Syllogismos Aristotelis, & Eloquentiam [1] Philonis auditu didicit. De Trinitate fecit libros III. Item Origenis Opus de [2] Principibus i. e. Periarchon interpretatus est, & in eis explanationes reliquit eximias. Item Commentarium in Psalmos omnes. Item Commentarium in Evangelium Matthæi & Joannis, & [de] Dogmatibus. Item contra Arianos libros duos. Item de Spiritu Sancto librum I. Item in Isaiam Tomos XVIII. In Osee libros tres. In Zachariam libros V. Item Commentarios in Job.

Sanctus Ephræm, Monachus, scripsit de Spiritu Sancto librum I. De Transfiguratione Domini sermonem unum. De Pœnitentia Homiliam unam. De Luctantibus seculi librum unum. De Compunctione librum I. De Beatitudine Animæ librum unum. De Resurrectione & Judicio librum I. De Die Judicii Homiliam unam.

Sanctus Basilius Monachus & Archiepiscopus Cappadociæ, scripsit in [3] Hexaëmeron libros IX. Item Regulam de Institutione Monachorum in libro uno. Item de Doctrina & Institutione [4] novitii Tractatum I. De Triplici Pugna Monachi Epistolam I. Contra Eunomium de Spiritu Sancto librum I. Item breves & plures Tractatus ad Monachos.

Sanctus Gregorius Zazianzenus, Monachus & Episcopus, scripsit de Morte fratris Cæsarii. Item Laudes Maximi Philosophi. Item Laudes [5] Macchabæorum. Laudes Cypriani. Laudes Athanasii. De Nuptiis & Virginitate contra Eunomium libros II. De Spiritu librum unum. Item contra Julianum Imperatorem librum I. Librorum Apologeticorum libros III. Sermonem de Nativitate. Item sermonem de Monachis. Item de Luminibus, sive secundis Epiphaniis. Item de Agro regresso, sive de semetipso librum I.

Petronius, Monachus & Episcopus Bononiensis, scri-

1 F. Platonis. 2 Leg. Principiis. 3 Exameron, MS. 4 Novicii, MS. 5 Machabeorum, MS.

psit Vitas Patrum Ægypti Monachorum. Item de Ordinatione Episcopi Romæ, & Humilitate librum I.

Vigilius, Diaconus & Monachus, composuit, ex traditione Patrum, Regulam Monachorum, juxta Gennadium.

Leander, Monachus [1] Spalensis & Episcopus, scripsit adversus Hæreticorum Dogmata libros II. Item adversus Arianos libros II. Ad Florentinam sororem de Institutione Virginum & de Contemptu Mundi librum I. In toto Psalterio duplici Editione Orationes conscripsit. Item ad Episcopos alios Epistolas multas. Item de Morte non timenda Epistolam I.

Joannes [2] Gerundensis, Monachus & Episcopus, scripsit unam Regulam Monachis. Item Chronicon, & alia multa scripsisse dicitur.

Eutropius, Monachus, scripsit ad Papam Epistolam I. & ad Episcopum [3] Hyrcanensem de [4] Destructione Monachorum librum unum.

Sanctus Ieronymus, Monachus & Presbyter Cardinalis, floruit circa annum Domini CCC. LXXX. IX, Hic, litteris Græcis Latinis Hebraicis sufficienter edoctus, omnes Veteris Testamenti libros ex Hebræo in Latinum convertit, eosque Commentatus est; & Novum Græcæ fidei reddidit. Solus ex antiquis Doctoribus omnes XVI Prophetas exposuit, & LXIV libris editis Commentatus est. Danielem quoque Chaldaico stylo loqutum, & Job Arabico in Romanam linguam mutavit. Evangelium etiam Matthæi ex Hebræo fecit esse Romanum. Psalterium ex Hebræo Latina modulatione composuit. Duos libros Salomonis inplantavit. Cantica Canticorum ex Origenis Interpretatione transtulit in Latinum. Epistolas Pauli, & Joannis Revelationem disseruit. Expositionis suæ Fidei librum I. De Symbolo Niceno Tractatum I. Contra Pelagianos libros III. Contra Jovinianum libros II. Contra Luciferianum librum I. Contra Helvidium de Virginitate beatæ Mariæ librum I. Contra Vigilantium librum I. Contra Originem de Resur-

1 Legendum, suspicor, Hispalensis. 2 Gerundinensis, MS. 3 Sic MS. F. Irtabicensem. 4 Destrictione, Isidor.

rectione

rectione Carnis librum I. Ad [1] Auctum Presbyterum de Erroribus Origenis librum I. Ad Pammachium & Oceanum librum I. Contra Ruffinum Presbyterum librum I. Apologeticus ad Augustinum libro I. Exhortatorium ad Julianum libro I. De Patientia ad Rusticum Monachum librum I. Ad Papam Damasum librum I. Ad Oceanum librum I. Ad [2] Hebidiam librum I. Ad Alganciam librum I. Ad [3] Silinam & Fretelam librum I. De Homine perfecto librum I. De Joachim & Anna librum I. De XV signis tractatus lib. I. De Viris Illustribus librum I. De Distantia locorum. De Interpretationibus Hebraicorum librum I. De optimo Genere interpretandi librum I. De Studio Scripturarum librum I. De Quæstionibus in Genesi librum I. De III Quæstionibus ad Damasum Papam librum I. De veste sacerdotali librum I. De XLII mansionibus Filiorum Israel librum I. De septem Gradibus Ecclesiæ librum I. De Quæstionibus Hebraicis libri Regum libros II. De Quæstionibus Paralipomenon libros II. [4]Bramarii super Psalterium librum I. Commentariorum super Ecclesiasticum librum I. Super Isaiam libros XVIII. Super Jeremiam libros XI. Super Ezechielem libros XIV. Super Danielem librum I. Super Osee libros III. Super Johelem librum I. Super Amos libros tres. Super Abdiam librum I. Super Jonam librum unum. Super Michæam libros II. Super Naum librum I. Super Abacuc libros II. Super Sephoniam librum I. Super Aggæum librum I. Super Zachariam libros III. Super Malachiam librum I. Super Matthæum libros IV. Super Marcum librum I. Super Epistolam ad Ephesios lib. III. Super Epistolam ad Titum librum I. Super Epistolam ad Galatas libros III. Super Epistolam ad Philemonem librum I. De Vita Clericorum librum I. Epitaphium ad Heliodorum Episcopum. De Instructione Clerici vel Monachi librum I. De Vita Monachi ad Rusticum librum I. De Vita Clerici librum I. De Virginitate librum I. Ad Demetriadem Virginem librum I. De Institutione Paulæ librum I. Ad matrem & filiam in Gallia librum I. De Lapsu Virginis Susannæ

1 F. Avitum. 2 Sic MS. 3 F. Suniam. 4 F. Breviarii.

librum unum. De Lapsu Fabiani librum I. De Monogamia librum unum. De Viduitate servanda librum I. De morte Nebridii librum unum. De Dormitione Palmæ librum I. de Morte Fabiolæ librum I. Epitaphii Sanctæ Paulæ librum I. Ad Tirasium librum Consolatorium. De Resurrectione ad Mimerinum & Alexandrum librum I. Apologeticum ad Pammachium. De contemptu Sæculi librum unum. Ad [1] Ctesiphontem librum unum. Ad Demetrionem librum unum. De III Virtutibus librum I. De morte Osee & Seraphin & calculo librum I. Super Psalmum XLIV librum I. Altercationis Luciferiani & Orthodoxi librum I. Super Parabolas librum I. Super Cantica Homilias II. Super Lucam Homilias XXXIX. De Psalmis à decimo usque ad XVI Tractatus VII. De libris Historiæ [2] diem Epistolam I. De tribus naturis Animæ librum I. Ad Marcellam de Urbe secedenda librum I. De Ægrotatione Brisillæ librum I. Ad Silinnam librum I. Ad Lucinum Bæticum librum I. De VII Mirabilibus librum I. De Persecutione Christianorum librum I. Super ædificium Prudentii librum I. Glossæ VII Hebdomadæ librum I. De Usu psallendi librum I. De tribus diebus librum I. De Fide ejus apud Bethleem ad Pammachium & Marcellum libros II. De Vita Hildefonsi librum I. Commentarium super Alphabetum Græcum & Hebræum. De quibusdam Capitulis IV. Evangeliorum. De Naturis quorundam animalium & avium allegatorum. De litteris & accentibus. De terra promissionis ad Dardanum. De Verbo vitæ. Super Actus Apostolorum. Super Epistolas Joannis, Jacobi, Petri, Judæ. De Judicio Salomonis. De Assumptione beatæ Mariæ. De infantia Christi Isagogas ad epistolas componendas. De membris & motibus Domini. De Sphæra cœli & diversis scripturis. De Mensura sphæræ cœli & XII lapidibus pretiosis. De XII mensuris, pondere & de mensura corporum altitudinis. De musicis instrumentis. De partibus minus notis Veteris Testamenti. De Proverbiis [3] Annæi Senecæ. De gradibus Romanorum. De Romanis Pontificibus. De disciplina & habitu Virginali.

1 Thespontem, MS. 2 Sic MS. F. Dierum. 3 Enei, MS.

ginali. De eminentia & immensitate Dei. De essentia Trinitatis. De VI civitatibus fugitivorum. Dialogus contra Pelagium. De Ratione Animæ. De habitatione Clericorum & mulierum. De Melchizedeck. De quorundam Hæreticorum sententiis. De Spiritu Sancto librum Didymi transtulit in Latinum. De Malcho captivo Monacho. Vitam sancti Frontonii Monachi & Episcopi. Vitam sancti Hilarionis. Vitam sancti Pauli Eremitæ. Plerasque Patrum Monachorum Eremitarumque vitas veracissime texuit historiis. Adhortationes & Dicta eorundem de Græco transtulit in Latinum. Epistolas breves ad diversos LXX. Sermones X. Homilias Origenis XXXVIII transtulit & correxit.

Joannes Damascenus Presbyter & Monachus floruit circa anuum Domini [1] XC. scripsit librum sententiarum, in quo continetur Orthodoxæ Fidei traditio; quem quidem librum Burdio transtulit de Græco in Latinum.

Sanctus Heraclides, Monachus, scripsit librum, qui dicitur Paradisus, de Vitis Patrum.

Sanctus Cassianus, Monachus, qui & Joannes Eremita, scripsit Vitas Patrum compertas in Ægypto, Doctrinasque & Regulas datas, & alios libros plures composuit. Scripsit enim de Institutis & Regulis Patrum libros IV. Item de Remediis octo Principalium vitiorum libros VIII. Item XXIV Collationes Patrum. Item de Incarnatione Domini adversus Nestorium. Item scripsit quatuor Regulas, omnium Monachorum professioni necessaria continentes.

Sanctus Eucherius, Monachus & Episcopus Lugdunensis, scripsit de Contemptu Mundi librum I. Item ad [2] Selenem & Veranem Episcopos librum I. Item opuscula Cassiani in uno collegit Volumine, tam Clericis quam Monachis necessaria.

[3] Eugippius Abbas floruit circa annum Christi CCCC. LXXX, & scripsit Vitam Sancti Severini. Item Regulam Monachorum. Item ad Probam Virginem, ex ope-

1 Deest, ut opinor, DCC. 2 Salonium & Veranium, Gennad. 3 Egipcius, *MS*.

ribus

ribus Augustini, altissimas Quæstiones & sententias diversas, in uno libro, CCC & XXXVIII Capitula continentes.

Sanctus Fulgentius, Monachus & Episcopus, scripsit de Remissione peccatorum libros II. Ad Donatum de Fide librum I. De [1] Mysterio Mediatoris libros III. Contra objectiones Trasamundi regis [2] Ariani librum I. De Continentia Conjugatorum librum I. Ad Probam de Virginitate & humilitate librum I. Ad eandem de oratione & compunctione librum unum. Ad Eugippium de [3] Charitate librum I. Ad Theodorum Senatorem librum I. De Pœnitentia & Indulgentia librum I. De libero Arbitrio librum I. De Trinitate librum I. De Incarnatione Domini librum I. Item sermones pulcherrimos, præcipue de Nativitate Domini & de beato Stephano, qui in Ecclesiis leguntur.

Faustus Abbas Lirinensis, & Episcopus Galliæ, scripsit, juxta Gennadium de Viris Illustribus, de Spiritu Sancto librum I. De gratia Dei librum I. Adversus Arianos & [4] Macedonios librum I. Ad Diaconum [5] Græcum Epistolam in modum Libelli. Ad Felicem Præfectum Epistolam unam. De Timore Domini librum I. Et alia multa scripsisse dicitur, & egregius Doctor creditur & probatur. Fuit alius Faustus, Monachus & Hæreticus, contra quem scripsit Sanctus Augustinus.

Fructuosus Monachus & Episcopus scripsit Regulam Monachorum, de qua [6] Gratianus facit mentionem de Cons. Di. 5. Carnem.

Sanctus Hilarius Monachus, [7] Sancti Honorati & postea Episcopus Arelatensis, Vir erat in Scripturis doctus, & ingenio [8] morali aliqua edidit, quæ eruditæ animæ & fidelis linguæ indicio sunt. in quibus ad multorum utilitatem Vitam sancti Honorati composuit.

Sanctus [9] Sophronius Monachus scripsit de Laude

---

1 Misterio, *MS.* 2 Arriani, *MS.* 3 Caritate, *MS.* 4 Lege, Macedonianos. 5 Nonnulli apud Gennadium mallent, Gratum. 6 Gracianus, *MS.* 7 F. Sancti Honorati successor. 8 Immortali, Gennad. 9 Sofronius, *MS.*

Bethleem

Bethleem librum I. De Virginitate ad Eustochium librum I. Item vitam Hilarionis Monachi, & alia Opuscula Ieronymi in Græcum transtulit sermonem. Psalterium quoque & Prophetas, quos Ieronymus de [1] Hebræo sermone in Latinum vertit, in Græcum sermonem transtulit.

Jacobus Monachus, cognomento sapiens, Episcopus Persarum, floruit circa annum Christi CCC. XXXVI. & scripsit juxta Gennadium de Fide contra omnes [2] Hæreses. De Charitate generali. De jejunio. De Oratione. De [3] Dilectione erga proximum speciali. De Resurrectione. De Vita post mortem. De Humilitate. De Patientia. De Satisfactione. De Virginitate. De sensu animæ. De Circumcisione. De Acino benedicto, pro quo in [4] Isaia legitur, non est exterminatus botrus. De Christo quod filius Dei sit, & consubstantialis Patri. De castitate adversus gentes. De Constructione Tabernaculi. De Gentium Conversione. De Regno Persarum. De Persecutione Christianorum.

Palladius Monachus, & discipulus sancti Evagrii, scripsit juxta Historiam tripartitam de Vitis Patrum lib. I. Item de Agricultura.

Sanctus [5] Cæsarius, Monachus & Episcopus Arelatensis, X Homilias morales utiles ad Monachos edidit.

Cassiodorus Senator, & postea Monachus, floruit circa annum Domini DX, scripsit super Psalmos Commentariorum CL tractatus. Item de ratione animæ librum I. De Institutione Scripturarum librum unum. De Tropis librum I. De [6] Orthographia librum unum. Super Cantica Canticorum librum I. Item Epistolas multas ad diversos.

Athanasius, Monachus & Episcopus Alexandriæ, floruit anno Christi circa [7] CCCC. XL. Et scripsit contra gentes librum I. De Trinitate libros VIII. Ad Monachos librum I. De Virginitate & de Arianis libros plures. De Spiritu Sancto librum I. Contra Arium, Sabel-

1 Hebreo, MS. 2 Hereses, MS. 3 Dilexione, MS. 4 Ysaia, MS. 5 Cesarius, MS. 6 Ortographia, MS. 7 Lege, CCC. XL.

lium

lium & [1] Photinum libros III. De Fide librum I. De Titulis Psalmorum librum I. Symbolum, Quicunque vult, & alia.

Prosper, Monachus Aquitanicus, floruit anno Domini CCCC. L. & scripsit de Vita Contemplativa libros tres. Item sententiarum sive Epigrammatum libros tres. Alio nomine dicitur liber de vera Innocentia. Item Epistolas, & multa alia.

Sanctus Benedictus Abbas, circa annum Christi DXVI, scripsit Regulam Monachorum, juxta Sanctum Gregorium secundo Dialogorum.

Sanctus Gregorius, Monachus & Papa, scripsit super Job libros XXXV. Item ad Prælatos & Pastores libros IV. Item Dialogorum libros IV. Super Evangelia Homilias XL. Item Commentariolum super Cantica. De conflictu vitiorum & Virtutum. Item Registrum continens libros XIV. Item super Genesim librum I. De Sacramento Altaris librum I. Super primam & ultimam partem Ezechielis Homilias XXII. Ad Augustinum Cantuariensem de Pollutione Nocturna Epistolam unam. Item de Reconciliatione Monachorum librum I. Item ad Augustinum Cantuariensem, & alios multos Epistolas quamplures.

Angelonius, Monachus, floruit circa annum Domini DCCC. XXX. juxta Vincentium in Speculo, & scripsit ad Ludovicum Imperatorem super libros Regum librum unum.

Amalarius, Monachus, scripsit ad Ludovicum Imperatorem de Officiis Ecclesiæ libros IV.

Sanctus [2] Aldelmus, Abbas Malmesburiæ, & Episcopus Shirborniæ, floruit circa annum Domini DC.LXVI, & scripsit [3] Ænigmata, in quibus continentur versus mille. Item de Virginitate & laude Sanctorum, ad Abbatissam de Berkynge, librum I. De VIII Vitiis principalibus librum unum.

Sanctus Beda, Monachus Gerwyvensis & Presbyter Venerabilis, floruit circa annum Domini DCC. VI. &

1 Sabellinum & Fotinum, MS. 2 Rectius, Aldhelmus. 3 Enigmata, MS.

scripsit

scripsit juxta Vincentium & alios super Genesim libros IV. De Tabernaculo Moysi libros III. Super Samuelem libros IV. De Templo Salomonis libros II. Super Esdram & Neemiam libros III. Super Tobiam librum I. Super Psalmos librum I. Super Parabolas Salomonis libros III. Super Cantica Canticorum libros VI. Super Marcum Homilias IV. Super Lucam Homilias IV. Super Epistolas Canonicas libros VII. Super Actus Apostolorum libros II. Super Apocalipsin libros III. De Quæstionibus libri Regum librum unum. Super Abacuc librum I. Super Job librum I. Super Ecclesiastem librum I. De sex Ætatibus seculi Epistolam I. De Mansionibus filiorum Israel Tractatum I. De illo Isaiæ: & claudentur ibi in carcerem, Tractatum I. De Bisexto & [1] Æquinoctio Epistolam I. De Naturis Rerum librum I. De [2] Neupmatibus & Tropis librum I. De Temporibus, Horis & & Momentis. De Arte Metrica librum I. De Gestis Anglorum libros V. De Locis Sanctis & situ Jerusalem Epistolam I. De Orthographia librum I. Lamentationis in die Judicii Epigrammatum librum I. [3] Hymnorum librum I. [4] Martyrologium de Natalitiis Sanctorum. Vitam sancti Felicis Confessoris. Vitam sancti Cuthberti. Vitam & Passionem Sancti Anastasii transtulit in Latinum. De Divinis Officiis librum I. [5] Hexaëmeron lib. VI. Super Mulierem fortem Tractatum I. De Figuris Grammaticorum. De [6] Compoto. De Ponderibus & Mensuris librum I. Super Epistolas Pauli, ex Operibus sancti Augustini collecta.

Rabanus, Abbas Fuldensis, & postea Archiepiscopus [7] Magundensis, floruit circa annum Domini DCCC.XIV. & scripsit de Laude Crucis libros II. De Institutione Clericorum librum I. Super Genesim libros IV. Super Exodum libros IV. Super Numerum librum I. Super Leviticum librum I. Super Deuteronomium librum I. Super Regum librum I. Super [8] Paralipomena libros IV.

---

1 Equinoxio, *MS.* 2 F. pro Pneumatibus. Sed Lege Schematibus. 3 Ympnorum, *MS.* 4 Martilogium, *MS.* 5 Examerou, *MS.* 6 Vel, Computo. 7 I. e. Maguntinus. 8 Paralipamena, *MS.*

Super Judith libros VII. Super Hester librum I. Super librum Sapientiæ libros III. Super Ecclesiasticum libros X. Super Jeremiam librum I. Super Macchabæorum librum I. De Naturis Rerum libros XXII. Super Matthæum Homiliam I. [1] Etymologiarum librum I. Super Parabolas librum I. De Computo. De Significationibus Verborum. Liber qui dicitur, Dominus Vobiscum. Super Epistolas Pauli ad Corinthios, [2] Galatas & Ephesios. De Officiis Ecclesiasticis. De Prædestinatione super Apocalipsin.

Radulphus Flaviacensis Monachus, scripsit super Leviticum libros XX. Super Regum libros IV. Super Epistolas Pauli. Super Apocalipsim. Super Parabolas. De Re militari librum I. De Sanctuario, quod est Sancta Maria. De Abbate & Monacho librum I. Super [3] Matthæum librum I. De sex Ætatibus, & de iis quæ futura sunt. De diversis Miraculis & Meditationibus.

Sanctus [4] Odo, primus Abbas Cluniacensis, floruit circa annum Christi [5] DCCC. X. & scripsit super quinque libros Moysi libros III. De Onere Philistim librum I. De Vitiis & Virtutibus animæ libros III. [6] Prius quam auctor. Item librum Vitæ. Item de Ternario librum I. Item librum Precum compositarum. Item librum [7] Chronicarum. Item Medullam Moralium Gregorii collegit in uno Volumine. Item sermonem de Sancto Benedicto, qui legitur in ejus Translatione, [8] Priusquam Festiva beatissimi. Item sermones & Epistolas quamplures.

Sanctus Lanfrancus, Monachus Beccensis & Archiepiscopus Cantuariæ, floruit circa annum Christi M. LXXIV. & scripsit contra Berengarium librum I. Item de Corpore & Sanguine Domini librum I. De Consuetudinibus Monachorum librum I. Item Epistolas quam plures ad diversos.

Sanctus Anselmus, Monachus Beccensis & Archiepis-

---

1 Ethimologiarum, *MS.* 2 Galathas, *MS.* 3 Matheum, *MS.* 4 Octo, Anonymo Mellicensi. 5 F. DCCCXC. 6 Sic *MS.* Nescio an sit initium libri. 7 Cronicarum, *MS.* 8 Initium Tractatus, nisi me mea fallat conjectura.

copus

copus Cantuariæ, floruit circa annum Christi M.C.II. & scripsit Prosologion. Item Monologion. Item de Trinitate. Item de conceptu Virginali & peccato originali. Item de Veritate & libero Arbitrio & casu Diaboli. Item de concordia liberi arbitrii & præscientia divinæ prædestinationis & gratiæ. Item de libero Arbitrio librum I. Cur Deus Homo libros II. Meditationum & Orationum librum I. De Grammatico librum I. De Casu Diaboli librum I. De Incarnatione verbi librum I. De Sacramento Altaris Epistolam I. De [1] Azymo Epistolam I. De Beatitudine & Miseria libros XXX. Super Cantica Canticorum. De Similitudinibus librum I. De Processione Spiritus Sancti librum I. Contra insipientem librum I. Contra respondentem pro insipiente. Disputatio Judæi cum Christiano de Fide Catholica. De Prædestinatione & libero Arbitrio. Disputatio pro insipiente, librum I. Tractatus de excellentia beatæ Virginis. Item Parabolarum sive Proverbiorum librum I. Item Sermones de Assumptione beatæ Mariæ. Item sigillum sanctæ Mariæ. Item de Gratia & libero Arbitrio librum I. Item Epistolas CC. XVI.

Sanctus Bernardus scripsit ad Senonensem Archiepiscopum de tribus Virtutibus. De cohabitatione Fratrum. Item orationes ejusdem quomodo imitetur Christus. Exhortationes Bernardi. Ad Deodatum Nepotem suum de Operibus VI Dierum. Ad Clericos de conversatione. De Colloquio Symonis & Jesu. Super illud, intravit Jesus. Super illud, cum esset despensata. Super Isaiam de sex verbis Domini in Cruce. Sententiæ contemplativæ ejus, super regulam. Homiliæ ejus super Epistolam Jacobi. Planctus ejus super mortem fratris sui, ad L. Romanæ Ecclesiæ Diaconum. Ad Fratres de Monte Dei. sermones ejusdem super Cantica Canticorum. Epistolas multas, De consideratione libros V. De Præcepto & Dispensatione. Super, Missus est, librum I. De XII Gradibus Humilitatis librum I. De Gratia & libero Arbitrio librum I. De diligendo Deo librum unum. De Amore

---

1 Azimo, *MS.*

Dei. De Videndo Deo. Super Psalmum, qui habitat. Ad quendam Monachum de Superfluitatibus. Ad Eugenium Papam libros V. de virtutibus & Vitiis. Expositiones Ecclesiasticarum Regularum. Super illud, dixit Symon Petrus ad Jesum. Ad Robertum Monachum fugientem. Ad Milites Templi. Ad Willelmum Abbatem Sermonem in Nativitatem beatæ Mariæ. Sermonem de Jephta. Epithalamium. Meditationes. De Conceptione beatæ Mariæ. De Varietate Ordinis Monastici. De Charitate ad Fratres [1] Cartusiæ. Apologicum ejusdem. Speculum ejusdem. De Charitate. De Visitatione Infirmorum.

Sanctus Elredus, Abbas Ryvallensis, scripsit Speculum Charitatis lib. II. De Spirituali Amicitia libros III. De Animali I. De Institutione Inclusarum libros II. Vitam sancti Edwardi Regis Anglorum. Vitam sancti Niniani. Miracula Ecclesiæ de Extildesham. Relationem ejusdem de Standardo. Chronicam ejusdem. [2] Lamentationem ejus de Morte Regis David. Genealogiam Regum Angliæ. Liber qui dicitur, Sagitta Jonathæ. De diversis Virtutibus. Sermones ejus de omnibus Solemnitatibus anni. & plures in Synodis. Epistolæ ejusdem CC. Item de omnibus in Isaia Homilias XXX. Oratio illius Pastoralis, O Pastor bone, & cetera.

Robertus Monachus scripsit super librum [3] Threnorum libros V.

Bernardus, Abbas Cassinensis & Cardinalis, floruit circa annum Christi M. C. XL. & scripsit quendam Tractatum de Professione Monachorum; & intitulatur Speculum Monachorum. Item scripsit notabilem Expositionem super Regulam Sancti Benedicti. Item de Monacho bestialiter vivente Tractatum.

Haymo Monachus & Doctor modernus scripsit super Isaiam libros II. Super Epistolas Pauli. Super Apocalypsin. Super V Libros Moysi. Super Epistolas & [4] Evangelia totius anni Homilias notabiles & Sermones. [5] Item in Christianarum rerum memoria.

---

1 Leg. Cathusiæ. 2 Lamentationem ejus. De Morte David, *MS.* Ac si duo essent libelli. 3 Trenorum, *MS.* 4 Ewangelia, *MS.* 5 Sic *MS.*

Joachim,

Joachim, Abbas de Calabria, floruit circa annum Domini M.C.XLII. & scripsit super Apocalypsim libros III. Commentarios super libros Prophetarum. De Moribus Paparum, qui post eum futuri erant, librum I. Hic libros suos corrigendos domino Papæ obtulit.

Willielmus, Monachus de Rameseya, scripsit super Cantica Canticorum Homilias XXX.

Brithferthus, Monachus de Ramesia, scripsit super Bedam de Temporibus libros IV.

Smaragdus Abbas scripsit super Regulam sancti Benedicti: Item Diadema Monachorum.

[1] Gratianus Monachus compilavit Decreta.

JAM Monachi restant, Fidei qui semina præstant.

SAnctus Germanus, Monachus & Episcopus Altissiodorensis, & Sanctus Lupus, Monachus & Episcopus Tricassinensis, per Papam & judicium Synodi universorum Episcoporum Galliæ in Britanniam ad prædicandum sunt directi, & Britannos ab Errore Pelagiano revocarunt, Anno Domini CCCC. XXXI. juxta Marianum. Sanctus Augustinus Abbas, & postea Archiepiscopus Cantuariæ, cum sociis Monachis ferme XL prædicavit genti Anglorum, & eas ad fidem Christi convertit.

Sanctus Martinus Monachus & Episcopus Turonensis. Sanctus Eusebius Monachus, cum sepelisset sanctos [2] Martyres, & multos prædicando converteret ad Fidem, jussu [3] Consularis decollatur. Sanctus Novus Monachus Thalenensis & Episcopus [4] Heliopolis plures prædicando convertit ad Fidem. inter quos Pelagiam meretricem convertit circa annum Domini CC.XC. Sanctus Leonardus, Monachus & Abbas, prædicavit in Aquitania. Sanctus Vigor, Monachus Sancti Vedasti, plures ab [5] idololatria prædicando in regione Bajocasina ad Christi fidem revocavit circa annum Christi CCCC.XC. VIII. Sanctus Nicetius, Abbas & Episcopus Treverorum,

---

1 Gracianus, *MS.* 2 Julianum sc. & Cæsarium. 3 Judicis, Martyrolog. Roman. Erat nimirum Vir Consularis dignitatis, qui Provinciæ præfuit. Consularis, *MS.* 4 Eliopolis, *MS.* 5 Ydolatria, *MS.*

&

& Prædicator egregius. Sanctus Germanus Monachus & Episcopus Parisiensis.

Sanctus David Monachus & Episcopus Menevensis, [1]qui quodam tempore dum prædicavit in Synodo CXVIII Episcoporum in Britannia terra sub ipso crevit, & in collem altissimum attollitur, in cujus memoria nunc sita est ecclesia. Sanctus Columba Abbas Gentem Provinciæ Septentrionalium Pictorum prædicando ad Fidem Christi convertit circa annum Domini DLX. Sanctus Aidanus Monachus, & plures cum eo Monachi, ad rogatum Sancti Oswaldi Regis, venientes de Scotia prædicabant in Britannia Verbum Dei, & credentibus gratiam Baptismatis ministrabant. Sanctus Brendanus, habens sub se tria millia Monachorum, post suam peregrinationem de loco ad locum transiens, Mirabilia quæ vidit retulit, & docenda docuit, & corripienda corripuit. Sanctus Colmannus, Abbas, missus est de Insula Hii ad prædicandum genti Anglorum. Sanctus Macutes prædicavit in Britannia majori & minori. Sanctus, Eltutus Abbas & discipulus sancti Germani, erat omnium scripturarum veteris & novi Testamenti & omnium Artium Philosophiæ inter omnes Britannicos expertissimus, & futurorum præscius. Sanctus Sampson Abbas & Episcopus prædicavit in Britannia majori & minori.

Sanctus Amandus, Monachus, prædicans in Gallia electus est in Episcopum. Sanctus Equitius Abbas prædicavit in partibus Nursiæ. Sanctus Columbanus, Abbas, ad quæcunque loca veniens verbum Dei prædicavit. Sanctus Goar, Monachus Treverorum, multos Paganos convertit. Sanctus Walericus, Abbas, semper in Prædicationibus suis lacrymas effudit. Sanctus Eustasius, Abbas, prædicavit in Germania contra Hæresim Bonosiacam. Sanctus Agilus, Abbas, multis claruit miraculis, & ad Fidem plures convertit. Sanctus Audomarus, Monachus & Episcopus, verbum Dei circumquaque seminans, animarum & corporum languores curabat. Sanctus Vulfrannus, Monachus & Episcopus, & Prædicator Frisonum. Sanctus Furseus Monachus, Prædicator

1 Hæc sententia solœcismo laborat; sed sensus est dilucidus.

tor in Hibernia, East-Anglia, & Gallia. Sanctus Hildebertus, Monachus, missus est à Papa Bonifacio ad prædicandum. Sanctus Bertinus Abbas [1] Normensium finibus prædicavit.

Sanctus Wilfridus, Abbas & Archiepiscopus Eborum, Prædicator optimus. Sanctus Ceddus, cum aliis tribus Monachis, à Rege Peanda filio Pendæ, primo Mediterrapeis deinde Saxonis Orientalibus verbum Dei prædicabat, & ab idololatria plures ad fidem convertit. Sanctus Cedda, germanus sancti Ceddi, genti Merciorum & Lindisfarnensium prædicabat. Sanctus Egbertus genti Scotorum prædicavit. Sanctus Cuthbertus, Prædicator assiduus. Adamnanus, Abbas Monasterii de Insula Hii, prædicavit & scripsit contra eos qui Pascha tempore illegitimo observabant.

INveniuntur autem multæ Monachorum Regulæ, post tempora Apostolorum, in Sanctis Patribus antiquitus institutæ, ut hic patet. Sanctus Fructuosus, Monachus & Episcopus, scripsit Regulam Monachorum circa annum Domini CC. XL. V. Sanctus Basilius scripsit Regulam Monachorum, anno Domini CCC. L. Sanctus Pachomius Regulam, quam ab Angelo didicit, Monachis tradidit observandam circa annum Christi CCCC. Sanctus Amelius Regulam Monachorum composuit anno Christi CCCC. LX. Sanctus Ferreolus Regulam Monachorum composuit, anno Christi CCCC. LXX. Sanctus Aurelianus Regulam Monachorum edidit circa annum Christi CCCC. LXX. VIII. Sanctus Eugippius, Abbas, edidit Regulam Monachorum, & Joannes Gerundensis aliam, quas [2] Isidorus in libro de Viris Illustribus multum commendat & approbat. Vigilius, Diaconus & Monachus, scripsit, juxta Gennadium, Regulam Monachorum. Sanctus Augustinus Ordinem Canonicorum & Regulam constituit circa annum Christi CCCC.

Sanctus Pater Benedictus Regulam Monachorum edidit circa annum Christi D. XVI. Bruno Ordinem [3] Car-

1 Sic *MS*. Nescio an legendum Noviomensium. 2 Ysodorus, *MS*. 3 Carteusiæ, *MS*.

thusiæ

thusiæ instituit anno Christi M. LXXX. III. Robertus, Abbas Nigrorum Monachorum in Burgundia, Ordinem [1] Cistercienscm instituit Anno Christi M.XC.VIII. Northbertus Ordinem Præmonstratensium instituit anno Christi M. C. XX. Hospitalarii & Templarii inceperunt anno Christi M. C. XX. Sanctus Gilbertus Ordinem de [2] Simplyngham instituit anno Christi M. CC. XL. VIII. Sanctus Dominicus Ordinem Prædicatorum instituit anno M. C. XC. VIII: Sanctus Franciscus Ordinem Fratrum Minorum instituit Anno Christi M. CC. VI. Ordo Fratrum Carmelitarum confirmabatur per Honorium III. Innocentius tertius confirmavit Ordinem Fratrum Eremitarum sancti Augustini, dans eis Regulam Nigrorum Canonicorum.

ISTA præscripta de diversis Opusculis & Chronicis excerpsit quidam MONACHUS DE CLAUSTRO SANCTI EDMUNDI, Regis & Martyris, ut VIDEANT nostri temporis MONACHI quam gloriosos fecerit Deus illorum Patres ac Institutores; qui scriptis suis & doctrinis, signis & miraculis, gentium conversione, Fidei crebra prædicatione, ac sanguinis sui effusione mundum illuminant, ecclesiam roborant & confirmant. Horum exemplis jam Monachos illustret, meritisque sanctissimis in bono confirmet Christus Jesus, Monasticæ professionis Auctor & Amator, Amen.

---

1 Cisternensem. 2 Sic, MS. Vulgo, Sempringham.

FINIS.

HYPERCRITICA;

OR

A Rule of Judgment for writing, or reading our History's:

Deliver'd in four Supercensorian Addresses, by occasion of a Censorian Epistle, prefix'd by Sir *Henry Savile*, Knight, to his Edition of some of our oldest Historians in Latin dedicated to the late Queen *Elizabeth*.

That according thereunto, a compleat Body of our Affairs, a *Corpus Rerum Anglicarum*, may at last, and from among ourselves, come happily forth, in either of the Tongues. A Felicity wanting to our Nation, now when even the Name thereof is as it were at an End.

BY

EDMUND BOLTON, Author of

Nero Cæsar.

Now first publish'd by *ANT. HALL.*

OXFORD, M.DCC.XXII.

Domus Jurisconsulti est totius oraculum civitatis. *Cicero.*

Jurisconsulto Summo,

SAMUELI MEDO,

Viro Ingenio Doctrina & Virtute celeberrimo,

Hæcce *HYPERCRITICA*,

Summa cum Observantia,

Dicata & consecrata

esse voluit

Ant. Hallius.

PREFACE.

I *Have now finished the Historians I proposed to publish, and shall therefore take my leave of that Subject, after I have given the Reader a Discourse, containing* A Rule of Judgment for writing or reading our Histories, *which will come in very properly in this Place. It was wrote by a* [1] *considerable Person; and though the subject matter of it be somewhat alter'd since his Time, yet it is however well worth the Reading. I find it frequently referr'd to by our* [2] *Oxford Antiquary, and mention'd with Esteem by the present Lord* [3] *Bishop of Derry.*

I had once Thoughts of adding a Piece found amongst the Papers of the late Learned Dr. Hudson, *entitled* Annales Caii Caligulæ; *but these Annals, I presume, were originally design'd for* Josephus: *so that, perhaps, a more proper Occasion may be taken of making them publick. I shall only therefore, at present, desire, that a* [4] *Date in my Preface to his* Josephus *may be alter'd; and that*

1 *Edmund Bolton.* See his Pref. to his Translation of *L. Florus*, as also his *Historical Parallel.* 2 Athen. Oxon. Vol. I. 452, 824. Vol. II. 9, 10. & alibi. 3 Pref. to his E. H. L. edit. 1. Vol. I. 4 P. 3. N. 5. for *Julio* read *Aprili.*

the

the Reader would take Notice, that Dr Hudſon, *if he had liv'd to diſpoſe of* Joſephus, *would have gone on to publiſh the* Bodleian *Catalogue: in order to which, he had cauſed it to be fairly tranſcribed in ſix large Volumes in Folio. He was likewiſe a great Aſſiſtant to ſeveral Editors in* Oxford, *particularly to* Mr Hearne *in* Pliny, Eutropius, Juſtin, *and* Livy, *aud to* Dr Gregory *in his* Euclid.

I had almoſt forget to ſay, that a Fragment of this Treatiſe is printed by Mr [1] Hearne, *under the Title of* A Vindication of Jeffery of Monmouth.

---

1 See an Append. to his Pref. before *Guilielmus Neubrigensis*, N. III. Pref. p. 23. where this Fragment is highly commended.

The chief Points or Summs of the Addreſſes.

I.

CONCERNING the Hiſtorical Uſe of the old Book of BRUTE, dedicated to ROBERT Earl of GLOCESTER, Brother of the Empreſs MAWD.

II.

The religious Neceſſity of Impartiality in Hiſtoriographers, and of Abſtinence, in general, from Cenſure.

III.

The Hiſtorical States of Times among us, from JULIUS CÆSAR till King HENRY the Seventh, with Diſcovery's of our chief Hiſtorical Dangers.

IV.

Prime Gardens for gathering Engliſh: according to the true Gage or Standard of the Tongue, [1] about 15 or 16 years ago.

---

1 *Antony à Wood* thinks theſe Addreſſes were written about 1610. *Not. MS.*

HYPERCRITICA:

OR

A Rule of Judgement, for writing or reading our History's.

ADDRESSE THE FIRST.

TO write the History of *England* is a Work superfluous, if it ever had an History: but, having had all other Honours, it only wanteth that. *Polydor Virgil* in *England*, and *Paulus Æmilius* in *France*, both of them *Italians*, were entertain'd of Purpose. As if their Narrations ought to have most Belief, which were written by their Pens, who had least Interest in the Argument, or Relation to the Party's. This Counsel, whatsoever it seem'd to the Givers, or Receivers, found less in Success among us then it had in Probability. Many great Volumes carry among us the Titles of History's. But Learned men, and [1] *Sr Henry Savil* one of them, absolutely deny, that any of ours discharge that Office which the Titles promise. For my part I think that the most of them have their Praises,

[1] The place is set down in my third Addresse.

and all of them their Uses towards the composition of an universal History for *England*.

Sect. II.

Among the greatest wants in our ancient Authours, are the wants of Art and Style, which as they add to the lustre of the Works and Delights of the Reader; yet add they nothing to the Truth; which they so esteemed, as they seem to have regarded nothing else. For without Truth, Art and Style come into the Nature of Crimes by Imposture. It is an act of high Wisdom, and not of Eloquence only, to write the History of so great, and noble a People as the *English*. For the Causes of things are not only wonderfully wrapt one within the other, but placed oftentimes far above the ordinary Reach's of human Wit; and he who relates Events, without their Premisses and Circumstances, deserves not the name of an Historian; as being like to him who numbers the Bones of a Man anatomized, or presenteth unto us the Bare Skeleton, without declaring the Nature of the Fabrick or teaching the Use of Parts.

Sect. III.

The Part of heavenly Providence in the Actions of Men is generally left out by most of the Ethnicks in their Histories. Among whom copious *Livy* seems worthily the most religious, and consequently of theirs the best: as *Cornelius Tacitus* (let not plain Dealing offend his other Admirers) either the most irreligious,

ous, or with the most and therefore the less worthy to be in Honour as a Cabinet Counsellour with any man, to whom Piety towards powers divine is pretious. [1] This some affirm deliberately: notwithstanding all that which *Boccalini* in his late *Lucianical Ragualias* hath undertaken on his Behalf; as in their *Anti-Tacitus*, for Justification of those censures of levity, malice, and most apparent falsehood, which *Tertullian*, *Orosius*, and other of the ancient; *Casaubon*, and other of the modern, brand upon him, is (as they conceive) fully proved. On the other side Christian Authors, while for their ease they shuffled up the reasons of events, in briefly referring all causes immediately to the Will of God, have generally neglected to inform their Readers in the ordinary means of Carriage in human Affairs, and thereby singularly maimed their Narrations. *Philip de Comines*, and our Sr *Thomas More* (both of them great Counsellours of State to their several Princes) are two of those very few Worthies, who respecting as well the superior, as the inferior Efficients of Operations in the World, come near to accomplish the most difficult duty of Historians. In which number as I wish to be [2] one, so there is no fault to endeavour to be the only one; for, according to that of

1 Epist. ad *Hen. 4tum. Gall.* Reg. ante *Polybium*: illos excusari non posse judicamus, qui unicum hunc historicum omnibus aliis anteponunt. Quid enim principi, præsertim juveni lectione illorum Annalium esse queat perniciosius? 2 I most heartily wish He had; for any Person of Skill, in every Paragraph, may easily discover Him to be a complete Master of his Subject. *A.H.*

Quinctilian: *Quid erat futurum, si nemo plus fecisset eo quem sequebatur?*

Sect. IV.

Truth is the soveraigne praise of an History. For want whereof *Lucian* did condemn unto his hell, *Ctesias*, *Herodotus*, and other of his Country men. And although himself were as false a Companion as any, yet Learning and Reason told him, that Truth in Story was only to be sacrificed unto, as the Goddess of that brave Province; and that all other respects came after, with a very large distance between. Which makes *Velleius Paterculus*, that courtly Historian, with his *bis penetrata Britannia* in flattery of *Cæsar*, rather to live for his Latin, and conceitful notions, then for his authority in matter; and *Ammianus Marcellinus*, notwithstanding his half barbarous style, to have a better and a greater Fame then polite *Paterculus*.

Sect. V.

[1] There is a great complaint among some of the most Learned, against *Galfridus Arthurius*, or *Galfridus Monumethensis*, for want of Truth, and Modesty, as creating a BRUTE unto us for the Founder of our *Britain*. But who is he that proving it to be a Fiction, can prove it withal to be his? If that Work be quite abolished, there is a vast Blanck upon the Times of

1 Here *Mr. Hearn's* Fragment begins, and ends with the Address. *A. H.*

our

our Country, from the Creation of the World till the coming of *Julius Cæsar*, not *terra incognita* it ſelf being leſs to be known then ours. The Things of which Ages as we underſtand not the more for *Monmouths* hiſtory, unleſs the ſame be true; ſo neither ſeem they (as being thoſe Times which our Criticks mark with their Ἄδηλον, and their Μύθικον, their *Ignotum*, and *Fabuloſum*) much to be ſtood upon. Nevertheleſs, out of that very Story (let it be what it will) have Titles been framed in open Parliament, both in [1] *England*, and [2] *Ireland*, for the Rights of the Crown of *England*, even to entire Kingdoms. And though no Parliament can make that to be a Truth, which is not ſuch in the proper Nature thereof, nor that much Authority is added thereby to that traditional Monument, becauſe Parliament men are not always Antiquaries, yet are we ſomewhat the more, and rather ty'd to look with favour on the Caſe. Therefore it pleaſed me well, what once I did read in a great Divine, that *in Apocryphis non omnia eſſe Apocrypha*. And that very much of *Monmouths* book, or pretended Tranſlation, *de Origine & geſtis Britannorum* be granted to be fabulous, yet many Truths are mixed.

SECT. VI.

The main Controverſy concerning that Work is, whether it be an Antiquity or an Im-

1 Apud *Math. Weſtm.* Epiſt. *Edv.* 1. Regis *A.* ad *Bonifacium* P. M. 1301. Et Epiſt. Procerum *Angl.* Anno eodem. 2 II. *Elizab.* ap. *Dubl.* 23 Febru. *Sr H. Sidney L. Deputy.*

poſture.

posture. That it is full of Fables or Discohærencies no man denyeth, and *Giraldus Cambrensis* himself though being his Country-man, and living in that Age, [1] angerly taxeth it for such, albeit he grants a *Brute*, and much of the principal Substance to be true, and follows it. The Adversaries are both many, and many of special Account, as *Nubrigensis*, *Whethamsted* &c. among the ancient; and among the modern (whom also *Camden* citeth) *Vives*, *Junius*, *Buchanan*, *Polidor*, *Bodin*, &c. but all of them Strangers. On the other side, friends alledge *Malmesburie* (the worthiest Writer of all our Historians) for the being of *Arthur*, *Huntingdon*, *Aluredus*, *Hoveden*, *Cestrensis*, *Gervasius Tilburiensis*, &c. among our older Authors, and of the later times the Muster of Names is not thinn. *Leland* most famous, *Sr John Prise* Knight, *Humfrey Lhuid*, &c. Men singularly skill'd in our Antiquities, and *Britanns* of Race, Doctor *Keyes*, Founder of Keyes College in *Cambridge*, Mr *Lambert* of Lincolns Inn (who for freeing *Monmouth* from the suspicion of Forgery [2] voucheth his Possession of a Welsh Copie, older, in his opinion, then *Monmouth's* Translation) Doctor *Powel*, Mr *Lewis*, and all Welsh Bards, and Genealogist's, Doctor *White* of *Basingstoke* in his Latin Histories, *Stowe*, *Holinshead*, &c. So that if the cause were to be try'd, or carry'd by Voices, the affirmative would have the fuller Cry. And

1 Sicut fabulosa *Gaufredi Arthuri* mentitur Historia: These are the words of *Giraldus* cited by *Sr John Prise*, out of *Giraldus*, *de Cambria descriptione*, where *Giraldus* denies, and truly denies, that *Wales* was so called, either of Duke *Wallo* or of Queen *Wendolena*. 2 Perambulat. of *Kent*.

by

by that which *Monmouth* himself [1] in his Epistle dedicatory to that learned, brave, and warlike Prince *Robert*, Earl of *Glocester*, natural Son to K. *Henry* the first, concerning the style of the *Welsh* original, by him translated, (and perhaps interpolated) wherein abounded *phalerata verba*, and *ampullosæ dictiones*, pompous Words, (as he saith) and swelling phrases, it seems nothing else but a meer Satyra, Rhapsodie, or Cento, peiced together out of their Bards Songs, or Ballads, which may well be so. For *Ammianus Marcellinus* writes, that it was the Office of the *Britain* Bards: *Fortia facta virorum illustrium heroicis composita versibus, cum dulcibus Lyræ modulis cantitare*: and *Lucan*, long before his daies, hath recorded the same.

Sect. VII.

Our Historians Office concerning the Use of such a Book as this of *Monmouths*, for Defence whereof not only a great party of learned Writers stand, but an whole noble Nation (anciently Lords of this Island) hath not an easy Description. Certainly much is attributed, and much is to be attributed, in this Case, unto domestick Monuments, how barbarous soever, specially touching the Originals of People. For *Myrsilus* of *Lesbos* is said to own this Sentence, that in Searches of such nature, *Magis creditur ipsi genti atque vicinis, quam remotis & exteris.* Which had no *Myrsilus* ever said, yet had it not been the less true, or the more needing Authority, because it is meerly a Dictate of com-

1 Deest forte, *writes*. H.

mon

mon Sense, and all principal Authors allow thereof. *Salust* himself made use of King *Hiempsal* his Library, in the *Carthaginian* or *Punick* Tongue (which was a kind of *Syriac* shewing their Original to be from *Tyre*, and other Towns in *Phœnicia*) to write his *Jugurtha* the more exactly. What shall we say of *Polydor Virgil's* way in this very matter? though he utterly misliked *Monmouths* Narrations as fabulous, yet did he breif them into his Volumes with special Protestation by name against a little book of like Argument, passing for *Gildas* the Historiographer's. *Sigebertus Gemblacensis*, living in *Monmouth's* time, where his Chronicle tenders the Occasion, saith of that story thus: *Nec dubia pro veris affirmamus, nec Historicam narrationem, quæ nuper de Britannico sermone in Latinum translata est, lectori subtrahimus.* And this course carries the show of Justice and Reason. Nevertheless each may do as himself thinks best, though that perhaps be not best. For *Salust* in the like case reports what he finds, but taking nothing therein upon himself, plainly tells us: that *fides ejus rei penes authores erit.* *Tacitus* also (his Admirer, and next him to be admired for his Art) when he hath simply set down what he had heard concerning the *Germans* first Ancestry, (a Tale of a Father and his three Sons, as that is in *Monmouth* of *Brute* and his three Sons) concludeth *Quæ neque confirmare argumentis, neque refellere in animo est.* Let therefore, our Historian look well about him, and examine, whether this proceeding do not properly concern his Duty. Sure I am that if

Cornelius

Cornelius Tacitus had holden the Course of every where following the ancient Histories, or historical Traditions of Countries, he had not in the *Jews* Antiquities been so ridiculous, idle and injurious, as he is in the fifth Book, a Fragment of his Histories.

Sect. VIII.

However, it is the least Care, or among the least Care of famous old Historians, who are the only Examples of History, to spend much time in the Learning, or Etymologies of Nations or Countries Names. For as S.[1] *Augustine* saith, they are many times so changed, *temporis vetustate, ut vix homines doctissimi antiquissimas historias perscrutantes, origines potuerunt reperire*: and S.[2] *Hierom* (of all the Latin Fathers the most learned) hath words to like Purpose, where he speaks of such Nations as descended out of *Joctan*. And be it that the Names are never so well to be known, yet what is it to the purpose of an History (the glass of Actions) to understand the Reason, (or Conjectures rather) why, or how *Britain* was called *Britain*, *Rome*, *Rome*, or *Troy*, *Troy*? Certainly to perplex in this case our Reader, with long disputes, or long Rehearsals of Names, and their Etymologies, with which some late Antiquaries have cloy'd and pester'd us, falls into that rule, which [3] *Ammianus* hath upon the like occasion, where he reciteth divers Opinions concerning

1 De Civitate Dei liber 16. cap. 11. 2 De Trad. *Hebr.* in Genes. 3 Histor. lib. 15. cap. 23.

the Originals of the ancient *Galls*. Therefore with him I say for that Point, *declinanda varietas sæpe satietati conjuncta*. If any thing be clear in such a Case, or vehemently probable, it is both enough, and all, which the Dignity of an Historian's office doth permit, briefly to mention the same. As for the cause of the name of *Britain*, only two Conjectures among so many which have of late been brought, seem worth the remembring: the one is *Camdens*, who derives it out of the word *Brith*, which signify'd (as he saith) in the ancient tongue of *Britain*, [1] that Herb, with which the *Britanns* are reported to have painted, and decolour'd their Bodies. Which his Conjecture he upholds with singular Diligence, and great variety of learned Probability's. The other Opinion, or rather historical Affirmation is, that *Britain* was denominated of a man, as also the herb *Britannica*. [2] *Pliny's* words are -*miror nominis causam.* -*Fuit quidem & hic quondam ambitus*, NOMINIBUS SUIS *eas adoptandi, quod docebimus fecisse* REGES, *ut res tanta iis debeatur, herbam invenire, vitam juvare*. By which words it is plain, that *Pliny* thinks there was some KING, or other, whose name had *Brit* therein, and that the herb *Britannica* was perhaps consecrated by him, to the Preservation of his Name, and Memory to all Posterities. But *Monmouth* and his Followers directly

1 *Correct*: for Mr *Cambden* saith not that it was the Herb, but the very being painted, smear'd or colour'd (with an herb) which the word *Brith* signify'd. 2 Nat. Hist. lib. 25. cap. 3.

draw

draw us *Britain* out of *Brutus*, who according to their narration was great Grandchild to *Æneas* Father of *Ascanius*, Father of *Silvius*, Father of *Brutus*. This Derivation of our Island's Name is wonderously esteem'd by the *Welsh*, now long since incorporated with us.

Therefore it behoves our Historian to be well advised, before he enter into any Kind of unkind Diligence against the same. For if in some Cases, *communis error facit jus*, error certainly in such Cases as this, as it bindeth no man, so neither is it singular to *Britain*, because the Licence of deriving Nations from supposed Gods, and Puissant Worthy's is universal. *Arrianus*, and other Authors testify, that *Alexander* the Great said, he found it available in his actions, *quod Ammonis filius habitus sit, cum certo teneret se filium Philippi*; which are *Alexander's* words in *Lucian*. *Varro* also (as he is cited by St *Augustin*) professeth; *Utile esse civitatibus, ut se viri fortes, etiamsi falsum sit, ex Diis genitos esse credant, ut eo modo animus humanus, velut divinæ stirpis fiduciam gerens, res magnas præsumat audacius, agat vehementius, & ob hoc impleat ipsa securitate felicius.* This Sentence notwithstanding, deliver'd by *Marcus Varro*, (the most learned Man which ever *Rome* heathen had) stands specially condemned by that holy Bishop, as setting open a wide Gate to Falsehood, and Abusion. Now therefore, if *Jeffery* of *Monmouth's* Work be concluded on all Hands for untrue, the noble Historian must prefer verity before politick Respects, but because it is not (as the World sees) he may remember the Temper of *Gemblacensis*, and of the other Authors cited above in this Addreſs. For my Part, as I ſay with *Camben, in hac re ſuum cuique liberum eſto per me judicium*, ſo nevertheleſs I incline very ſtrongly to have ſo much of every Hiſtorical Monument, or Hiſtorical Tradition maintain'd, as may well be holden without open abſurdity. My Hiſtories notwithſtanding begin at *Julius Cæſar*.

ADDRESSE THE SECOND.

Sect. I.

INdifferency, and even dealing are the Glory of Hiſtorians. Which Rule, venerable *Beda* reputed ſo ſacred and inviolable, that albeit he much deteſted the Opinion of *Aidanus*, the *Scot*, according to which he celebrated the high feaſts of *Eaſter*, otherwiſe than that Church did, whereof *Beda* was a Member within exact Obedience: nevertheleſs he durſt not, as an Hiſtorian, but with all Candour, and Freedom poſſible, deliver *Aidan's* Praiſes. Yea he makes Profeſſion, that he did not only deteſt him as a Quartodeciman tho' he were not a Judaizing Quartodeciman (for that he kept Eaſter in honour of Chriſt's Reſurrection, upon the next Sunday after the [1] fourteenth Moon: and not indifferently upon the next day of the Week, what day ſoever it was) but he did alſo write of Purpoſe againſt *Aidan's* opinion therein, as himſelf profeſſeth, citing *Aidan's* own Books. *Beda*, nevertheleſs, coming by the Order, and Neceſſity of his Task to memoriſe the Truth

1 Decimamquartam lunæ diem.

of

of Things, his closing Words full of Saintly Gravity, and sincere Conscience, are: *scripsi hæc de persona, & operibus viri præfati, nequaquam in eo laudans, haud eligens hoc quod de observatione Paschæ minus perfecte sapiebat*, &c. *sed quasi VERAX historicus simpliciter ea quæ de illo, sive per illum sunt gesta describens, & quæ laude sunt digna in ejus actibus laudans*, &c. According to which Rule he doth sincerely discharge his Duty, commending *Aidan*, not only for Learning, and Eloquence (which are common as well to the good as bad) but for his Charity, Peacefulness, Continence, Humility, for a Mind, *iræ & avaritiæ victorem*, which neither Wrath, nor Covetousness could overcome, and for many other Qualities characterical, and proper to a most worthy Man, and finally (which is a Principal point of Equanimity) he doth diligently extenuate, and allay the ill conceit which might be conceived against *Aidan*, for his Doctrine, and Practice in that Article; but doth not in no sort extenuate his Praises, concluding them with one of the fullest that perhaps we shall find of any Saint in the World, which is; that he omitted nothing, *ex omnibus quæ in Evangelicis sive Apostolicis, sive Propheticis libris facienda, cognoverat, sed cuncta pro suis viribus explere curabat.*

SECT. II.

This admirable Justice and Integrity of Historians, as necessary as it is, yet is nothing in these Days farther of from Hope. For all late Authors that ever yet I could read among us, us, convey with them to Narrations of things done fifteen, or sixteen hundred years past, the Jealousies, Passions, and Affections of their own Time. Our Historians must therefore avoid this dangerous Syren, alluring us to follow our own Prejudices, unless he mean only to serve a Side and not to serve Truth and Honesty, and so to remain but in price while his Party is able to bear him out with all his Faults, for quarrels sake. He is simply therefore to set forth, without Prejudices, Depravations, or sinister items, things as they are. They who do otherwise; *ob id ipsum, quia non rogati sententiam ferunt, valde suspecti sunt.* The reason of which speech Monsieur *Bodin* (whose also it is) giveth to be: for that an History ought to be nothing else but an Image of truth, and as it were a Table of Things done: permitting the Judgment of all to the competent Reader, which Judgment we ought not forstall, howsoever in some rare Cases it may be lawful to lead the same.

SECT. III.

This steel Rule whosoever honestly follows, may perhaps write incommodiously for some momentany Purposes, but shall thereby, both in present and to posterity, live with Honour, through the Justice of his Monuments. And if for them he should suffer Death, as [1] brave *Cremutius Cordus* did, yet other Historians shall eternise his Sufferings, and that Princes great Disgrace, under whom that Tragedy was committed.

1 Cor. Tacit. Annal.

mitted. Nor, in so sacred a business as the putting into Books, for immortal Remembrance, the Acts of famous Men, need I fear to call it a canonical and inviolable Aphorism of Historiography, because it is absurd in the historical Volumes of holy Scripture; whose majesty no *Attick*, nor *Tullian* Eloquence can express, nor to whose Entireness of Verity any human Wit, or Diligence can come near. For in those Divine Records, Facts whether good or bad, and their Circumstances, are simply and clearly related, without (for the more part) any Manner of Censure, or Judgement upon the Facts, as in the Writers person. On the contrary let those other Writings which abound in the different Humour, be stript by Readers, who have Discretion, into the bare Matter, which they profess to handle, so that all their Authors, Commentations, Conjectures, Notes, Passions, and Censures, which they utter as in their proper Persons be diligently mark'd, abstracted, and laid apart; and then the Things which they write may be received without Danger, or certainly with little. For the Judgements of interested Authors are commonly not Judgments so much as prejudices and Preventions, *ne quid suæ partes detrimenti capiant*. Iniquities practis'd in this Point are not more ordinary than odious, and are sometime laid on so impudently thick, that with less than half an Eye the Paintings are discernable: otherwhile the more cunningly, yet so, as that with a little Attention they may readily be discover'd. Nor have the Translators of History

History any more privilege than their Authors; whether therefore they corrupt the Original, by the familiar Courses of Currruption, as Addition, Mutation, Mutilation, Substraction, Distraction, or otherwise; as they generally do, who in the Phrase of their own Education, Sect, Faction, or Affection utter Antiquities, and Truths of another Tenour, it is a like worthy of Blame. Neither are Impostures and Frauds in Sentences only, but in Words also, as both *Vincentius Lyrinensis*, and the Apostle noteth. Such seems to me this genuating Vanity in the Chronological Table at the End of *Marcellinus* translated into English: *Hyginus* Minister, and Pastour of the Church of *Rome* suffered Martyrdom for Christ's Gospel. A strange Periphrasis, and style for a Pope; other Titles than Minister, and Pastour (though they are proper in Respect of Function) belonging to his Calling; As Patriarch and Archbishop, those by a new singularity grown after a sort peculiar to puritanical Superintendents, Enemies of Ecclesiastical Episcopality.

Sect. IV.

And why should any of these Dealings, or Devices be at all? For who compelleth to write? and if we write why should we deceive? or if we would not deceive, why do we not use proper and received Terms? even lying *Lucian* himself gives it for a Precept to his Historian that he should call a FIGG a FIGG. What other Effect can the Ignobility of all the formerly taxed Courses produce, then in a short Time

Time (as they already have for the most part) to bring the Dignity of Writing unto nothing? and who is he that rightly weighs an Historians Duty, and can dare to profane or embase the same without Remorse or Confusion? Every Man is free to hold his Hand off from Paper; but if one will needs write, then the Nobility of the office commands him rather to die, then with the Injury of Truth to humour Times, and Readers, and content himself. *Quid enim fortius desideret anima* (saith *St Augustine*) *quam veritatem?*

Sect. V.

An Historiographers Office therefore abhorreth all sorts of Abuse, and Deceit, as Impiety, or Sacrilege; and so our Writer must, if he will live indeed, and live with love and Glory.

ADDRESSE THE THIRD.

Sect. I.

SIR *Henry Savil*, in an Epistle Dedicatory to [1] Q. *Elizabeth*, speaking of the History of *England*, after he hath therein condemned *Polydor Vergill*, writeth thus: *Nostri ex fæce plebis Historici, dum majestatem tanti operis ornare studuerunt, putidissimis ineptiis contaminarunt. Ita factum est, nescio qua hujusce insulæ infelicitate, ut Majores Tui (Serenissima Regina) viri maximi, qui magnam hujus orbis partem imperio complexi, omnes sui temporis reges, rerum gestarum gloria facile superarunt,*

1 Ante suos rerum Anglicarum scriptores.

perarunt, magnorum ingeniorum quasi lumine destituti, jaceant ignoti, atque delitescant, &c. Our Historians (saith the Knight) being of the Dregs of the common People, while they have endeavour'd to adorn the Majesty of so great a Work, have stain'd, and defiled it with most fusty Foolery's. Whereby tho' I wot not by what hard Fortune of this Island, it is come to pass that your Ancestors (most gracious Queen) most puissant Princes, who embracing a great part of this our World within their Empire, did easily overgo all the Kings of their Times, in the Glory of great Atchievements, now destitute of as it were the Light of brave Wits, do lye unknown, and unregarded. These Words utter'd by a Gentleman excellently learn'd, to a Sovereign Queen excellently understanding, and in Print, before a great Volume, are worthy to be exquisitely ponder'd, the summ whereof is, the common wish: THAT THE MAJESTY OF HANDLING OUR HISTORY MIGHT ONCE EQUAL THE MAJESTY OF THE ARGUMENT.

SECT. II.

Great *Savil* himself gave hope when this Epistle came abroad, that he would be the Man; and all the learned of *England* were arrected and full of Expectation, grieving to find it vain. Somewhat he is said to have attempted in that Argument, and made Searches in the Tower, for Furniture out of Records; but, if he did any such thing, whether impatient of the harsh, and dusty Rudeness of the Subject, or or deſpairing that he could ſo truly, as the Honour, and Splendour of his Name, and as the Nature of the Work requir'd, or for what other Cauſe elſe ſoever; he deſiſted, converting all his Cares to the Edition of St *Chryſoſtom* in Greek; which with the Charge of ten thouſand Pounds (ſo it hath been ſaid) as well in procuring Manuſcripts, and Tranſcripts, as in the printing, and otherwiſe, was at the laſt effected; thus was he carry'd away by Speculation of things Divine, as it were in a Chariot of Fire, from this other immortal Office to his native Country. Nor do I wonder at it. for unleſs the Charity, or Ambition of writing be extraordinary, it is otherwiſe an Affliction for thoſe Minds, which have been converſant in the Marvels and Delights of *Hebrew*, *Greek*, and *Roman* Antiquities, to turn over ſo many muſty Rolls, ſo many dry, bloodleſs Chronicles, and ſo many dull, and heavy paced Hiſtories, as they muſt who will obtain the Crown, and triumphal Enſign of having compos'd a CORPUS RERUM ANGLICARUM. But unlearned Delicacy (the minion of the fine and fortunate) is good in great things for nothing, while it ſelf by only doing nothing, yet cenſuring all Things, preſerves itſelf from receiving Juſtice. Solid [1] *Camden*, ſaith as the thing is, *Hiſtoria omnium ætatum authores & ferat & deſideret: & ab aliis rerum, ab aliis verborum doctrina ſit quærenda.*

---

1 Annal. *Hiber.* in ſua *Brit.* pag. 836.

SECT. III.

The vast vulgar Tomes procured for the most part by the husbandry of Printers, and not by appointment of the Prince, or Authority of the Common-weal, in their tumultuary, and centonical Writings, do seem to resemble some huge disproportionable Temple, whose Architect was not [1] his Arts Master, but in which, store of rich Marble, and many most goodly Statues, Columns, Arks, and antique Peices, recover'd from out of innumerable Ruins, are here, and there in greater Number, then commendable order erected, with no Dispraise to their Excellency, however they were not happy in the Restorer. In Mr *Speed's* Stories publish'd since that Knights Epistle, besides all common Helps, there are for the later times, the Collections, Notes, and Extracts out of the Compositions of [2] L[d] Vicount St *Albans*, Of the [3] L[d] *Carew*, of Sr [4] *Rob. Cotton*, of [5] Sr *Hen.* [6] *Spel.* of [7] Doctor. [8] *Bar.* of [9] Mr *Edmund* [10] *B.* &c. *Speeds* own Part is such therein for style, and Industry, that for one who (as *Martial* speaks) hath neither a *Græcum* χαῖρε, nor an *Ave Latinum*, is perhaps without many Fellows in Europe. So much also have I understood of him by sure Information, that he had no Meaning

1 *Is*, MS. 2 In *Hen.* 7. 3 In *Henry* throughout 5. 4 In *Henry* 8. 5 In *Norfolk* 7. Sic *MS. A. H.* 6 Lege, *Spelman.* 7 In K. *John.* 8 *L. Barcham.* 9 In K. *Henry* 2. the speech of *Macmurgh* K. of *Leinster*, 10 Lege *Bolton*, i. e. the Author of this Treatise. *A. H.*

in

in that labour to prevent great practick Learnednesſs, but to furniſh it for the common Service of *England's* Glory.

SECT. IV.

History in general hath as many Praiſes, as any Muſe among the nine. One tells us, as from out of ancient Authors, that Hiſtory is nothing elſe but [1] a kind of Philoſophy uſing Examples; another, that Hiſtory is the Metropolis of Philoſophy. Plainlyer, and more to our Purpoſe, *Tully*, among other Titles, calls her the Light of Truth, and Miſtreſs of Life. St *Gregory* [2] *Nazianzen*, (that excellent *greek* Father) ſtyleth her a World of Wiſdom, for ſo his *quadam conglobata ſapientia* (as his Tranſlator calls it) may be Engliſhed. Our [3] *Malmeſbury* ſaith well and worthily, that it is *jucunda quædam geſtorum notitia mores condiens, quæ ad* Bona ſequenda, *vel* mala cavenda, *legentes exemplis irritat.* To like purpoſe writes Venerable *Beda* [4] to K. *Ceolulph*. Excellent is that of Sr *Thomas North*, in his Preface to his *Plutarch's* Lives; *Hiſtories* (ſaith he there) *are fit for every place, ſerve for all Times, reach to all Perſons, teach the living, revive the dead, ſo excelling all other Books, as it is better to ſee Learning in noble Mens Lifes, than to read it in Philoſophers Writings.*

SECT. V.

What Grammatical Criticks (from whoſe

1 *Iſa. Caſaub.* 2 Ad *Nicob.* de Hiſt. le. 3 Proæm. lib. 2. de geſt. Reg. *Anglor.* 4 Epiſt. dedic. Hiſtor.

Pens

Pens let no man greatly hope for any thing in History noble) do teach unto us, it is not mainly by any free Master to be regarded. For who did ever write well, simply as a Disciple of theirs? Because to make an Historian, there are also requisite certain Gifts of God, and Nature, ripen'd, and perfected by Experience, peculiar to that Duty, which *Lucian* himself placeth not within Purchase, as natural Wisdom and Eloquence. And *Lucians* Precepts, or Observations are the best for Historiography among all the Heathen, unless perhaps you will prefer *Dionysius Halicarnassæus*, where he, in a special Tract compares *Thucydides*, and *Salust*. A principle Duty of an Historian, every where agreed upon, is to handle the Counsels and causes of Affairs. Causes again are twofold; consider'd (according to [1] *Savil*) as they are in Composition (wherein he saith that *Tacitus* did not look so well about him) and as they are in Division; or as [2] Sr *Francis Bacon* Vicount St *Alban* doth far better for my Capacity distinguish them into Causes, second or scatter'd, and into Causes confederate, and knit together. In this point consisteth the principle Difficulty and mystery of Historical Office, and not only Difficulty and Mystery, but Felicity also, according to that of the Poet: *Felix qui potuit rerum cognoscere causas.*

Sect. VI.

To come to particulars or Parts of our Hi-

1 Annot. 14. in Cap. 2. lib. 1. Histor. transla. 2 Essay the 16. Cap. of Atheism.

story.

ſtory. The [1] ROMAN PERIOD, or reign in *Britain*, containing from *Julius Cæſar*, (who firſt invaded it) to the Reign of *Valentinian* (who firſt loſt it) the long Space of above four hundred and threeſcore Years, by reaſon of the preſence of ſome *Roman* Emperor's, and of continuing Dealings with that incomparable People, may well be reputed the-as-it-were-purple, and Gold of Hiſtories. Which notwithſtanding is rather the Glory of the *Romans*, then of the *Britains*, whoſe Eſtate and Affairs are ſo obſcure, or rather ſo quite forgotten, that but only for one *Juvenal*, we never had heard of *Arviragus*; nor but for one Venerable *Bede* and *Freculphus Lexovienſis*, (unleſs the *Roman* Martyrologe be more ancient, for *Tertullian* names him not, tho' he toucheth at the Converſion in his Apologeticks) we had ſcarce ever had any competent Teſtimony of King *Lucius*, firſt Chriſtian King of *Britain*. The chief Difficulty, Knot, and Maſterpeice of this Period is to bring to light the Acts, and Commonweal of the *Britains* under the *Roman* Empire.

The Roman Period.

SECT. VII.

The BRITAIN PERIOD, or Comprehenſion of Time, and Matter from the Entrance of *Hengiſt* with his *Engliſh-Saxons*, (as Friends) till the time of *Cadwalladar*, laſt King of the *Britains*, is Troubled with the like Obſcurity as the *Roman Period*. Within this Revolution of Ages begins the Labyrinth of the *Saxon* Heptarchy, or rather Ogdoarchy, dividing the

The British Period.

1 See his *Nero Cæſar*, p. 71 — 193 where a good Account of part of this Period may be met with. *A. H.*

Kingdoms

Kingdoms of the *North-Humbers* into their two Kingdoms, *Deira* and *Bernice*: which after *Fabian* (that memorable Alderman of *London*) *Stowe*, and others, *Speed* hath done so well, as with me it deserves to be reputed his best peice.

English Period. This Period embracing the Circle of about six hundred and sixty years, from *Hengist*, to the *Norman* Invasion, hath many Excellencies in the Persons and Acts of our Ancestors, whether we consider Piety, force of Arms, or Arts of Peace. For in this time the Foundations, and [1] Superedificators of Christian Policy of *England*, were fully lay'd. And these so far as they concern the Laws of our Land (being the same which in common Speech, we call the *Common Laws of England*, but are indeed none other then JUS CIVILE ANGLORUM) are very weakly and negligently handled by all our vulgar Chroniclers: tho' a thing in it self most worthy to have been throughly describ'd, and for the doing of which there are good store of Monuments.

Danish Period. The eccentrick circle of the *Danish* Invasions, Spoils, and Tyrannies, being rather an Interruption of a Continuation, then a just Revolution in Empire, drawn by the compasses of time within this *English-Saxon* Circumference, hath in it very terrible Examples of God's anger. Which Visitations from above, tho' grievous to Flesh and Blood, were not without special Mercy towards both Nations, when the *English-Saxon* was thereby forc'd to better his Life, and the *Danes* (as if

1 F. Superedifications, *A: H.*

that

that were God's secret in it) by degrees obtain'd to be Christians, their Period determining in that great, and holy Monarch King *Canutus*.

Sect. VIII.

The great large Space of Time containing the compass of above five hundred and fifty Years, between the *Norman* Conquest under K. *William*, till the Union under K. *James*, needs not be called by any other title then that of the *English Revolution*. For albeit the natural English Line of the Royal *Ethelings* (as *Malmesbury* sirnameth them) was thrust out by the *Norman*, and conveyed it self into *Scotland*, in the person of St *Margaret* (from whom our King is come) though the House of *Bloys* gave us an Intruder in K. *Stephen*: and the House of *Anjou* by *Matildis* the Empress, Daughter of *Beauclerk*, furnish'd us with Kings, till the Line of the *Britains*, return'd in the person of *Richmond*, yet did the *Norman* name in *England* quickly pass into that of *English*, as the less into the more, and all those Transmutations, Concussions, and Superinductions were of Family's, or of Housen Royal, rather then of Nations. For neither the *Normans*, after a while, nor the *French* under *Lewis* the *Dolphin*, during the Barons Wars, nor the *Poictovines* under K. *Henry* the third: nor the *Welch* under the *Tydders* (who in three Descents have given us five Monarchs) did either so sway, or were ever able so to sway, but that the *English* still carry'd the general Opinion, Face, and Body, of the

The English Revolution.

Nation,

Nation, and whatſover was done noble by any of theſe Soveraigns or under them, the whole reſulted to none other Peoples Glory then to only ours.

Sect. IX.

So then the English Revolution from the Conqueſt to K. *James*, or the Comprehenſion of Acts and Ages, within that Space, hath incluſively given unto us 24 Princes, good and bad, and is the moſt important Part of our Hiſtories. For the penning whereof, whether it be beſt to do it by Diſtinction into ſeveral Actions, without Intermixture of coincident Matter, or by Lifes, and Reigns of Princes, that is, by the Order of Times, and Sequences of Events, may worthily ſeem queſtionable: becauſe the firſt way is abſolutely beſt for preſenting to the Mind, the whole State of every particular great Buſineſs, tho' the other is beſt for Narration, as that in which the natural Method of the doing is obſerved, according to the Time of the doing, with the Intermixture ſynchronical, or contemporany accidents. The former Sort or Kind, [1] *Cicero* calleth *Perpetua & continentia ſcripta, & conjuncte contexta* and the other he ſeems periphraſtically to name, *ſeparata, ſejuncta*, and *ſecreta à continentibus ſcriptis.*

Sect. X.

To pen our Hiſtory by Actions is to deſcribe ſome eminently main Affair. For example,

1 Epiſt. 12. ad Lucceium Hiſtoricum lib. 5.

The

The *Norman Conquest*, and the effects of that Tyranny, till the Common-weal freed it ſelf: the Interpoſal of K. *Stephen*: the famous Controverſies about Church-mens Privileges, between the King and *Canterbury*; which were, in a manner, original, and fundamental to all the incredible Changes which have followed in the Rule, and Policy of our Country: The enterpriſe of the Croſs by [1] *Cordelion*: the Wars of the Barons: the Umpireſhip of *Long-ſhanks* in the manifold Competition for the Crown of *Scotland*: the Minions of *Carnarvon*: the Victories of *Windſore* and of the black Prince, his incomparable Son: the Minions of *Bourdeaux*: the Intruſion of *Lancaſter* (ſeed of the Civil Wars) and Yolking of *Wales*: the Victories of *Monmouth*: the Tutors of gentle *Henry*, and the Civil Wars of *England*: the imprudent Marriage of *March*: the Deſtruction of his Son; the Atchievement of the Crown by *Gloceſter*: *Richmond's* Troubles by Counterfeits, and ſo forth. The other Way of penning our Hiſtory by Races, Lives, and Reigns, is the common Way, and therefore the more conform to common Liking: which is an orderly, and diſtinct Explication of principal Matters, as they happen'd under thoſe ſeveral Monarchs, containing five Lines of royal Succeſſions, whereof the *Norman* in two deſcents, brought forth 4 Kings; the 2 *Williams*, *Henry*, and *Stephen*: The *Anjouvine*, or *Plantageniſts* Line, firſt in 7 Deſcents 8 Kings: 2 *Henrys*,

---

1 *Cœur de Lion*, i. e. RICHARD I. *Alt. Ed.*

2 *Richards*, 1 *John*, and 3 *Edwards*; then again the *Plantagenists* of *Lancaster*, in 3 descents 3 Kings, all of them *Henrys*: and lastly, the Plantagenists of *York*, in 2 descents 3 Kings, 2 *Edwards*, and one *Richard*: in all, of the *Plantagenists* only 14 Monarchs, 5 *Henrys*, 3 *Richards*, one *John* and 5 *Edwards*: [1] *Tidders* Line in 4 descents: 6 Monarchs inclusively, 2 *Henrys*, the rest severally named, *Edward*, *Mary*, *Elizabeth* and *James*; and he the first who brought the Royal Sirname of *Stuarts* to the Soveraignty of *England*. But by what Point soever of the Historical Compass our Historian means to make his course through the great Sea, and Archipelago of so noble, and magnificent a Work, let him learn of me to know the Places of Danger, Syrts, Shallows, and Rocks of most Mischief, at which all late Writers do grate, either little or much, and never come of without Damage in Reputation.

SECT. XI.

I.

The Places, where the most universal Shipwracks are made, are those huge moveable Sands, which lye uncertainly throughout the main Ocean of our Affairs, and almost under every Cape, and Point of them (whether ancient, or modern) are certain seeming Opportunities to Advantage, or Disadvantage [to] this or that side in the present Professions of Religion: Their name is PREJUDICES IN FAITH.

1 Or *Tudors*. *Tudoris* turn'd by *Leland* into *Theodorus*. *A. H.*

II.

Another terrible Danger are Rocks, alike generally ſpread in their Tops, but riſing all out of one Root, or Bottom-peice, is the Greatneſs of the ancient Clergy, their Power, and Privileges, and may well be commonly called LAPIS SCANDALI.

III.

A third no leſs dreadful Peril is the narrow Channel, which now and then ſhifting it ſelf, as the Sands about remove, doth notwithſtanding evermore lye between that *Scylla* of the Peoples Liberty, and the *Charibdis* of Royal Prerogative; which being in ſome parts thereof inviſible, and in other illimitable, brings preſent Deſtruction, if fallen into, and is entitled POINTS OF STATE. This makes *George Buchanans* Hiſtories intolerable, while to the injury of Majeſty, and Truth, he advanceth popular Licence as miſchievouſly as immoderately.

IV.

A fourth Place is ſomewhat dangerous by Reaſon of the Encounter of divers Tides, and by Reaſon of the Checks and Currents. Theſe are the old Titles, and Claims, extant in our ſincereſt ancient Hiſtories, made on behalf of the Crown of *England*, to the Crowns of other Kingdoms, and lye juſt under the higheſt Elevation of the Pole of Majeſty among us, and may be term'd the HONOUR OF NATIONS. This makes

makes the reign of *Longshancks* dangerous to write, and difficult to read, without Inclination to Partakings, where the Kings Carriage of the *Scotish* Affairs is by either Nation historify'd.

V.

The fifth are certain ſtormy and guſty Seas, and as it were of an other *la Bermuda*, where the fierce Winds blow as if Heaven and Earth would go together *Tanta eſt diſcordia Fratrum*. Theſe are a kind of *Caſpian*, or inland Lakes, or Meres, ſituated in thoſe Paſſages of our Hiſtories, where there is a Neceſſity to ſail thro' the National Quarrels of *Britain*, which the *Union* wiſheth ſhould be forgotten, but that the Adamantine Laws, and Nature of the Task permits it not, and may be called the QUARREL OF NATIONS. And theſe Winds, and Tempeſts are the Reaſon, why the mutual Victories, and Overthrows between *Engliſh* and *Scots*, and between *Engliſh* and *Welch*, and between *Engliſh* and *Iriſh* &c. are never related with ſufficient Freedom or Sincerity by neweſt Hiſtorians.

SECT. XII.

At all theſe Places it is incredible to behold, how many have let their Credits ſplit in Peices; other their whole Fraights, and innumerable their Maſts, Tackle, Oars, and Sails, and other Fragments, Teſtimonies of their Miſcarryings. Through all which nothing but the Pilotage of Truth, directed by God's Honour, and the Glory

Glory of *England*, and Magnanimities Steerage, either ever did, or ever ſhall conduct any Authour with immortal commendation. It is withal to be obſerv'd alſo, that in Navigating this mighty Sea, it is a duty to God, and our Country, that Hiſtory ſhould be true; whereas the miſchief, or danger of delivering truths entirely is only perſonal, and as contingent, ſo but oblique and lateral to the Writer, whoſe ſingle Peril ought not to præponderate an univerſal Service. And albeit *Vopiſcus*, in his *Aurelianus* writes thus of his own moſt excellent *Roman* Authours: *Neminem ſcriptorum quantum ad hiſtoriam pertinet, Non aliquid eſſe mentitum; prodente etiam, in quo Livius, in quo Saluſtius, in quo Cornel. Tacitus, in quo Trogus,* MANIFESTIS TESTIBUS *convincerentur*: Yet as Sr *Henry Savil* (in the before ſaid famous Epiſtle) pronounceth of thoſe old Hiſtorians of *England*, *Malmsbury*, *Huntingdon*, *Hoveden*, and the other, that howſoever rude, and homely for Style, yet that they were *fidi rerum interpretes*; and *Cambden* affirms of Venerable *Bede*, that he was *veri amantiſſimus*; ſo ſhall the reader find this true, that the old civil Hiſtorians of our Country are brighteſt in that eſſential Quality, and not to be convinced of any apparent, much leſs of any wilful Falſehood.

ADDRESSE THE FOURTH.

SECT. I.

AS for Language and Style; (the Coat and Apparel of matter) he who would pen our

our Affairs in *English*, and compose unto us an entire Body of them, ought to have a singular Care thereof. For our Tongue (tho' it have no noted Dialects, nor accentual Notes, as the *Greeks*, nor any received, or enacted certainty of Grammar, or Orthography) is very copious, and few there be, who have the best, and most proper Graces thereof. In which the rule cannot but be variable, because the peoples Judgements are uncertain. The Books also out of which we gather the most warrantable *English* are not many to my remembrance. The principal which I have seen, and can in present call to mind, either for Prose, or Verse, are these whose Names do follow.

Sect. II.

The Histories written by Sr *Thomas More*, (some few Antiquated Words excepted) contain a clear and proper Phrase.

The *Arcadia* of Sr *Philip Sidney* is most famous for rich Conceit, and Splendour of Courtly Expressions, warily to be used by an Historian; whose style should have gloss and lustre, but otherwise rather Solidity and Fluency, then Singularity of Oratorial, or Poetical Notions. Such things as I have read of *Q. Elizabeths* own doing carry in them a most Princely and vital Character, not without singular Energy, and Force of sought Elegancy, which makes me consent in a sort to the Praise even of those things, which I have not seen of hers, set forth by Sr *Henry Savil*, in these Words, of his dedicatory Epistle before translated *Tacitus*:

Tacitus: The Cause that I publish'd it under your Majesty's Name, and Protection, (besides the Testification of my [1] *bounded duty) was &c. principally to incite your Majesty by this, as by a Foil, to communicate to the World, if not those* Admirable *Compositions of your own, yet at the least those most rare and excellent Translations of Histories (if I may call them Translations, which have so infinitely exceeded the Originals) making evident Demonstration to all who have seen them, that as the great actions of Princes are the Subject of Storys, so Storys compos'd, or amended by Princes are not only the best Pattern, and rule of great actions, but also the most natural Registers thereof, the Writers being Persons of like Degree, and proportionable Conceits with the Doers.* Somewhat it may detract from the Credit of this seeming hyperbolical Praise, both because it was written in her Life time, and also to her self. But I can believe that they were excellent. For perhaps the World never saw a Lady, in whose Person more Greatness of Parts met, then in hers; unless it were in that most noble Princess, and Heroine, *Mary* Queen of *Scots*, inferior to her only in her outward Fortunes, in all other Respects, and Abilities at least her equal. A Princely, grave, and flourishing Peice of natural, and exquisite *English* is Card. *Alans* Apology said to be: and many have commended the Style and Phrase of Father *Rob. Pearsons* highly. The End of *Nero*, and beginning of *Galba*, prefix'd to the translated Histories of *Tacitus*, and thought to be

1 Sic *MS*. L. *bounden*. *A. H.*

Sr *Henry Savil's own* (as whoſe elſe ſhould ſo rare a piece be?) is the work of a very great Maſter indeed, both in our Tongue, and in that Story. That Tractate which goeth under the name of the Earl of *Eſſex* his Apology, was thought by ſome to be Mr [1] *Anthony Bacon's*: but as it bears that E. name, ſo do I alſo think that it was the Earl's own, as alſo his Advices for Travel to *Roger* Earl of *Rutland*; then which nothing almoſt can be more honourably utter'd, nor more to the Writer's Praiſe, ſo far as belongs to a noble *Engliſh* Oratour. Mr *Hookers* Preface to his Books of Eccleſiaſtical Policy is a ſingular, and choice Parcel of our vulgar Language. Dr *Hayward's* Phraſe, and Words are very good; only ſome have wiſh'd that in his *Henry* the 4th he had not called Sr *Hugh Linn* by ſo light a Word as *Madcap*, tho' he were ſuch; and that he had not changed his Hiſtorical State into a Dramatical, where he induceth a Mother uttering a Womans Paſſion in the Caſe of her Son. Sr *Walter Raleigh's Guiana*, and his prefatory Epiſtle before his mighty Undertaking in the Hiſtory of the World, are full of proper, clear, and Courtly graces of Speech. Moſt of all Sr *Francis Bacons* Writings which have the freſheſt, and moſt ſavoury form and apteſt utterances, that (as I ſuppoſe) our Tongue can bear.

King James. Theſe, next to his Majeſties own moſt Royal Style, are the principal Proſe Writers, whom

1 'Twas Sr *Francis Bacon* that wrote the *Apology*; but that is another thing.

out

out of my present Memory I dare commend for the best Garden-plots, out of which to gather *English* Language.

Sect. III.

In verse there are *Ed. Spencer's* Hymns. I cannot advise the allowance of other his Poems, as for practick *English*, no more than I can do *Jeff. Chaucer*, *Lydgate*, *Peirce Ploughman*, or *Laureat Skelton*. It was laid as a fault to the charge of *Salust*, that he used some old outworn Words, stoln out of *Cato* his Books *de Originibus*: And for an Historian in our Tongue to affect the like out of those our Poets would be accounted a foul Oversight. That therefore must not be, unless perhaps we cite the Words of some old Monument, as *Livy* cites *Carmen Martium*, or as other Latins might alledge *Pacuvius*, *Andronicus*, or *Laws of the Twelve Tables*, or what else soever of the ancients. My judgment is nothing at all in Poems, or Poesie, and therefore I dare not go far, but will simply deliver my Mind concerning those Authours among us, whose *English* hath in my Conceit most propriety, and is nearest to the Phrase of Court, and to the Speech used among the noble, and among the better sort in *London*; the two sovereign Seats, and as it were Parliament tribunals to try the question in. Brave language are *Chapman's* Iliads, those I mean which are translated into Tessara-decasyl labons, or lines of fourteen Syllables. The Works of *Sam. Daniel* contain'd somewhat aflat, but yet withal a very pure, and copious

Spencer.

Chapman's Homer.

English, and words as warrantable as any Mans; and fitter perhaps for Prose than Measure. *Michael Draiton's* Heroical Epistles are well worth the reading also, for the Purpose of our Subject; which is, to furnish an *English* Historian with Choice and Copy of Tongue. Q. Eliz. Q. *Elizabeth's* verses, those which I have seen and read, some extant in the elegant, witty and artificial Book of the *Art of* English *Poetry*, the Work (as the Fame is) of one of her Gentlemen Pensioners, *Puttenham*, are Princely, as her Prose.

Never must be forgotten St *Peter's Complaint*, and those other serious Poems said to be father Southwell. *Southwell's*; the *English* whereof as it is most proper, so the sharpness, and Light of Wit is very rare in them.

H. Constable. Noble *Henry Constable* was a great Master in *English* Tongue, nor had any Gentleman of our Nation a more pure, quick, or higher Delivery of Conceit; witness among all other, that Sonnet of his before his Majesty's *Lepanto*. I have not seen much of Sr *Edward Dyer's* Poetry. Among the lesser late Poets, *George Gascaign's* Works may be endur'd. But the best of those Times (if [1] *Albion's England* be not preferr'd) for our business, is, *The* [2] *Mirrour of* Tho. Sackvil. *Magistrates*, and in that Mirrour, *Sackvil's* Induction, the work of *Thomas*, afterward Earl of *Dorset*, and Lord Treasurer of *England*, whose also the famous Tragedy of *Gorbaduc* was, the

1 *Albion's England* written by Wm Warner. *A. W.* 2 *Mirrour of mag.* writen by J. Hygens. *A. W.*

best

best of that time, even in Sr *Phil. Sidney's* Judgment; and all skilful *English* men cannot but ascribe as much thereto, for his Phrase, and Eloquence therein. But before in Age, if not also in Noble, Courtly, and Lustrous *English*, is that of the Songs and Sonnets of *Henry Howard*, Earl of *Surrey* (Son of that victorious Prince, the Duke of *Norfolk*, and Father of that learned *Howard* his most lively image, *Henry* Earl of *Northampton*) written chiefly by him, and by Sr *Tho. Wiat*, not the dangerous Commotioner but his worthy Father. Neverthelesss they who most commend those Poems, and exercises of honourable Wit, if they have seen that incomparable Earl of *Surrey* his *English* Translation of *Virgil's Æneids*, which for a book, or two, he admirably rendreth, almost Line for Line, will bear me witness that those other were Foils and Sportives.

Hen. Howard.

Tho. Wiat.

The *English* Poems of Sr *Walter Raleigh*, of *John Donn*, of *Hugh Holland*, but especially of Sr *Foulk Grevile* in his matchless *Mustapha*, are not easily to be mended. I dare not presume to speak of his Majesty's Exercises in this Heroick Kind. Because I see them all left out in that Edition which *Montague* Lord Bishop of *Winchester* hath given us of his royal Writings. But if I should declare mine own Rudeness rudely, I should then confess, that I never tasted *English* more to my liking, nor more smart, and put to the height of Use in Poetry, then in that vital judicious, and most practicable Language of *Benjamin Jonson's* Poems.

Foulk-Grevile.

Ben. Jonson.

SECT.

Sect. IV.

I hope now that no man will be ſo captious, or ungentle, as to make it a matter of quarrel to me, if I have left out any other for Want of Memory, or Knowledge: or if in thoſe of whom herein I have made mention, I have ſpoken either other, or otherwiſe then as they themſelves would. Becauſe it is enough that I diſſembled not: and for that the Subject, to the Purpoſe whereof I bring this tumultuary Catalogue, and private free Opinion upon it, is rather *Parergon*, then the thing it ſelf I write of. For though it be Honour and Neceſſity, that the Body of Man be clothed, yet that it ſhould be clothed in this, or that Stuff, or in ſtuff of this, or that Faſhion, is a point indifferent and arbitrary, at the Writers Pleaſure, ſo as Truth be under. And this is the preſent caſe of clothing the Body of Hiſtory in the Garment of *Engliſh* Idiom.

Sect. V.

He who would compoſe a Corpus rerum Anglicarum, a general Hiſtory of *England* in Latin, hath no other Rules to follow, but ſuch as he who writes it in Engliſh. One thing nevertheleſs is primely needful by our Latin Hiſtoriographer to be conſulted of, and determined, becauſe I have obſerved much Perplexity riſing out of the right, or erroneous Practice thereof. The difficulty therefore is, what to do in our Latin Hiſtory, with Names of Perſons, Things, or Places which are not filed

filed down to the Smoothneſs of Latin Sounds, or Rules of Termination. *Lucian* notes a ridiculous Curioſity in one Hiſtorian, who affecting Attick Elegancy would needs faſhion Latin names to the Greek Garb, either by Tranſlation, by Alluſion, or Tranſportation of letters. By Tranſlation, as in calling *Saturninus*, *Chronius*; by Alluſion, as in calling *Fronto*, *Frontis*; by Metatheſis, or Tranſportation of Syllables, or Letters, in calling *Titianus*, *Titanius*. In this fine and meer ſchooliſh Folly, after that, *George Buchanan* is often taken; not without caſting his Reader into obſcurity. For in his Hiſtories, where he ſpeaketh of one *Wiſebart*, ſo little was his ear able to brook the Name, as that tranſlating the Senſe thereof into Greek, of *Wiſebart* comes forth unto us SOPHOCARDIUS: and *Wiſebart*, whoſe Name it was intended ſhould live, was quite loſt, or muſt be ſought for out in Lexicons. The better Care of that polite and eloquent *Scot*, had been of Truth, and Loyalty. All our ancient Hiſtorians, *ad unum* (for oughts I can remember) follow the plain Prolation, and Truth of proper Names, and ſo doth the moſt approved, and learned Philologer, and Antiquary of our Nation Mr *Cambden*.

SECT. VI.

Thuanus (the moſt eloquent Latin Hiſtorian of this Age) and others do often call places, eſpecially by the Names by which they were known to the *Romans* anciently, and among themſelves: Which troubleth the Reader, and makes

makes work for an *Index Topographicus*. The *Romans* themselves use their own Privilege, in declining, and new moulding of local, or personal Appellations. There are in this Case, only two sure ways for a Writer; The first to set down Names just as they find them, without regard to Latinity. (For that is most Latin-like, or *latinissimum*, which is most true: Latin also (as other Tongues) being capable of all sorts of Words declinable, or indeclinable; and in this way would I my self precisely insist.) The second best counsel for a Latin Historian of *English* Affairs is to use Latin Analogy of proper Names in the Text, and to set the vulgar, and barbarously sounding Names in the Margin, or to post them over into a Repertory, or Table at the End of the Volume. Other Courses, besides that they savour of Affectation, do also involve the Reader with Obscurity, and afflicting him in seeking what, and whence, and whose a Name was, while the matter it self doth in the mean space either vanish in the Readers Mind, or altogether languish.

Sect. VII.

God Almighty, I hope, hath now graciously brought me to the Conclusion of this high and Hypercritical Argument, which to his Glory I close up with this final admonition to my self, or to whosoever else doth meditate the Herculean, and truly noble Labour of composing an entire, and compleat Body of *English* affairs, a Corpus Rerum Anglicarum, a general History

History of *England*, to which not only the exquisite Knowledge of our own matters is altogether necessary, but of all other our Neighbours whatsoever, yea of all the World, for where our Arms, and Armies have not been, our Arts, and Navies have. Know therefore whosoever art in Love with Glory for good, and Heroick Deserts, that in writing an History thou bearest a fourfold person, and in regard of that Empersonation, thou standest charged with a fourfold Duty.

1. As a Christian Cosmopolite to discover God's Assistances, Disappointments and Overruling in human affairs, as he is sensibly conversant in the Actions of men; to establish the just Fear of his celestial Majesty against Atheists, and Voluptuaries, for the general good of Mankind, and the World.

2. As a Christian Patriot to disclose the Causes, and Authours of thy Countries good or evil, to establish thereby the lawful Liberty of Nations.

3. As a Christian Subject to observe to thy Reader, the benefit of Obedience, and Damage of Rebellions; to establish thereby, the regular Authority of Monarchs and Peoples Safety.

4. As a Christian *Paterfamilias* so to order thy Studys, that thou neglect not thy private, because the publick hath few real Friends; and Labours of this noble Nature are fitter to get Renown then Riches, which they will need, not amplyfy.

Sect. VIII.

Of ſuch Writings thou neededſt not fain with *Dio*, the Conſul of *Rome*, any promiſe in Viſion, that thy Name, and Praiſe ſhall be immortal by means of them. For they will outlaſt the Nations themſelves, whoſe Acts in competent Style they memorize. And of ſuch Works the late Earl of *Eſſex* under the letters *A. B.* (for Fames gives it him) in an Epiſtle before the tranſlated *Tacitus* of his Friend Sr *Henry Savil*, it is as probably pronounced for true, as if an Oracle had utter'd it: *That there is no treaſure ſo much enriches the mind of Man, as Learning; there is no Learning ſo proper for the Direction of the Life of Man as Hiſtory; there is no Hiſtory ſo well worth reading (I ſay not with him) as Tacitus*, but as that of thine whoſoever.

Deo gloria et honor.

INDEX.

 Britannia,

INDEX.

titer

Livy

INDEX.

Thomas

INDEX.

SUBSCRIBERS.

Those with this Mark * before their Names had the large Paper

A.

ARthur Atkinson, M. A. Fellow of Queens College Oxon.

William Atkinson, M. A. Fellow of Queens College Oxon.

B.

* Thomas Bacon, Esq; Parliament Man for the Town of Cambridge.

* Sir John Banks, Baronet.

Robert Betham, M. A. Rector of Silchester in Hampshire. Deceased.

Charles Brent, M. A. Student of Christ Church Oxon.

* John Bridges, of Barton near Kettering in Northamptonshire, Esq; F. R. S. 5 Copies, one large 4 small.

* Nathanael Bridges, M. A. Rector of Orlingbury in Northamptonshire.

* Ralph Bridges, M.A. Vicar of South-Weald in Essex.

* William Brome, of Ewithington near Hereford, Esq; 2 Copies.

John Brooks, M. A. of All-Souls College Oxon.

Richard Brooks, of the Middle Temple, Esq;

Richard Boycot, B. A. of Christ Church Oxon.

Thomas Burgh, B. A. of Christ Church Oxon.

C.

Arthur Charlett, D. D. Master of University College Oxon.

John Clarke, Esq; Fellow-Commoner of Pembroke College Oxon.

* Richard Clements, Bookseller in Oxon, 13 Copies, 12 small, one large.

* Edward Collins, B.LL. Fellow-Commoner of Queens College Oxon.

Nath. Crynes, M. A. Esquire-Bedel of Arts and Physick in the University of Oxon.

E.

Jos. Elliotson, M. A. Fellow of Queens College Oxon.

F.

John Fletcher, M. A. Fellow of Queens College Oxon.

William Foulkes, D. LL. of Jesus College Oxon.

G.

Roger Gale; Esq; F. R. S.

Samuel Gale, Gent.

William Gardiner, M. A. of Pembroke Coll. Oxon.

John Garnet, M. A. of Queens College Oxon.

George Gibson, M. A. of Queens College Oxon.

Matthew Gibson, M. A. Vicar of Home-Lacy in Herefordshire.

Samuel Green, M A. Fellow of Queens College Oxon.

Stephen Green, M A. Fellow of Queens College Oxon. 8 Copies.

George Greenway, M. A. Rector of Kympton in Hampshire.

Fletcher Gyles Bookseller in London.

H.

Philip Harcourt Esq; Gentleman Com. of Worcester Coll. Oxon.

Edward

Edward Harley, M. A. of Christ Church Oxon, Esq;
William Harvey, Esq; Gentleman Commoner of Balliol College Oxon.
John Harwood, D. LL. F R. S.
* John Hill, B. D. Fellow of Queens College Oxon.
George Hudson, D. D. Rector of Stanmer in Middlesex, and Chaplain to his Grace the Duke of CHANDOS.
John Hunter, M. A. Fellow of Queens Coll. Oxon.

I.

Lancelot Jackson M. A. of Queens Coll. Oxon.
Mr Samuel Jebb.
Thomas Jett Esq; one large.
Walter Jones, M. A. Rector of Upton upon Severn.
* George Joy, of Westminster, Esq;

K.

John King, of the University of Oxon, Gent.

L.

Samuel Lancaster, M. A. Fellow of Queens College Oxon.
William Le-Merchant, M. A. Fellow of Pembroke College Oxon.
Thomas Lestrange, Esq;
* Henry Lever, M. D.
* William Lupton, D. D. Preacher to the Honourable Society of Lincolns-Inn, and Prebendary of Durham.

M.

Henry Massey, M. A. of Queens College Oxon.
Richard Mead, M D. Two Copies one small, one large.
Samuel Mead, of Lincolns-Inn, Esq; 8 Copies 5 large 3 small.

John

John Merrill Esquire.
Roger Millart, Esq;
Richard Mostyn, of Pembewd in Flintshire, Esq;

P.

* Thomas Palmer, of Fairfield near Bridgewater i Somersetshire, Esq;
Matthew Panting, D. D. Master of Pembroke College, Oxon.
William Penington, M. A. Vicar of Bramley in Hampshire.
The Right Revd. Father in God White Lord Bishop of Peterborough.
Erasmus Philipps, Esq; Fellow-Commoner of Pembroke College Oxon.
John Philipps, Esq; Fellow-Commoner of Pembroke College Oxon.

S.

John Savage, D.D. Rector of Clothall in Hertfordshire.
* Sir Thomas Sebright, Baronet.
Mr. Thomas Serjeant.
Richard Simeon, M. A. Rector of Catmore and Vicar of Bucklebury in Berks.
Joseph Spinall, M. A. Rector of Pauls-Perry in Northamptonshire.
Joseph Steadman, M. A. Fellow of Queens College Oxon.
William Stratford, D. D. Canon of Christ Church Oxon.
William Stukely, M. D.
Barnabas Symson, M. A. Vicar of Gods-Hill in the Isle of Wight.

T.

William Taylor, M. A. Minister of Daventrey in Northamptonshire.

Timothy

Timothy Thomas, M. A. Student of Christ Church Oxon.

William Thomas, Esq;

* Harry Trelawney, of Efford in the County of Devonshire, Esq;

Thomas Tristram, M. A. Fellow of Pembroke College Oxon.

Aaron Thomson late of Queens Coll. Oxon.

Thomas Troughear, M. A. Fellow of Queens College Oxon. 6 Copies.

* William Trumbull, of East Hamstead Park in Berkshire, Esq;

V.

Gwyn Vaughan Gentleman Commoner of Queens Coll. Oxon.

Nicolas Vincent, of Truro in Cornwall, Esq;

W.

John Waugh, D. D. Dean of Gloucester.

Edward Welchman, M. A. Rector of Lapworth in Warwickshire.

William Welchman, M. A. Rector of Westcot-Barton in Oxfordshire.

John Wilder, M. A. Fellow of Pembroke College Ox.

Brown Willis, of Whaddon-Hall in Buckinghamshire, Esq;

Christopher Wren, Esq,

F I N I S.

Emendanda in Triveto.

Præf. p. 2. Not. 1. pro *initium* leg. *finem.* p. 148. lin. 14. p[illegible] *conciliando* adde *missi.* in Indice lege *Gibewichum* 56. *Gipewicum* 2[illegible]

In Continuatione.

Pag. 38. lin. 2. pro *tam* lege *vitam.*

CPSIA information can be obtained at www.ICGtesting.com
Printed in the USA
BVOW04s1135051113

335515BV00014B/970/P

9 781165 603466